中国名镇志文化工程
Culture Project of Local Records of China's Famous Towns
中 国 名 镇 志 丛 书

金庭镇志

LOCAL RECORDS OF JINTING

江苏省苏州市吴中区金庭镇志编纂委员会　编

方志出版社
Publishing House of Local Records

图书在版编目（CIP）数据

金庭镇志 / 江苏省苏州市吴中区金庭镇志编纂委员会编 . — 北京：方志出版社，2022.9
（中国名镇志丛书）
ISBN 978-7-5144-5064-4

Ⅰ . ①金… Ⅱ . ①江… Ⅲ . ①乡镇－地方志－苏州 Ⅳ . ① K295.35

中国版本图书馆 CIP 数据核字（2022）第 058688 号

责任编辑：陈菁
责任校对：刘玉霞
责任印制：赵楚
出 版 者：方志出版社
地　　址：北京市朝阳区潘家园东里 9 号（国家方志馆 4 层）
邮　　编：100021
网　　址：http://www.zgfzcb.cn
发　　行：方志出版社图书营销中心（010-67110500）
印　　刷：北京中科印刷有限公司
开　　本：787 毫米 ×1092 毫米　1/16
印　　张：21
字　　数：387 千字
版　　次：2022 年 9 月第 1 版
印　　次：2022 年 9 月第 1 次印刷
定　　价：167.00 元

序一

习近平总书记指出："不忘历史才能开辟未来，善于继承才能善于创新……只有坚持从历史走向未来，从延续民族文化血脉中开拓前进，我们才能做好今天的事业。"中国优秀传统文化是在漫长的历史长河中历经无数次涤荡和沉淀而形成的思想精髓，蕴藏着无穷的宝藏和无尽的力量。发掘和继承优秀传统文化，是延续中华文明"根"与"魂"的必由之路。与时俱进，推动传统文化不断开拓创新，是中华文明常葆勃勃生机的重要保证。

"国有史，邑有志。"编修地方志是中国特有的文化现象，是中华民族的优秀文化传统。数千年来，连绵不断的志书编修为保护中华民族根脉，传承中华文明发挥了不可替代的作用。中国现存古志有 8000 余种，占现存古籍的十分之一。中华人民共和国成立以来，编修完成数万种省、市、县三级综合性行政区域志、部门志、行业志、专志等，编纂数万种地方综合年鉴、行业年鉴和专门年鉴等，整理出版数千种历代方志及相关研究成果，发表相当数量的方志理论与年鉴理论研究成果。这既是对我国国情、地情持续开展的大规模普遍调查，也是对各地自然与社会发展状况进行的综合研究，其成果构成了一座丰富的文化资源宝藏，为各级领导科学决策提供了重要参考，为推动经济社会发展和文化建设发挥了重要作用。

当前，中国特色社会主义进入新时代，全国地方志事业也进入新时代。如今的地方志事业围绕党和国家利益、经济社会发展，以人民为中心开拓创新，志、鉴、馆、史"四驾马车"并驾齐驱，志、鉴、馆、网、库、用、会、刊、研、史"十业并举"，加快实现在全国范围内全面推进地方志从一项工作向一项事业转型升级。在党中央、国务院的亲切关怀和各级地方志工作者的共同努力下，一批紧密结合社会发展需求、具有独特创造性的工作逐步开展，涵盖中国名镇志、中国名村志、中国名山志、中国名水志、中国名街志等"名志"系列文化工程是其中代表。作为首个"名志"系列文化工程的中国名镇志文化工程，启动于 2015 年，至今已是第三个年头。中国名镇志丛书在记述主体上，选择中国历史文化名镇、经济强镇、特色镇等在全国具有影响力和代表性的乡镇，旨在全面展示中国名镇的文化精髓；在内容题材选择上，重在突出不同名镇的“名”和“特”，力求集中体现不同名镇最精彩的部分，增强可读性；在志书编纂程序设置方面，志书申报、篇目设计、专家审读、专家组验收等流程环环相扣，紧密结合，力争把每一部志书都打造成精品佳志。

习近平总书记指出：“历史和现实都表明，一个抛弃了或者背叛了自己历史文化的民族，不仅不可能发展起来，而且很可能上演一场历史悲剧。”2018 年是改革开放 40 周年，40 年来中华大地发生了翻天覆地的变化，乡镇发生了极为深刻的改变，从粗茶淡饭到有机食品，从粗布衣裙到精美时装，从土屋平房到高楼大厦，人民生活水平大大提高，城乡差距不断缩小。然而，在感受辉煌成就的同时，我们也应该看到，许多精巧的古建、精湛的工艺、亲切的乡音、独特的乡俗也在快节奏的发展中与我们渐行渐远，曾经的家乡正逐渐变为记忆中的故园。

党的十九大报告提出乡村振兴战略，此后党中央、国务院又推出一系列重大举措。实施乡村振兴战略，必须全面加强乡村文化建设，培养乡村文化自信，培植文化之“根”，铸牢文化之“魂”。没有乡村文化的高度自信，没有乡村文化的繁荣发展，就难以实现乡村振兴的伟大使命。振兴乡村文化，既要塑形，更要铸魂，必须遵循乡村发展的客观规律，在发展中把文化的精髓保留下来，把乡土味道、乡村风貌的“魂”传承下去。在保留优秀乡村文化内核的基础上，用现代表现方式，把反映时代精神、先进理念的内容通过群众喜闻乐见的文化产品表达出来，才能够让乡土文化具有更强大的生命力。用创新性的模式书写乡镇志，传承和抢救乡土历史文化，激发爱国爱乡情怀，为探索中国特色新型城镇化发展经验、发展模式、发展道路提供历史智慧和现实借鉴，正是实施中国名镇志文化工程的目的和意义所在。

“月是故乡明”。中国人素有“家国情怀”，家乡的山水是最为美丽的，家乡的风俗是充满温暖的，一声亲切的乡音，一口熟悉的家乡菜，都能拨动游子的心弦，让其魂牵梦萦。中国名镇志丛书是一套全面梳理中国名镇历史人文，挖掘文化特色，突出“名”和“特”的镇志。它能让人民群众深刻感受到本土本乡自然的优美、历史的醇厚、人物的杰出、艺文的风雅等，有助于培养人民群众对家乡文化的自信，激发起人民群众浓烈的爱乡爱国情怀，助力国家新型城镇化建设和乡村振兴战略的实施。

是为序。

中国社会科学院原院长
中国地方志指导小组原组长　谢伏瞻

序二

连绵不断地编修地方志是我国特有的文化传统，为传承中华文明作出了巨大的贡献。在党中央、国务院的高度重视和支持下，这一古老的文化传统焕发勃勃生机，展现新的活力，成为保存、继承、发扬光大中华优秀传统文化的重要依托，培育和践行社会主义核心价值观的重要媒介，社会主义先进文化建设的重要组成部分，发展中国特色社会主义，增强道路自信、制度自信、理论自信的重要载体，在实现“两个一百年”奋斗目标和中华民族伟大复兴中国梦进程中具有不可替代的地位和作用。

事物总是在不断发展中前进。经过改革开放以来30余年的发展，中国特色地方志事业与传统的编修地方志已不可同日而语，形成了志（志书）、鉴（年鉴）、库（地情数据库）、馆（方志馆）、网（地情网站）、刊（期刊）、会（学会）、研（理论研究）、用（开发利用）等多业并举的新格局。截至2015年10月底，全国编纂完成首轮、二轮省、市、县志书8000多种，编修部门志、行业志、专业志、乡镇村志27000多种，编纂地方综合年鉴2300多种，累计整理旧志2500多种，还编纂出版了大量的地情书，字数以百亿计，形成以反映国情、地情为主要内容，全面系统、持续不断、卷帙浩繁的社会科学成果群。另外，还开通了27个省级网站、230个市级网站、816个县级网站；建成国家方志馆1个、省级方志馆16个、市级方志馆86个、县级方志馆近300个。这些成果，成为国家极为重要的文化资源，是国家文化软实力和公共文化服务体系的重要组成部分。

最近几年，地方志工作的触角在不断延伸，部门志、行业志、专业志、特色志、乡镇村志编纂方兴未艾，成为当前地方志事业发展新的增长点和亮点。特别是乡镇志，兴起了编纂热潮，从自发的民间行为逐渐过渡为政府组织的文化行为，有的省份以政府令形式将其纳入地方志编修范畴，像河南省还以省政府办公厅名义要求全省普修乡镇志。乡镇志并不是一个新生事物，据现有资料可考，宋代常棠所撰《澉水志》是现存最早的一部乡镇志。与省、市、县三级志书相比，乡镇志虽属小志，但意义却不小，特别是在当前国家全力推进新型城镇化建设的背景下，乡镇志的作用更显重要。

启动中国名镇志文化工程，是适应当前新型城镇化建设形势发展需要、地方志事业发展形势需要的重要举措，也是充分发挥地方志存史、资政、育人功能的重要手段。作为最基层行政组织的志书，镇志是最接近中国社会发展变迁的国情、地情记录文本，具有重要的历史文献价值。而作为充分反映本区域自然、政治、经济、文化和社会的历史与现状的资料性文献，镇志又能全面展示发展脉络，摸索发展经验，为探索中国乡镇未来发展方向提供借鉴和参考。当然，对于祖祖辈辈生于斯长于斯的中国人来说，故乡就是一个魂牵梦萦的地方，故乡的情怀终生难忘。留得住乡愁，记得住乡思，充分展示名镇文化魅力，激发爱乡、爱国情怀，正是中国名镇志文化工程题中应有之义。

是为序。

中国社会科学院原院长
中国地方志指导小组原组长 王伟光

序三

“国有史，邑有志”，中国自古就有注重编史修志的传统。按照我国目前地方志行政法规，国家各级地方志机构的法定职责是编纂省、市、县三级志书，并不包括县以下的乡镇志和村志。这种规定，一方面可能因为全国有数百万自然村落和数万乡镇，全部实行官修很难实现；另一方面可能因为我国历史上就有“皇权止于县”的说法，县以下的民间社会历来是一个以自治为主的领域。然而，改革开放几十年来，我国社会正在发生巨变，这种巨变在基层社会的乡镇、村落、家庭领域更为深刻。作为“乡之首，城之尾”的镇，逐渐被日益崛起的大都市淹没了光彩，村落在快速的城镇化过程中每天都在大量消失，农村家庭的小型化、空巢化趋势非常突出。在这种情况下，我一直在思考，如何留得住历史文化记忆和乡愁，如何把修志的工作向基层社会延伸？

中国人的“家国情怀”，是从“诚意、正心、修身”开始，到实现“齐家、治国、平天下”。所以从国家一统志，省、市、县三级志，到乡镇志、村志、家谱，也是一个完整的系统。

正是在这种背景下，我们决定启动中国名镇志文化工程。乡镇是无数中国人生命的底色和成长的摇篮。如何在城镇化进程中，留得住乡愁，记得住乡音，忘不了乡思，事关城镇化进程的人文关怀和文化保护，事关文化血脉的传承。同时，科学记录城镇化进程，反映城镇化成就，也为今后探索城镇化发展规律、积累经验提供了基本素材。作为全面系统记述一定行政区域的自然、政治、经济、文化和社会的资料性文献，志书是以上功能最好的载体。

我国目前有4万多个乡镇，全部修乡镇志还不具备条件。中国名镇志丛书选择的是传统文化名镇、历史军事重镇、革命历史名镇、民族特色名镇、特色经济名镇、旅游景观名镇等类型的乡镇，应该是最具代表性的，在中国乡镇文化传承和社会发展中具有标杆意义。

编纂中国名镇志丛书是对乡土历史文化的保护。随着城镇化进程加快，有不少乡镇被撤并，有些还是在历史上有重要意义的历史文化名镇、特色镇等。如不及时对其历史进行整理、记录，这些重要的历史资料将散佚殆尽。因此，中国名镇志丛书的编纂是对宝贵历史资料的抢救。

编纂中国名镇志丛书是对乡土意识的传承。什么东西有魅力？故乡的山水，乡音乡情的记忆，乡土的气息和家乡菜的味道，不管走到哪里，总是触动心弦。中国名镇志丛书记录的是家乡的山山水水，家乡的历史文化，家乡的风土人情，留住的是乡愁。这些最能激发远方游子和本地民众的爱乡情怀、爱国情怀。

编纂中国名镇志丛书是一种学术探索。镇志的编纂，实质也是一次深入的社会调查研究。“麻雀虽小五脏俱全”，相比省、市、县，乡镇第一手资料的获得需要付出更大的努力。我们也希望在志书编纂上有所创新，使中国名镇志丛书成为一套图文并茂、雅俗共赏的新型志书。

中国社会科学院原副院长
中国地方志指导小组原常务副组长
李培林

江苏省苏州市吴中区金庭镇志编辑部

主　　编　金培德

副 主 编　周　佳　邹永明　胡柏林

编　　撰　金培德　邹永明　胡柏林　莫同兴
　　　　　李兆良　莫懿杰

编　　务　周永芳　张　成

摄　　影　张炎龙　秦伟平　张　顺　姚益林
　　　　　吴健红　李苏群　华晓忠　王海燕
　　　　　顾益明　顾　娟　秦建民　沈铮泓
　　　　　谈晓华　让跃庭　黄　明　翁文明
　　　　　鲍建国　张晓鸣　沈惠峰　江国能
　　　　　李孝祥　冯文新　王崭杰　阙明芬
　　　　　徐立幼

特约编审　陈兴南　陈其弟　傅　强　翁建明
　　　　　陈　萍　翁丽春

中国名镇志丛书凡例

一、以马克思列宁主义、毛泽东思想、邓小平理论、“三个代表”重要思想、科学发展观、习近平新时代中国特色社会主义思想为指导，坚持辩证唯物主义和历史唯物主义的立场、观点和方法，存真求实，全面、客观、系统记述中国名镇城镇化进程和改革开放成果，反映小康社会建设过程，传承和抢救乡土历史文化，激发爱国爱乡情怀，留住乡愁，为探索中国特色新型城镇化建设、服务乡村振兴战略提供历史智慧和现实借鉴。

二、为全面反映入志事物发展脉络，各志上限尽量追溯至事物发端，下限一般断至各志启动编修年份，个别重大事项可延至搁笔。详今明古，着重反映时代特色和地方特点，重点体现各镇的“名”与“特”。

三、记述地域范围以下限年份的行政辖区为主。为体现名镇在更大区域内的意义，可以从更开阔的区域视野记述与该镇相关的内容。

四、统一采用纲目体，设类目、分目、条目三个层次。横排门类，纵述史实，述而不论。

五、综合运用述、记、志、传、图、表、录等体裁，以志体为主。体裁运用适当创新，篇目设置不求面面俱到。

六、除引用文字和附录文献资料外，统一使用规范的现代语体文记述，行文力求朴实、严谨、简洁、流畅、优美，可读性强。

七、人物部类遵循“生不立传”原则，人物传主按生年排序，只选录对本镇发展有重大影响的人物，不面面俱到。

八、各项数据一般采用国家统计部门数据。数据缺乏的，采用主管部门或主办单位正式提供的数据。

九、数字用法、标点符号用法分别采用国家标准《出版物上数字用法》（GB/T 15835—2011）、《标点符号用法》（GB/T 15834—2011），计量单位采用国家技术监督局1993年12月发布的《量和单位》系列国家标准。历史上使用的计量单位，如斗、石、里、尺、磅、华氏度等，在引文时可照录。考虑到社会使用习惯，全书中亩不统一换算。

十、中华民国成立前的纪年，使用朝代年号纪年，括注公元年份；中华民国成立后的纪年，均使用公元纪年。志中所称“解放前（后）”，以该镇解放日为界；“新中国成立前（后）”，以中华人民共和国成立日1949年10月1日为界；“改革开放前（后）”，以1978年12月中共十一届三中全会召开为界。本志“××年代”，凡未加世纪者，均指20世纪。

十一、为节省篇幅，避免重复，本志采用条目互见法。参见条目的表示形式为：参见本志“××类目·××分目·××条目”。

十二、对旧志、古籍中的繁体字、冷僻字一般用简化字或通用字替换，易引起误解的则保留。

十三、记述各个历史时期的党派、机构、职务、地名等，均以当时的名称为准。对频繁使用的名称，首次用全称并括注简称，其后用简称。

十四、各镇志需要单独说明的事项，均在各自编后记中记述。

金庭镇在中国的位置

黑龙江省
哈尔滨
吉林省
长春
沈阳
辽宁省
内蒙古自治区
呼和浩特
北京市
北京
天津市
天津
河北省
石家庄
山西省
太原
渤海
黄海
山东省
济南
新疆维吾尔自治区
乌鲁木齐
甘肃省
兰州
宁夏回族自治区
银川
青海省
西宁
陕西省
西安
河南省
郑州
江苏省
南京
安徽省
合肥
吴中区
上海市
上海
金庭镇
西藏自治区
拉萨
四川省
成都
重庆市
重庆
湖北省
武汉
浙江省
杭州
东海
江西省
南昌
湖南省
长沙
福建省
福州
钓鱼岛
赤尾屿
台北
台湾省
台湾岛
贵州省
贵阳
云南省
昆明
广西壮族自治区
南宁
广东省
广州
香港
澳门
东沙群岛
海口
海南省
海南岛
西沙群岛
永兴岛
南海
中沙群岛
黄岩岛
南沙群岛
曾母暗沙
黄河
长江
图例
北京 首都
天津 省级行政中心
未定 国界
省、自治区、直辖市界
特别行政区界
名镇(乡)所在区域
名镇(乡)
1∶32 000 000
审图号：GS（2021）8722 号

金庭镇在江苏省的位置

图例
南京 省级行政中心
扬州 地级市行政中心
溧阳 县级行政中心
省级界
地级市界
名镇(乡)所在区域
名镇(乡)

1∶3 060 000

审图号：GS（2021）8722 号

金庭镇地图

审图号：图苏E审(2020)002号

金庭镇人民政府监制　江苏图博地理信息科技有限公司编制

林屋村居图（2017 年）

西山全景（2017 年）

林屋秋色（2013 年）

太湖大桥晨曲（2018 年）

石公秋色（2017 年）

明月湾村口古樟（2015 年）

林屋梅海（2011 年）

沉思湾（2017 年）

太湖大桥金庭入口（2018 年）

元山宕（2017 年）

西山雕花楼（2017 年）

国家级非物质文化遗产

江苏苏州太湖西山国家地质公园

国家卫生镇

西山国家 AAAA 级旅游景区

西山国家现代农业示范园区

中国国家风景名胜区

太湖西山国家森林公园

中国重要农业文化遗产

目录

太湖之心金庭镇

金庭，位于太湖之心，襟吴带越，历史悠久。其群山环抱，湖水相拥，风光迷人。金庭，花果飘香，移步换景，怡人宜居，为历代文人雅士游赏之佳地、隐居之福地。

太湖，浩渺无际，碧玉似盘，湖中七十二峰，如大珠小珠撒落，其中四十一峰在洞庭西山。唐白居易《宿湖中》诗云："十只画船何处宿，洞庭山脚太湖心。"清王维德《林屋民风》载："江南巨薮，首曰太湖……中有峰七十二，洞庭山为最大，而奠峙于中央，群峰环拱，远近参差……"金庭，如一颗硕大的珍珠，悬在太湖之心，湖水相拥，碧绿镶嵌，璀璨亮丽。

金庭，襟吴带越，源远流长。

金庭，古称夫椒、包山、林屋山、洞庭山、洞庭西山、西洞庭、西山……《吴地记》"太湖"注释云："包山，因四面皆水包之，故名。因山有林屋洞，故又名林屋山。春秋时，又称夫椒山。又因湖中有洞山、庭山，包山在其西，故又称洞庭西山。"《吴郡志》载："吴国西有具区，中有包山。洞庭地下，潜通琅琊东武山。山穴道一名椒山。哀公九年，越败吴王夫差于夫椒，即此是也。又名洞庭山。"太湖，一手牵着吴国，一手拉着越国。王鏊诗云："吴越平分一水间。"金庭守卫着吴国水域前沿阵地。练渎是吴国水军练兵的地方，秉常（兵场）是吴王屯兵的地方。周元王三年（前473），越国大举进攻吴国，冲破金庭防线，直逼苏城，夫差自杀，金庭归越。

金庭，青山列屏，湖水献玉。

放眼金庭，青山绵延，沿湖环列，高高低低的山丘有90余座。其中位于中西部的缥缈峰，海拔336.6米，为太湖第一高峰。王鏊道："居然自可小天下，谁道吴中无泰山。"境内有座山叫西湖山，海拔101.6米。山顶有一池，名"海眼"。民国元老李根源游览至此，见波光跃动，欣然题下"海眼池"。金庭东北部的石宕，深渊成湖，清澈碧蓝，山月倒映，像是镶嵌在岛上的一块块蓝玉宝石，被游客誉为"小九寨沟"。

金庭，花果飘香，鱼跃鸟飞。

环顾金庭，山峰翠绿，花果满坡，暗香浮动。这里是名副其实的花果山，是洞庭碧螺春的原产地。这里月月有花，季季有果。二三月，梅花盛开，林屋洞前一片洁白，花似海，人如潮，是全国最大的赏梅基地之一。深秋，青种枇杷花开，银翠耀眼，花香弥漫，沁人心脾。这里有青梅、枇杷、杨梅、梨、板栗、银杏、橘子、石榴等鲜果品尝。金庭，一年四季，湖鲜不断。太湖三白，令人迷恋。沿湖芦苇，翠绿生辉。各种水鸟，贴水而飞，安居生息。

金庭，村落连缀，沿湖藏坞。

漫步金庭古村，粉墙黛瓦，百格花窗，古井古道，古树古桥，古港古浜……处处古风扑面，令人沉浸。大族村落，始于隋朝，盛于南宋。隋大业六年（610），后魏建威将军郑茂之子郑白麟携家到甪里一个叫古芳塘的地方，首建村落郑泾地。五代后，平南将军马抗到马城宫，建马村。南宋建炎三年（1129），宋高宗赵构偏居江南，北方贵族纷纷隐居太湖。其时，蔡氏定居消夏湾，建东西蔡村；徐氏建堂里、东村、徐巷和煦巷；蒋氏建后埠、后堡；沈氏建镇夏；黄氏、吴氏、邓氏、秦氏等建明月湾；金氏建夏泾村……诸多名门后裔爱山慕水，择幽觅静，沿湖藏坞建村，渐渐形成“七村八巷九里十三湾”的格局。

金庭，风光迷人，名人慕名而至。吴越时有吴王夫差、诸稽郢，三国时有阚泽等。唐、宋、元、明、清则更多，有韦应物、白居易、刘禹锡、王昌龄、皮日休、陆龟蒙、范仲淹、苏舜钦、范成大、李弥大、王鏊、唐寅、文徵明、申时行、倪瓒、高启、吴庄、姚承绪、王鸣盛等。现代有叶圣陶、田汉等纷纷驻足金庭，并留下了许多优美的诗篇和文章。

金庭优美的山水，如画的风景，不仅吸引了古今无数的文人骚客，亦成了影视剧组的拍摄佳地。《海灯法师》《建军大业》《橘子红了》《凤穿牡丹》《风雨雕花楼》《水月洞天》《灵境传奇》《两生花》《好妻子》《金牌投资人》《都挺好》《激荡》《老闺蜜》《好好说话》《恋爱吧，食梦君》《你是我的永恒星辰》《陌生的恋人》等一大批剧作影视组到太湖，走近金庭，将这里的一草、一木、一石、一桥、一楼、一村、一山、一水搬上荧屏。2015 年 1 月 3 日，随着百集大型系列纪录片《记住乡愁》第 1 季第 3 集《明月湾村——讲和修睦》在央视中文国际频道播出，金庭进入了国际视野。

金庭在发展。修筑沿湖大道，建设美丽村庄，易地新建西山中心小学、西山中心幼儿园和金庭文体中心，社会事业全面推进。全国小城镇综合改革试点镇、国家 AAAA 级旅游景区、全国环境优美镇、国家卫生镇等一块块“国字号”招牌流光溢彩，昭示着金庭的与众不同。

基本镇情

金庭，素有“花果山”“鱼米乡”之称，被誉为“太湖中的一颗明珠”。俞家渡考古发掘证实，早在5000多年前的新石器时代，金庭就有人类活动。古人云，“具区之胜，洞庭为最，洞庭之胜，包山为最”“吴山之奇，尽于西洞庭，迥非他山可比”。金庭为太湖风景区精华所在，全镇陆地总面积84.59平方千米，辖太湖水域面积715.26平方千米。先后获得全国环境优美镇、全国卫生镇、全国小城镇综合改革试点镇、江苏省历史文化名镇、江苏省文明乡镇等称号。

建置区划

镇名由来 金庭之名，源自山名。清金友理《太湖备考》载：“金庭山，一名庭山。”以山名替代岛名，始于元代。元代诗人王鹏《过西洞庭》诗云：“玄洲不复见，缥缈即芙蓉。玉洞连三岛，金庭第一峰。”但岛域之名更多是以包山、洞庭山、洞庭西山、西山称世。1958 年，西山东河、石公、建设三乡合并，成立金庭人民公社，金庭之名在建制上首次得以明确。1963 年，金庭人民公社撤销，调整为金庭、石公、建设 3 个公社，金庭之名局限于西山岛东北部地区。1987 年 1 月，金庭、石公、建设 3 个乡撤销，合并为西山镇。2007 年 6 月，西山镇更名为金庭镇。

建置沿革 秦始皇二十六年（前 221），秦统一六国，设吴县，西山为其辖地。北宋元祐八年（1093），西山设角头巡检司。清雍正十三年（1735），在东山设太湖厅。清乾隆中期后，西山民事由太湖厅管辖。清咸丰十年（1860），太湖厅划属湖州府，西山属湖州。清光绪三十二年（1906），西山后堡设靖湖厅（县级建制），隶属苏州府。1912 年 1 月，废太湖、靖湖二厅，设太湖县，旋易名为洞庭县，辖东山、西山。同年 7 月，撤洞庭县，并入吴县，西山归属吴县。

中华人民共和国成立后，西山隶属苏南行政公署太湖行政办事处。1951 年 6 月，太湖区行政办事处撤销，西山归属吴县。1952 年 7 月，复建苏南人民行政公署太湖办事处，西山归其管辖。1953 年 5 月，太湖办事处改建为震泽县，西山属震泽县。1959 年 4 月，震泽县撤销，西山复归吴县。1998 年 11 月，建立吴县市西山国家现代农业示范区管理委员会、吴县市西山国家现代农业示范园区有限责任公司。2001 年 3 月，撤吴县市，设吴中、相城两区，西山镇隶属吴中区管辖。2007 年 6 月，西山镇更名为金庭镇，镇人民政府行政机关设在东河新区，隶属苏州市吴中区管辖。2013 年 10 月，吴中西山国家现代农业示范园区党工委管委会与金庭镇党委、政府实行“区政合一”管理，隶属苏州市吴中区管辖不变。

行政区划 1934 年，推行保甲制，西山划为吴县第十三区。1950 年 3 月，废除保甲制，改建新乡。西山划为练西、练东、九洞、明汇、缥缈、建庭、光明 7 个乡。1950 年 4 月，西山划为 1 个镇、8 个乡、2 个直属村（东河镇、辛湾乡、玄阳乡、建庭乡、九洞乡、秉汇乡、石公乡、光明乡、缥缈乡、角里直属村、横山直属村），下设 60 个行政村。1952 年 10 月，西山改称太湖行政区第二区。1953 年 5 月，第二区复名西山区，全区划为 1 个镇、10 个乡（东河镇、横山乡、石公乡、秉汇乡、建庭乡、辛湾乡、九洞乡、缥缈乡、光明乡、角里乡、玄阳乡），下设 67 个行政村。1956 年 3 月，西山被划设为石公、东河、建设 3 个乡。1958 年 10 月，东河、石公、建设三乡合并为金庭人民公社。1963 年 4 月，调整为金庭、石公、建设 3 个公社。1980 年 7 月，建设公社更名为堂里公社。1983 年 7 月，政社分设，撤公社改乡，分设为金庭、石公、堂里 3 个乡。1987 年 1 月，三乡合并为西山镇，镇人民政府行政机关设在镇夏。1994 年 10 月，西山镇镇治迁至东河新区。2020 年年末，全镇辖 11 个行政村、2 个社区，分别为元山村、蒋东村、庭山村、林屋村、秉常村、石公村、东蔡村、缥缈村、衙角里村、堂里村、东村村、东河社区和东园社区。

行政村（社区）

元山村 位于金庭东北端，因一小山入湖，状如鼋，得名鼋山，后简写为元山。旧时以盛产石灰石闻名于世。境内有轮船码头遗址以及狮子桥、米囤山等古迹。2003 年

元山村村居（2018 年）

蒋东村村居（2018 年）

10 月，由元山、金村、鹿村 3 个行政村合并而成。同年，获江苏省卫生村称号。2020 年年末，辖元山、金村、鹿村 3 个自然村，设 19 个村民小组。总面积 6.4 平方千米。总户数 1112 户，总人口 3751 人。村级经济总收入 520 万元，村民人均收入 2.46 万元。

蒋东村 位于金庭东北端，村因有蒋家巷、东河滩而得名。境内有后埠井亭、费孝子祠、承志堂、燕贻堂、介福堂、蒋氏里门等建筑，其中，后埠井亭、承志堂、燕贻堂为苏州市文物保护单位。2003 年 10 月，由蒋东、俞东、前湾、辛村、后埠 5 个行政村合并而成。2010 年，组建全镇第一个资产股份合作社。2012 年，组建全镇第一个富民合作社。2014 年，组建全镇第一个劳务专业合作社。2020 年年末，辖蒋家巷、东河滩、后埠、辛村、前湾、俞家弄、岭东湾 7 个自然村，设 19 个村民小组。总面积 4.3 平方千米。总户数 1230 户，总人口 3946 人。村集体有工业厂房 4.4 万平方米，第三产业用房 1.4 万平方米。村级经济总收入 1068 万元，村民人均收入 2.78 万元。2005 年，获江苏省卫生村称号。2008 年 10 月，获江苏省生态村称号。2010—2012 年度，获江苏省文明村称号。2015 年 6 月，获江苏省省级民主法治示范村称号。

庭山村　位于金庭东北端，东北接太湖大桥，因辖区内有庭山（古称金庭山）而得名。有侯王荡、练渎、广福桥、福德桥、聚源桥等历史遗迹。2000 年 5 月，渡渚、北庄 2 个行政村合并为庭山村。2003 年 10 月，震荣村、余丰村行政村并入庭山村。2020 年年末，辖小桥头、头陀桥、养马圩、里鱼池、中桥头、北庄、坝基桥、荡田上、外鱼池、渡渚、沉思湾、东上、坎上、白塔湾 14 个自然村，设 17 个村民小组。总面积 4.9 平方千米。总户数 1173 户，总人口 3751 人。庭山村以花果种植和渔业为主。村级经济总收入 622 万元，村民人均收入 3.04 万元。境内震荣村是金庭镇人民政府规划建设的第一个农村小区，还是全镇唯一的渔业村。境域内另有绿光开心农场和金庭镇工业小区。

林屋村　位于金庭东中部，村因林屋洞而得名。境内有天下第九洞、古樟园、后堡古桥（永安桥）、花石井等历史遗迹和景点。南宋理学家马国珍诞生于洞山村。2003 年 10 月，林屋村由前堡、后堡、镇夏、洞山 4 个行政村合并而成。2020 年年末，辖后堡、

庭山村村居（2018 年）

田岸头、焦山上、下亩里、上横路、窑上、朱家弄、徐家场、竹刀村、前堡、中腰里、居山、西头巷、洞山下、镇夏、张家村、镇渎桥、庙场18个自然村，设28个村民小组。总面积4.8平方千米。总户数1485户，总人口4516人。林屋村以花果种植为主业。村级经济总收入924万元，村民人均收入2.91万元。

秉常村 位于金庭东南部，秉常原写作兵场，因春秋时吴王在此辟练兵场而得名。秉常村为西山青种枇杷发源地，境内有罗汉寺、包山寺和太湖西山林屋梅海。2003年10月，由秉常、梅益两个行政村合并而成。2020年年末，辖山东、俞家渡、胡家地、堵家地、毛竹场、罗汉圩、朴树头、祠堂场、下墙门、狮子头、蒋家场、前山头、梅园里、钱坟头、双塔头15个自然村，设21个村民小组。总面积6.4平方千米。总户数1443户，总人口4313人。村级经济总收入610万元，村民人均收入2.7万元。2011年2月，获江苏省现代农业示范村称号。2013年12月，获江苏省生态村称号。2014年7月，

林屋村村居（2017年）

秉常村村居（2018 年）

石公明月湾村村居（2018 年）

获江苏省农村电子商务示范村称号。2015 年，获全国一村一品示范村、江苏省省级民主法治示范村称号。2016 年，获江苏省四星级乡村旅游区称号；9 月，获江苏省文明村称号。2017 年 7 月，获江苏省巾帼电商服务示范基地称号；12 月，获江苏省省级创业型社区（村）称号。

石公村 位于金庭东南端，村因有石公山而得名。境内有石公山和明月湾古村两大景区。北宋汴京马步军副统制凤福清墓穴在石公山旁，村内凤氏一族系凤福清后裔。2003 年 10 月，石公村由石公村、明月湾 2 个行政村合并而成。2020 年年末，辖石公、梧巷、夏家底、煦巷、田下、樟坞、仇巷、黄家堡、杨巷、张巷、蔡巷、南湾、明月湾、旸坞 14 个自然村，设 17 个村民小组。总面积 6.4 平方千米。总户数 1044 户，总人口 3184 人。石公村以种植茶叶、花果为主业。村级经济总收入 644 万元，村民人均收入 2.99 万元。

东蔡村 位于金庭中南部，因南宋秘书郎蔡源次子蔡继孟于绍兴十二年（1142）建村而得名。境内有清代著名堂屋春熙堂，另有上方寺、下方寺、山觉寺、葛洪祠等遗址。越国大夫诸稽郢墓、春熙堂、畲庆堂为苏州市文物保护单位，明代文学家蔡羽诞生于东蔡村。2003 年 10 月，东蔡、秉汇 2 个行政村合并为东蔡村。2016 年 11 月，获江苏省省级民主法制示范村称号。2020 年年末，辖东蔡、小庙头、基角廊、徐巷、葆旺、菉

东蔡村村居（2018 年）

葭河头、诸家河头、薛家桥、东汇上、陈家桥、五家弄、祝家桥、社坛上、戚家里、葛家坞 15 个自然村落，设 20 个村民小组。总面积 4.5 平方千米。总户数 1169 户，总人口 3583 人。东蔡村以种植花果、茶叶为主业。村级经济总收入 476 万元，村民人均收入 2.56 万元。

缥缈村　位于金庭西南部，村因位于缥缈峰山脚而得名。境内有大如意圣境、苏州安住幸福山庄（太湖牛仔风情度假村）等旅游景点，爱日堂、芥舟园、秦仪墓为苏州市文物保护单位。2003 年 10 月，缥缈村由缥缈、圻村、震星 3 个行政村合并而成。

缥缈村村居（2018 年）

衙角里村村居（2018 年）

2020 年年末，辖秦家堡、周家巷、倪家坞、西蔡里、圻村、东阳汇头、石路头、谢家堡、塔头、岭东、岭西、凤凰山、绮里 13 个自然村，设 17 个村民小组。总面积 13.1 平方千米，沿太湖湖岸线 6.4 千米。总户数 957 户，总人口 3096 人。缥缈村以农林经济为主业。村级经济总收入 602 万元，村民人均收入 2.61 万元。

衙角里村 位于金庭西南部，村因衙里、角里两个自然村合并而得名。衙里，因宋时设游击衙门而得名；角里，因商山四皓之一的角里先生居住而得名。境内有禹王庙，另有明代石码头、郑泾港、永宁桥、南星桥、角头寨、御史牌楼、五女坟、天后宫等历史遗迹。南宋名相郑清之、明代山东道监察御史郑准等名人诞生于角里村。2020 年年末，辖黄石桥、峧上、慈东、慈西、白果树头、苏家上头、衙里、陈家头、大埠里、小埠里、周家上头、沙皮上、曹家底、南河头、牌楼头、柯家村、前河、疃里、石井头、山下、马家门前、蛇头山 22 个自然村，设 28 个村民小组。总面积 8.2 平方千米。总户数 1260 户，总人口 3810 人。衙角里村以种植茶叶、花果为主业。村级经济总收入 517 万元，村民人均收入 2.46 万元。

堂里村 位于金庭中西部，村因古代民宅建筑厅堂多而得名。域内水月坞为洞庭山碧螺春（称水月茶，又称小青茶，系碧螺春前身）发源地，有缥缈峰、西山雕花楼、太湖西山地质博物馆等旅游景点，另有太湖营军用码头、玉虹桥、师姑井、驮龙碑、棋盘石、明代古店铺等历史遗迹。明代画家陆治诞生于涵村。2003 年 10 月，堂里村由涵村、堂里2个行政村合并而成。2020年年末，辖堂里、陈巷、劳村、涵村、西涵头、涵头、梅堂坞、待诏坞8个自然村，设22个村民小组。总面积9.2平方千米。总户数1011户，总人口2953人。堂里村以种植花果为主业。村级经济总收入623万元，村民人均收入2.99万元。

东村村 位于金庭北部，村因有东园公（商山四皓之一）居住而得名。境内有敬修堂、栖贤巷门、徐家祠堂等江苏省文物保护单位；有萃秀堂，植里古道、古桥，仁寿堂，庆馀堂等苏州市文物保护单位；有学圃堂、绍衣堂、敦和堂、孝友堂、凝翠堂、源茂堂等苏州市控制保护单位；另有盘龙寺、东湖寺、大圣堂等历史遗迹。2003年10月，东村村由新东、爱国两个行政村合并而成。2020年年末，辖东湾、西湾、张家湾、夏泾、植里、周坞、里屠坞、外屠坞、东村西上、东村东上、支罗湾、北罗湾、南孙湾、蛇口湾、阴山15个自然村，设26个村民小组。沿太湖岸线15千米，

堂里村村居（2018年）

东村村村居（2018 年）

总面积 8.2 平方千米。总户数 1243 户，总人口 3784 人。东村村以种植茶叶、花果为主业。村级经济总收入 576 万元，村民人均收入 2.86 万元。

东河社区 位于金庭集镇中心，东河，因明代里人徐氏在其宅东开河通航而得名东宅河，简称东河。境内有实际寺、法华寺和天王寺遗迹。明代吏部左侍郎徐缙诞生于东河。1999 年，获江苏省卫生村称号。2003 年 10 月，东河由马村、南徐、坞里、东河、金吴 5 个行政村合并而成。2004 年 7 月，建立东河社区居民委员会。2020 年年末，社区辖二图里、劳家桥、南徐、杨树头、金铎、吴村头、马村、天王门口、戚家场、马村桥、沈家场、陈家坞、杨家坞 13 个自然村，22 个村民小组。总面积 8.9 平方千米。居民总户数 1298 户，总人口 3916 人。社区经营性资产 10487 平方米。社区集体经济总收入 629 万元，村民人均收入 2.49 万元。

东园社区 位于金庭东园公路 100 号，社区因位于东园公路旁而得名。2020 年 7 月，由苏州市吴中区人民政府批复成立。东园社区管辖两个区域，一是原东河社区管辖的居民住宅区，东起鱼田路，西至金庭路，南起后堡港路，北至金庭路和沿金庭路的金庭路

东河社区（2018 年）

5 号、7 号两个住宅区；二是原镇夏居民委员会管辖的镇夏住宅区自俞家渡港向北延段至林屋路交汇以东、林屋路以南范围。包括东园一村、东园二村、东园三村、太湖洞庭苑、洞庭明月湾、丰谷景园、东园公路 115 号、东园公路 129 号、金庭路 5 号和金庭路 7 号、古北雅园、太湖美山庄、雁归来院、翠峰山庄、局山湾花园等住宅区和镇区商业区。两个区域总面积约 1.84 平方千米，规划入住 2520 户、4000 余人。至 2020 年 12 月底，已入住 401 户、1010 人。

自然地理

地理位置 金庭位于江苏省苏州市西南端，距苏州市古城区 45 千米，处北纬 31° 03′ ~ 31° 12′、东经 120° 11′ ~ 120° 22′。东为吴中区东山镇、临湖镇，东北有太湖大桥与香山街道相连，湖北为光福镇，西、南及西北分别与宜兴和湖州及无锡隔湖相望。东北庭山脚下建中国内湖第一长桥——太湖大桥，与叶山岛、长沙岛、渔洋山相连。

地质地貌

4.25 亿年前，金庭镇域广为浅海，3.6 亿年前的泥盆纪时期，因地壳上升而成为陆地，构成西山岛及其他岛屿基本山体，地貌形态为山峰丘陵、山坞湖湾和平原河网等类型。

山峰丘陵 明代王鏊《太湖七十二山记》云："太湖之山，发自天目，逦迤至宜兴，入太湖，融为诸山。"太湖七十二峰，四十一峰在西山。2020 年年末，西山岛上最高山峰为缥缈峰，位于西山岛中西部，海拔 336.6 米；次之为毛公山，位于西山岛中南部，海拔 311.9 米；最低为大谢姑山，位于西山岛东北部，海拔 4.5 米。山峰丘陵分为石英砂岩丘陵、花岗岩丘陵、石灰岩丘陵等。

山坞湖湾 在山丘形成过程中，谷底堆积较厚冲积物，形成谷底宽平、向外微斜的地势；谷底与两侧山坡有明显角度转折，与后面山坡逐渐过渡，整个沟谷形态若船坞，被称为山坞。2020 年年末，镇域内计有 31 个主要山坞：水月坞、包山坞、葛家坞、天王坞、罗汉坞、绮里坞、涵村坞、福源坞、陈家坞、毛公坞、梅堂坞、资庆坞、柴坞、

太湖大桥（2018 年）

缥缈群峰（2018 年）

待诏坞、篁坞、倪家坞、龙坞、大清坞、樟坞、旸坞、南坞、周坞、外屠坞、里屠坞、尖池坞、东湾坞、金铎坞、花山坞、徐胜坞、茅坞、野坞。其中，涵村坞最长，为 2.5 千米；水月坞、包山坞、葛家坞、天王坞、罗汉坞、绮里坞 6 个坞，坞深度达 500 米，其余各坞深度均不足 500 米。

山丘形成过程中，山体受流水侵蚀形成一系列沟谷，后山体基底下沉，沟谷沉溺成为湖湾。域内存有金铎湾、渡渚湾、南湾、东湾、西湾、后埠湾、前湾、元山湾、可盘湾、沉思湾、龟山湾、张家湾、明月湾、消夏湾、西湖湾、夏家湾、衙里湾、白塔湾、甪湾、慈湾等二十余湾。

平原河道 从平地到山麓地带，海拔 5 ~ 8 米，地势高爽，呈平缓波状起伏，山麓地段地面坡度 2° ~ 3° 。此类平原上自然河道稀少、短小，弯曲、浅窄，水网不发育，环山河流呈放射状。梅园、秉常、慈里等地属此类平原。2020 年，镇域内有镇级河道 3 条，村级河道 124 条。镇级河道为后堡江、消夏江、大包围外江河。

后堡江，贯穿金庭南北，北至白塔湾红庙头，南至谢姑山，通太湖，全长 6600 米，河床最宽处 10 ~ 25 米，水深 1 ~ 2 米。

罗汉坞（2018 年）

消夏江（2018 年）

消夏江，位于金庭南部，呈 7 字形，西至圻村蛇山门，南至石公庙山嘴，通太湖，全长 6740 米，河床最宽处 40 米，水深度 1 米。

大包围外江河，位于金庭东部，南通后堡江，东至元山太湖口，全长 3520 米，河床最宽处 20 ～ 40 米，水深度约 1 米。

气候 金庭属北亚热带湿润性季风气候，又因有太湖水体调节作用，具有四季分明、温暖湿润、雨水丰沛、日照充足、无霜期较长的气候特点，利于生物繁殖和生长。

气温 全年温度最高是七八月，极端最高气温不超 40℃；最低温度出现在一二月，极端最低气温不低于 −10℃。年平均温度 16℃左右。

降水 全年降雨日 120 天左右。年降水量 1000 ～ 1600 毫米。1 月降水量在 50 毫米以下，2 月渐多，4 月进入雨汛季，降水量显著增多，7 月中下旬梅雨结束。7 月下旬至 8 月开始进入台风、雷雨季，降水量达到全年最高峰。10 月起降水量渐少，有秋旱出现。

日照 年均日照时数约为 2100 小时。霜期 80 天左右，初霜期一般出现在 11 月下旬，最早出现在 10 月底，终霜期一般在 2 月下旬，最迟在 4 月中旬，无霜期约 280 天。

灾害 夏季多湿热东南风，冬季多干冷西北风，以东南风最多，西北风次之，西南风最少。域内处于台风地带，常会受台风影响。每年 7 月下旬到 10 月上旬会经历多次台风过境，强热带风暴经过时带来强台风暴雨，致使太湖水位猛涨，湖水淹没湖滩、湖塘，危及沿湖堤岸，或有山洪暴发现象。寒冻、洪涝、旱灾历史上均有发生。北宋政和元年（1111），元天历二年（1329），明弘治十五年（1502）、十六年（1503），“皆大水，太湖处溢”，西山沿太湖田地被淹没。1967年高温大旱，全年气温35℃以上天气有35天，7月22日至10月11日的82天中，降水仅7毫米，有1/3山区果树干枯而死。1977年年初，太湖封冻半月有余，柑橘遭受严重冻害。1978年，太湖水位降至2.25米，为历史罕见。1999年，太湖水位达5米，西山低洼地区被淹。

自然资源

矿物资源 主要有石灰岩、黑色大理岩、白云岩、萤石、白泥、紫砂泥、煤炭等。石灰岩、黑色大理岩主要分布于西山岛东部文化山、元山、居山及西山南部石公山、祈山、大鼍山等。石灰岩丘陵地区为海洋环境中形成的沉积型矿床，蕴藏量达5亿吨。金庭曾是“花石纲”主产区。黑色大理石产于元山、石公山一带，1983年停产。萤石分布于小雷山岛，为低温热液充填型小型矿点，1984年停采。白云岩分布于堂里，赋存于黄龙组下部，属海相沉积型小型矿点，呈浅灰色，块状，微晶及细晶质，厚19.85米，无开采。白泥矿零星分布于五丰、小竹山等处，为石英砂岩层中伴生矿，产量较少，无开采。紫砂泥分布于后埠村，储量约18万吨，适宜制紫砂工艺品，无开采。煤炭主要分布于马村、坞里、南徐、东河等自然村一带，煤层深度20～200米，煤层厚度0.2～2米，开采始于明末，抗战时期开始大规模开采，1982年停采。

野生动物 全镇野生动物资源丰富，有鸟类、爬行动物、两栖动物等。

鸟类 主要有灰喜鹊、伯劳、鹰、隼、画眉、黄鹂、柳莺、绣眼、相思鸟、八哥、蜡嘴雀、白头翁、戴胜、杜鹃、鹁鸪、山雀、啄木鸟、猫头鹰、大雁、天鹅、白鹭、苍鹭、野鸭、鸳鸯、水鸡、鸬鹚、翠鸟等30余种。

圻村古银杏（2018 年）

蛇类 主要有蝮蛇、赤链蛇、乌梢蛇、锦蛇、青蛇、蟒蛇、眼镜蛇等10余种。

鱼类 常见的有白鱼、银鱼、梅鲚、鲤鱼、鲫鱼、青鱼、草鱼、鲢鱼、鲇鱼、塘鲤鱼、穿条鱼、黄鳝、鳗鱼、泥鳅等100余种。

昆虫类 主要有蟋蟀、蝉、蜻蜓、蝴蝶、蜜蜂、蚂蚁、蚂蚱等10余种。

另外爬行类有鳖、龟、壁虎等；甲壳类有螃蟹、虾等；两栖类有青蛙、蟾蜍等；哺乳类有獐、刺猬、黄鼬、蝙蝠等；另有蜗牛、蚯蚓、河蚌、蚬子、田螺、螺蛳、蚂蟥等。

中草药资源 金庭气温湿润，多山多水，各类药材众多。古代道士刘根、阴长生、葛洪曾在岛上采药炼制丹药。民间有杨梅浸白酒治痢疾、炼制枇杷膏治咳嗽等土方，疗效明显。

花果药材 主要有枇杷花、枇杷叶、银杏叶、橘皮、桃胶、桃仁等10余种。

草木药材 主要有金钱草、蜀羊泉、车前草、苍耳子、桔梗、蒲公英、马兰头、荠菜、地丁草、积雪草、菊花、枸杞、雀梅藤、金银花、云实、臭椿、白及、鱼腥草、紫苏、栀子、夏枯草、冬桑叶等数百种。

动物药材 主要有蜈蚣、蝉、地龙、僵蚕、地鳖虫、蚂蟥等10余种。

人口·民族

人口 清王维德《林屋民风》载，康熙五十二年（1713），西山三乡七都有1.16万户、6.6万人。清宣统二年（1910），西山有1.07万户、5.42万人。1919年，西山有7076户、2.87万人。1947年，西山有7723户、2.78万人。1949年，西山总人口为2.4万人。1953年第一次全国人口普查时，西山有7023户、2.47万人。1964年第二次全国人口普查，全镇有8423户、3.24万人。1982年第三次全国人口普查，全镇有居民1.12万户、4.25万人。1990 年第四次全国人口普查，全镇有居民 1.15 万户、4.35 万人。2000 年第五次全国人口普查，全镇有居民 1.53 万户、4.42 万人。2010 年第六次全国人口普查，全镇有居民 1.54 万户、4.42 万人。2020 年 12 月底，全镇户籍总数 1.48 万户、4.5569 万人，外来暂住人口 3067 人。

民族 金庭历来以汉族为主，鲜有少数民族，1990 年第四次全国人口普查时，少数民族只有 11 人。改革开放后，经商、婚配等因素促使少数民族人口明显增多。2020 年，全镇汉族人口 4.54 万人，占镇户籍人口的 99.63%。少数民族人口 168 人，占镇户籍人口的 0.37%，主要有白族 29 人、土家族 25 人、苗族 22 人、彝族 17 人、布依族 12、回族 8 人、满族 9 人、壮族 7 人、侗族 8 人、水族 5 人、畲族 5 人、蒙古族 5 人、朝鲜族 4 人、藏族 3 人、仫佬族 2 人，傣族、傈僳族、土族、达斡尔族、毛南族、仡佬族、俄罗斯族各 1 人。

姓氏 唐代之前，金庭没有固定村落，居民仅有渔民、僧道、隐士、兵士、石匠等，隋朝末年始有大族迁居建村。宋朝南渡后，北方望族南迁，金庭姓氏逐渐增多，至明代宗姓亦仅有郑氏、马氏、蔡氏、秦氏、黄氏、徐氏、蒋氏、劳氏、叶氏、李氏、韩氏、曹氏、凤氏等 20 余支。因地域等原因，婚配多为大族之间联姻，清王维德《林屋民风》载“山中著姓世为伉俪”“亦无远嫁离山之女”，姓氏量也保持在大宗之间。改革开放后，金庭交通发达，婚嫁已不局限于本土之间，姓氏明显增多。2020 年 12 月底，全镇姓氏总数达 343 个，其中人数为个位数的姓氏 81 个、人数在 1000 人以上的姓氏 15 个。

2020 年金庭镇千人以上姓氏一览表

表 1

姓氏	人数（人）	姓氏	人数（人）
朱	2811	陈	1705
徐	2806	陆	1667
吴	2268	黄	1519
王	2344	李	1418
张	2334	蔡	1381
蒋	1958	马	1147
沈	1744	周	1105
金	1725		

高寿居民 金庭环境优美，空气新鲜，山清水秀，为宜居长寿之地。清康熙年间（1662—1722），金庭缥缈、慈里等地区被称为长寿乡。据《太湖备考》载，清乾隆十一年（1746）在西蔡里建“百岁坊”。2020 年年底，全镇年龄在 100 周岁及以上的居民有 6 人，其中，女性 4 人，男性 2 人；年龄在 90 ~ 99 周岁的有 289 人；全镇人均寿命由 1949 年的 45 岁提高到 82.3 岁（其中，男性 79.8 岁，女性 84.87 岁）。

2020 年金庭镇 100 岁及以上老人一览表

表 2

序号	姓名	性别	出生日期	行政村（社区）	序号	姓名	性别	出生日期	行政村（社区）
1	朱玉英	女	1916-07-18	庭山村	4	李观宝	男	1920-01-07	东河社区
2	周法娣	女	1916-10-07	庭山村	5	李登财	男	1920-10-05	东社社区
3	陈桂珍	女	1919-04-22	元山村	6	徐彩娣	女	1920-10-10	东河社区

2020 年金庭镇 90 ~ 99 周岁老人一览表

表 3

序号	姓名	性别	出生日期	行政村（社区）	序号	姓名	性别	出生日期	行政村（社区）
1	邹荷仙	女	1930-12-30	堂里村	20	徐凤娥	女	1930-10-30	林屋村
2	黄爱娟	女	1930-12-29	东蔡村	21	徐如依	男	1930-10-17	石公村
3	柴文娟	女	1930-12-27	衙角里村	22	戚小毛	男	1930-10-16	东河社区
4	蒋凤珍	女	1930-12-26	东蔡村	23	曹宝清	男	1930-10-15	秉常村
5	黄乃贞	女	1930-12-16	衙角里村	24	马德娣	女	1930-10-12	秉常村
6	蒋雪华	女	1930-12-15	林屋村	25	汪彩娥	女	1930-10-11	衙角里村
7	吴连宝	男	1930-12-12	东河社区	26	曹秀凤	女	1930-10-08	东蔡村
8	曹吉生	男	1930-12-12	衙角里村	27	陈最芳	女	1930-10-05	东河社区
9	郑森娣	女	1930-12-12	堂里村	28	沈彩仙	女	1930-10-03	东河社区
10	胡米仙	女	1930-12-10	林屋村	29	金米云	女	1930-10-01	元山村
11	陆云妹	女	1930-12-08	堂里村	30	周友娣	女	1930-09-26	庭山村
12	夏腊青	女	1930-12-08	东河社区	31	秦彩英	女	1930-09-23	石公村
13	赵掌男	男	1930-12-01	林屋村	32	蔡鹤年	男	1930-09-21	东蔡村
14	张川顺	男	1930-11-25	堂里村	33	郑菊英	女	1930-09-17	衙角里村
15	蒋伟忠	男	1930-11-24	蒋东村	34	叶云英	女	1930-09-13	东村村
16	诸云其	女	1930-11-15	东蔡村	35	王松林	男	1930-09-11	衙角里村
17	徐春方	男	1930-11-13	秉常村	36	朱巧珍	女	1930-09-10	石公村
18	陆金妹	女	1930-11-05	缥缈村	37	朱米云	女	1930-09-10	衙角里村
19	郑玉秀	女	1930-11-03	东河社区	38	柴桂仙	女	1930-09-08	蒋东村

续表 3

序号	姓名	性别	出生日期	行政村（社区）	序号	姓名	性别	出生日期	行政村（社区）
39	蒋菊华	女	1930-09-05	东河社区	74	马德云	男	1930-04-08	秉常村
40	钟阿青	男	1930-09-02	蒋东村	75	吴海仙	女	1930-03-26	东河社区
41	蒋爱云	女	1930-09-01	林屋村	76	王福娟	女	1930-03-24	衙甪里村
42	曹雪生	男	1930-08-24	秉常村	77	罗云英	女	1930-03-23	元山村
43	李爱珍	女	1930-08-18	东村村	78	徐达生	男	1930-03-15	堂里村
44	王满云	女	1930-08-15	东村村	79	陆彩英	女	1930-03-04	庭山村
45	朱华坤	男	1930-07-24	东村村	80	蔡德娣	女	1930-03-01	石公村
46	郑安萍	女	1930-07-22	东村村	81	陆培龙	男	1930-02-08	堂里村
47	黄锡元	男	1930-07-20	秉常村	82	徐兴娣	女	1930-02-05	衙甪里村
48	李荣章	男	1930-07-16	东村村	83	蒋福珍	女	1930-02-03	秉常村
49	徐惠娣	女	1930-07-10	东村村	84	马惠珍	女	1930-01-30	蒋东村
50	诸德福	男	1930-07-03	东蔡村	85	温来云	女	1930-01-18	林屋村
51	戚桂珍	女	1930-07-03	石公村	86	沈梅娣	女	1930-01-17	林屋村
52	吴阿秋	女	1930-06-15	林屋村	87	蒋杏云	女	1930-01-16	东蔡村
53	朱小米	女	1930-06-09	庭山村	88	周素珍	女	1930-01-15	石公村
54	黄玲珍	女	1930-06-09	东河社区	89	陈阿玉	女	1930-01-12	衙甪里村
55	徐建芳	女	1930-06-08	秉常村	90	李菊娣	女	1930-01-10	庭山村
56	沈夏芝	女	1930-06-06	衙甪里村	91	邹海德	男	1930-01-08	堂里村
57	王长法	男	1930-06-05	东河社区	92	周申仙	女	1929-12-29	庭山村
58	诸钰珍	女	1930-06-03	石公村	93	蔡冬生	男	1929-12-26	缥缈村
59	万文云	女	1930-06-03	东河社区	94	叶阿子	男	1929-12-18	蒋东村
60	吴洪英	女	1930-06-03	东河社区	95	姚雪弟	女	1929-12-16	元山村
61	钟桂荣	男	1930-05-26	蒋东村	96	胡阿满	女	1929-12-15	元山村
62	吴才宝	男	1930-05-25	东河社区	97	陈锡根	男	1929-12-01	堂里村
63	徐仲云	女	1930-05-13	东蔡村	98	金根娣	女	1929-11-24	堂里村
64	凌法娣	女	1930-05-13	衙甪里村	99	蒋秀娣	女	1929-11-24	蒋东村
65	柳杏宝	男	1930-05-12	堂里村	100	沈毛珍	女	1929-11-17	秉常村
66	屠善仙	女	1930-05-08	东河社区	101	吴金仙	女	1929-11-12	秉常村
67	朱珊泉	男	1930-05-07	蒋东村	102	秦月珠	女	1929-11-09	东村村
68	苏六仙	女	1930-05-06	缥缈村	103	姚根娣	女	1929-10-30	蒋东村
69	钟宝玉	女	1930-05-05	蒋东村	104	陆菊妹	女	1929-10-30	石公村
70	周素娣	女	1930-05-04	庭山村	105	钱雪珍	女	1929-10-25	东村村
71	李桂林	男	1930-05-02	东河社区	106	吴阿秀	女	1929-10-16	石公村
72	蔡小华	女	1930-04-15	衙甪里村	107	徐宝康	男	1929-09-19	庭山村
73	黄法娣	女	1930-04-12	蒋东村	108	沈彩娣	女	1929-09-12	东蔡村

续表 3

序号	姓名	性别	出生日期	行政村（社区）	序号	姓名	性别	出生日期	行政村（社区）
109	吴寿珍	女	1929–08–20	石公村	144	朱阿冬	女	1928–11–15	蒋东村
110	王友钦	男	1929–08–19	石公村	145	陆金英	女	1928–11–04	缥缈村
111	叶玉琴	女	1929–08–15	蒋东村	146	蔡法娣	女	1928–10–22	秉常村
112	张根兴	男	1929–08–07	缥缈村	147	李彩娣	女	1928–10–20	东村村
113	罗明娟	女	1929–07–30	堂里村	148	王阿明	女	1928–10–15	东蔡村
114	杨文仙	女	1929–07–25	庭山村	149	郑云仙	女	1928–10–14	缥缈村
115	蒋阿四	男	1929–07–16	东河社区	150	蔡坤	男	1928–10–10	衙角里村
116	钟掌根	男	1929–07–13	蒋东村	151	黄永铭	男	1928–10–10	秉常村
117	王银珍	女	1929–07–07	东河社区	152	吴金云	女	1928–09–28	庭山村
118	庄兴弟	女	1929–06–16	元山村	153	俞法娣	女	1928–09–25	庭山村
119	王洪兴	男	1929–06–15	东村村	154	董兰英	女	1928–09–24	庭山村
120	宋文珍	女	1929–05–21	东河社区	155	张小仙	女	1928–09–20	东村村
121	柴苏云	女	1929–05–15	元山村	156	吴安德	男	1928–09–16	林屋村
122	陆根宝	男	1929–05–06	庭山村	157	沈阿菊	女	1928–09–15	缥缈村
123	殳培英	女	1929–04–28	东村村	158	陈桂仙	女	1928–09–12	衙角里村
124	蒋申泉	男	1929–04–15	元山村	159	汤菊娥	女	1928–09–06	石公村
125	朱菊仙	女	1929–04–14	石公村	160	朱阿二	男	1928–08–25	东河社区
126	周林泉	男	1929–04–14	蒋东村	161	金来兴	男	1928–08–14	元山村
127	马法珍	女	1929–04–05	东河社区	162	戴法云	女	1928–07–15	庭山村
128	郑荷英	女	1929–03–09	东村村	163	吴观庆	男	1928–07–10	缥缈村
129	沈阿德	男	1929–03–03	林屋村	164	劳阿毛	男	1928–07–02	秉常村
130	沈秉乾	男	1929–02–01	东村村	165	蔡小妹	女	1928–06–16	东村村
131	诸阿月	女	1929–01–18	东蔡村	166	沈长福	男	1928–06–10	秉常村
132	沈爱仙	女	1929–01–15	林屋村	167	陈玉珍	女	1928–06–08	元山村
133	徐仁娣	女	1929–01–12	东村村	168	严阿定	女	1928–06–06	东村村
134	朱仁娣	女	1929–01–01	蒋东村	169	张凤英	女	1928–05–15	林屋村
135	徐亚芬	女	1928–12–26	东河社区	170	张小玲	女	1928–05–13	堂里村
136	郑志杰	男	1928–12–26	衙角里村	171	俞松男	男	1928–05–13	元山村
137	朱玉英	女	1928–12–24	缥缈村	172	李梅菊	女	1928–04–24	蒋东村
138	陆才云	男	1928–12–17	东村村	173	许素宝	女	1928–04–12	秉常村
139	徐其珍	女	1928–12–15	东村村	174	徐彩娥	女	1928–03–23	东河社区
140	蒋小林	女	1928–12–08	庭山村	175	沈万根	男	1928–03–02	东河社区
141	张凤英	女	1928–11–27	庭山村	176	曹雪文	女	1928–02–25	林屋村
142	葛水珍	女	1928–11–22	东蔡村	177	李夫锦	男	1928–02–16	林屋村
143	沈云福	男	1928–11–22	秉常村	178	徐爱云	女	1928–02–16	庭山村

续表 3

序号	姓名	性别	出生日期	行政村（社区）	序号	姓名	性别	出生日期	行政村（社区）
179	周阿杏	男	1928-02-10	衙角里村	215	莫杏生	男	1927-02-28	石公村
180	金雪珠	女	1928-01-28	东村村	216	秦彐生	男	1927-02-20	缥缈村
181	蒋惠娟	女	1928-01-22	庭山村	217	李连娣	女	1927-01-23	林屋村
182	周米云	女	1928-01-20	蒋东村	218	徐孝实	男	1927-01-21	东河社区
183	张阿珍	女	1928-01-20	庭山村	219	蔡桂娣	女	1927-01-15	衙角里村
184	黄辰生	男	1928-01-18	元山村	220	朱阿香	女	1927-01-15	衙角里村
185	严菊英	女	1928-01-12	堂里村	221	吴掌娣	女	1927-01-03	庭山村
186	沈巧云	女	1928-01-08	东河社区	222	何才珍	女	1927-01-03	庭山村
187	李梅娣	女	1928-01-06	东蔡村	223	戚华英	女	1926-12-28	东村村
188	秦桂娣	女	1927-12-25	林屋村	224	沈根安	男	1926-12-21	缥缈村
189	朱喜宝	女	1927-12-20	缥缈村	225	韩锦荣	男	1926-12-21	东村村
190	蔡阿华	女	1927-12-15	秉常村	226	叶福娥	女	1926-12-12	东蔡村
191	张子培	男	1927-12-08	元山村	227	朱阿林	男	1926-11-24	衙角里村
192	吴双泉	男	1927-11-11	林屋村	228	陆龙根	男	1926-11-06	堂里村
193	徐阿毛	男	1927-11-09	堂里村	229	陈长保	男	1926-10-06	蒋东村
194	黄兴珍	女	1927-11-04	东河社区	230	周巧珍	女	1926-10-01	蒋东村
195	俞巧仙	女	1927-10-30	秉常村	231	胡雪娥	女	1926-09-25	元山村
196	朱阿菊	女	1927-10-04	缥缈村	232	秦时欣	男	1926-09-20	缥缈村
197	蒋文珍	女	1927-10-04	庭山村	233	费凤图	女	1926-09-09	蒋东村
198	唐凤仙	女	1927-10-01	元山村	234	李兰珍	女	1926-08-15	秉常村
199	王云仙	女	1927-09-26	东河社区	235	柯连德	男	1926-08-14	衙角里村
200	屠善清	女	1927-09-16	东河社区	236	华世荣	男	1926-07-22	林屋村
201	姚巧珍	女	1927-09-10	堂里村	237	戚珠宝	女	1926-05-19	堂里村
202	王阿玉	女	1927-09-08	庭山村	238	柴巧宝	男	1926-04-17	蒋东村
203	沈彩英	女	1927-08-18	庭山村	239	蒋英娣	女	1926-04-14	石公村
204	柴佛仙	女	1927-08-07	元山村	240	沈祥妹	女	1926-04-11	东村村
205	王志清	男	1927-07-11	缥缈村	241	诸金娣	女	1926-03-05	秉常村
206	沈爱珍	女	1927-06-06	林屋村	242	潘金春	男	1926-03-05	林屋村
207	秦菊生	男	1927-05-02	庭山村	243	马成龙	男	1926-02-22	堂里村
208	沈法娥	女	1927-03-26	堂里村	244	顾文仙	女	1926-01-24	林屋村
209	蒋小毛	女	1927-03-26	东村村	245	张法仙	女	1925-12-25	秉常村
210	俞德云	男	1927-03-21	蒋东村	246	苏阿夫	男	1925-12-12	东河社区
211	胡小福	男	1927-03-15	元山村	247	周菊生	男	1925-11-26	堂里村
212	王三云	女	1927-03-11	东蔡村	248	陈凤英	女	1925-11-04	衙角里村
213	马碧英	女	1927-03-05	东村村	249	陈素宝	女	1925-11-01	元山村
214	周云娥	女	1927-03-01	衙角里村	250	严阿林	女	1925-10-13	东村村

续表 3

序号	姓名	性别	出生日期	行政村（社区）	序号	姓名	性别	出生日期	行政村（社区）
251	李林娣	女	1925-10-01	蒋东村	271	张剑魂	男	1924-02-16	林屋村
252	蔡水华	女	1925-09-09	秉常村	272	屠海龙	男	1924-01-03	东村村
253	金锦法	男	1925-07-23	元山村	273	陆阿雪	男	1923-11-03	堂里村
254	陆菊英	女	1925-07-17	堂里村	274	沈杏仙	女	1923-10-30	庭山村
255	徐巧法	男	1925-07-02	东蔡村	275	周桂娣	女	1923-10-15	元山村
256	陆小狗	男	1925-06-06	石公村	276	潘仁娟	女	1923-09-21	东河社区
257	徐静芸	女	1925-05-10	堂里村	277	吴阿菊	女	1923-05-15	秉常村
258	张阿玉	女	1925-04-20	秉常村	278	柴金根	男	1923-03-18	元山村
259	吴林珍	女	1925-04-05	东村村	279	金雪珍	女	1923-02-20	衙甪里村
260	朱云洁	女	1925-04-04	石公村	280	陈福云	女	1923-01-08	缥缈村
261	管云珠	女	1925-01-05	缥缈村	281	钟阿金	女	1923-01-05	东村村
262	张雪云	女	1924-12-08	元山村	282	俞友娣	女	1922-12-28	东河社区
263	金惠娣	女	1924-11-24	东村村	283	严根娣	女	1922-11-11	东村村
264	吴福娥	女	1924-10-30	衙甪里村	284	潘巧娣	女	1921-12-06	衙甪里村
265	叶阿米	女	1924-08-15	元山村	285	费佩玉	女	1921-11-21	东河社区
266	朱阿华	女	1924-07-11	东村村	286	吴振声	男	1921-11-14	林屋村
267	吴仲士	男	1924-06-29	东蔡村	287	戚根仙	女	1921-11-02	东河社区
268	金家明	男	1924-05-15	东村村	288	徐根宝	男	1921-10-20	东河社区
269	朱秀宝	女	1924-04-29	蒋东村	289	胡雪妹	女	1921-03-08	元山村
270	马聚宝	男	1924-04-05	堂里村					

敬修堂古宅 94 岁老人（2018 年）

镇域经济

金庭是一个以农业、旅游业为主，工业、渔业等多种经营并存发展的地区。2020年年末，全镇有家庭农场73家，专业合作社67家，劳务合作社6家，合作联社1家，富民合作社1家，村（社区）股份经济合作社12家，量化经营性资产7236万元，吸纳社员约4.38万人，配置股份3.78万余股。全年新批内资企业82家，注册内资12.91亿元人民币，外资到账200万美元。实现地区生产总值23.51亿元，完成一般公共预算收入7145.46万元，全社会固定资产投资2.8亿元。镇、村集体经营性稳定收入7177万元。

农业 金庭是个花果岛，以农业为主导。种植有茶、梅、枇杷、杨梅、桃、橘、银杏、板栗等。1991年，全镇花果总产量1.36万千克，茶叶总产量400千克。2000年后，橘、梅、板栗、银杏市场价格低廉，茶、枇杷、杨梅价格提升。全镇花果总产量8.56万千克，茶叶总产量370千克。2020年，全镇花果总产量1.87万千克，产值3.85亿元。茶叶产量218.92万千克，产值1.76亿元。

工业 金庭传统工业以建材、采石、煤矿、花果加工为主。1978年后，全镇兴办玩具、手套、服装、包装、钢锉等轻工业。至1984年，乡、村工业总产值达3388万元。1999年，全镇工业总产值达5.1亿元。但随着对全镇生态环境的保护，以采石业为主的大型企业逐渐关闭，工业生产总值也随之逐年下降。2012年，全镇工业总产值1亿元。2020年，全镇工业规模以上总产值5.39亿元。

渔业 2000年，全镇养殖面积2500亩，产量1050万千克，产值1015万元。2005年，全镇养殖面积1.15万亩，产量1819万千克，产值4527.5万元。2010年，全镇养殖面积8062亩，产量2648万千克，产值7243万元。2018年，全镇网围、蟹塘养殖全面禁养。2020年1—9月，渔民太湖捕捞水产品产量26.8万千克。2020年，全镇鱼塘养殖产量

617 万千克，捕捞、养殖产值 1499 万元。2020 年 10 月，太湖全面退捕。

旅游　1983 年，成立石公风景管理所，西山开启旅游事业发展征程。1985 年，林屋洞、石公山景区门票收入 20 余万元。1994 年，太湖大桥开通，旅游事业迅速发展。1995 年，全镇门票收入达 1000 万元。1996—2000 年，全镇门票收入保持在 1000 万元左右。2003 年，成立苏州西山旅游发展有限责任公司。2013 年，成立金庭旅游集团有限公司，

春夏游古樟园（2009 年）

秋游明月湾（2018 年）

公司下辖林屋洞、石公山、明月湾古村、缥缈峰、罗汉寺、包山寺、古樟园、禹王庙、东村古村等旅游景点，年接待游客 45 万余人，门票收入 1533 万元。2018 年，全镇景点接待人数有 83 万余人，门票收入 2753 万元，实现旅游综合收入 7290 万元。2020 年，受疫情影响，全镇景点接待人数 60.62 万人，门票收入 2099 万元，旅游综合收入 3538 万元。

镇村建设

村庄建设 2012 年 2 月，全镇启动村庄建设工程，对 109 个自然村庄进行规划，计划分期分批建成“康居村”“美丽村庄”。至 2020 年年底，总投资 4.96 亿元，建成康居村 56 个，建成美丽村庄 10 个。

镇区建设 2007 年 6 月，金庭镇人民政府驻地设在东河社区东园路南。镇建成区东至林屋路，西至金庭路，南至双观桥，北至白塔湾，区域面积 8.9 千米，为全镇政治、

金庭镇区（2018 年）

文化、教育、经济中心所在。

2000—2020 年，镇区新建金庭地区人民医院、西山中心幼儿园、金庭文体中心、金庭派出所、金庭国土所等。新建 5 个开发住宅小区，分别为金庭花园一期、金庭花园二期、洞庭明月湾、丰谷景园一期、丰谷景园二期。开展别墅群建设，西山恬园、金庭

柯家村村居（2018 年）

乐府、太湖洞庭苑、太湖华府、金庭复园、江南璟庭、西山庭院等项目陆续开工。镇区电网电缆建设完善，实现 10 千伏、0.4 千伏线路入地全覆盖，总长 16 千米。农贸市场、商店、银行、超市等配套工程齐全。

道路交通

1994 年 10 月，太湖大桥建成通车后，金庭在道路、公共交通等方面发展加速。

道路 2012 年至 2020 年年底，新建环岛公路 41.55 千米；镇区新修建道路 6.4 千米；新建、修建乡道 42.78 千米（其中，13.26 千米符合国家技术 2 级标准，29.52 千米符合国家技术 3 级标准）；新建、修建沥青、水泥村道 29.71 千米（其中，25.68 千米符合国家技术 3 级标准，4.03 千米符合国家技术 4 级标准）。

全镇共有健康步行道 25.55 千米。其中，樟坞步行道，位于樟坞杨梅基地口至南湾村口，全长 2000 米；毛公坞、罗汉坞步行道，位于罗汉坞古樟树下至毛公坞口，两坞相通，全长 2 万米；天王坞步行道，位于天王坞内，全长 1000 米；镇区健康步道，位于金庭旅游集散中心，全长 400 米；东村健康步行道，位于东村村北端太湖边，全长 500 米；堂里健康步行道，位于堂里涵村坞路，全长 400 米；衙角里健康步行道，位于柯家村，全长 650 米；劳家桥健康步行道，位于劳家桥旁，全长 600 米。

公共交通 全镇有 3 个公交首末站——石公首末站、东河首末站、申丰首末站（即西山公交枢纽站）。石公首末站，位于石公山北，2004 年建成。东河首末站，位于白塔湾东园路，2009 年建成。申丰首末站，位于申丰南，2019 年建成，站内设有公交车维

西山公交枢纽站（2018 年）

修服务技术中心，拥有16个大型充电端口，可供16辆客运大巴同时充电。全镇设自行车驿站4个，共配置118辆共享单车。2020年，镇域长途公交班车有快线11号、691路，境内环岛公交班车有694路、695路、696路、697路、698路。

公用设施

供水 1997年，在东河新区东园路建设日供水量5000立方米自来水厂1座。2004年以后，在缥缈村岭东建自来水二厂，采用集中供水与分散供水相结合的方式为全镇南部居民供水。2017年，全镇自来水日供水能力提升到2万立方米。2019年1月，东河新区自来水厂停水，由吴中区胥江水厂供给。2020年12月29日，岭东自来水二厂停水，在中窑设临时泵站，也由胥江水厂供给。2020年，全镇供水总量526万立方米，日均供水量1.4万立方米，其中七八月日均供水总量达1.6万立方米。至2020年，全镇水质符合国家现行饮用水标准，供水覆盖率100%。

污水处理 1997年，镇政府投资450万元，在镇区银杏街建生活污水处理厂1座，日处理能力达5000吨。2002年，提档升级，生活污水处理厂深度处理能力达每日3800吨。2016年，投资1.1亿元迁移银杏街生活污水处理厂，在林屋路5号新建污水处理厂，日处理能力提升到1万吨。2018年，全镇污水处理全覆盖，出水指标符合《城镇污水处理厂污染物排放标准》(GB 18918—2002)一级A标准。2019年，投资1700万元，实施准Ⅳ类水排放工程改造。2020年，排放水质达准Ⅳ类水标准。

苏州吴中金庭污水处理有限公司（2018年）

垃圾压缩 2012年，镇政府投资700多万元，在元山路1号建垃圾压缩中转站1座，占地面积约3333平方米。2020年，日处理垃圾能力达100吨。累计建村级垃圾房42座，镇村两级建筑垃圾临时堆放点13个，农村生活垃圾分类处理实现全覆盖。拥有扫地车、洒水车、吸粪车、垃圾收集车等22辆，有环卫工人127人、村级保洁人员244人。

供电 1969年10月，太湖中架设5座铁搭，35千伏输电线由横泾拉设至西山，线长30千米。1969年12月，在马城宫煤矿建成35千伏西山主变电站，西山正式通电。1970年起，市镇、农户逐步全面通电。1987年9月，投资160万元，进行电网全面改造，新建主变电站1座。1999年年末，西山有变压器89台，总容量14763千伏安。2020年年末，镇域供电覆盖率100%，有110千伏越庭线、35千伏渡西线两条输电线路；拥有110千伏变电所1座、5万千伏安主变压器2台，10千伏架空线路13条，全长224.65千米。另有农村综合变压器210台、直供变压器43台，装接变压器容量11.48万千伏安，居民户均容量为4.51千伏安。42千米环西山岛观光公路实行10千伏、0.4千伏线路入地，其中，太湖大桥3号桥堍至石公山景区段线路改造成AAAA级线路标准。镇区10千伏、0.4千伏线路入地16千米。景区、古村、美丽乡村改造等地域10千伏、0.4千伏线路入地约73千米。

电信 镇域光缆网线、无线网络、电话网线和电视网线综合覆盖率100%。

村居建设 80年代初，农村平房逐步翻建楼房。2000年年初，全镇30%农户翻建新楼。2012—2020年，全镇修复、翻建住宅总计3292户，楼房翻建别墅型农户占总数的42%以上。

2012年2月，全镇启动村庄建设工程。至2020年年末，罗汉圩、南湾、堂里、东湾、前坟头、毛竹场、胡家底、庙东、仇巷、塔头、蛇头山、马家门前、疃里、涵头上、劳村、双塔头、张巷、杨巷、沉思湾、东上、坎上、前堡、陈巷、屠坞、东阳汇头、谢家堡、峧上、山下、石井头、黄家堡、西上、养马圩、秉常、朴树头、蒋家场、洞山下、秉汇、金吴、倪家坞、周家巷、后埠、蒋东、正荣、荡田、镇夏、俞家渡、夏家底、田下、樟坞、慈西、苏家上头、黄石桥、白果树头、慈东、元山、南徐56个自然村建设成“康居村”标准；绮里、柯家村、西湾、横山、小埠里、石路头、石公、涵村、阴山、张家湾10个自然村建设成“美丽村庄”示范标准。电网电缆、电视、通信网络，自来水管道、排污管道等，接通每家每户。铺设天然气主管道（自太湖大桥与大庭山交汇处起）8千米。

社会事业

教育

2020 年，镇内共有中心小学 1 所（下辖石公、堂里 2 个校区，有附属中心幼儿园 1 所），初级中学 1 所，成人教育中心 1 所。

小学及幼儿教育 金庭小学教育始于 1906 年。由横山岛人罗焕章出资创办，取名求忠小学堂，计有 11 所。2002 年，金庭、石公、堂里小学 3 所中心校行政合并，成立西山中心小学。同年，成立西山中心幼儿园。2016 年 3 月，西山中心幼儿园被评为江苏省优质幼儿园。2017 年，西山中心小学被评为江苏省中小学健康促进学校。2020 年，西山中心小学共有教职工 101 人，其中，专任教师 92 人，吴中区区级以上骨干教师 17 人，硕士学位 1 人，本科学历 87 人，有在校小学生 1284 人。西山中心幼儿园共有教职工 99 人，其中，专任教师 40 人，大专以上学历 46 人，幼儿园学生总数 696 人。

西山中心幼儿园（2018 年）

金庭文体中心（2018 年）

中学教育 西山中学始创于 1956 年。1999 年，西山中学获江苏省实施素质教育先进学校称号。2000 年，被评为江苏省绿色学校。2020 年，学校有在编在册教职工 71 人，专任教师 70 人，在校学生 481 人。其中，吴中区区级以上骨干教师 39 人，占专任教师的 56%；硕士学位 5 人、本科学历 64 人，分别占专任教师的 7.1%、91.4%。

成人教育 成人教育中心创建于 1985 年，原址在金庭老街。1987 年，列吴县教育局 10 所重点联系校之一。2011 年，成人教育中心加挂金庭社区教育中心牌子。2015 年，金庭社区教育中心成功创建为江苏省标准化社区教育中心。2016 年 1 月，迁至夏黄公路金庭镇文体教育服务中心，与镇文体教育服务中心、镇党校、镇老年大学合署办公。2018 年，被评为苏州市学习型先进单位。2019 年，协助苏州西山国家现代农业示范园区青种枇杷基地申报获批“江苏省教育服务‘三农’高水平示范基地”称号。2020 年，有专职教师 2 名。

科技 1965 年，西山成立农业技术推广站。1978 年，成立科学技术协会，负责农林花果技术推广、品种改良等。1999 年，成立苏州西山中科实验动物有限公司，公司通过了国际 AAALAC 认证，并设有国家级平台、实验室 5 个，分别为：科技部批准设立的国家唯一的非人灵长类实验动物种子中心（苏州分中心）、国家火炬计划特色产业基地——新药研发公共技术服务平台、国家药监局认证的 GLP 实验室、环保部环境毒理 GLP 实验室和农业部农药登记毒理 GLP 实验室。设有省级研究平台 4 个，分别是江苏省科技公共服务平台——江苏省动物实验开放服务中心、江苏省大型动物供应基地、江苏省开放性动物实验室和江苏省企业院士站。近年来，承担国家级重大科研项目 3 项——“非人灵长类动物资源研发平台”“灵长类动物人类重疾病模型的研究与示范”“实验动物质量评价方法及其标准化研究与应用”，承担省级科研项目 3 项——“非人灵长类 PD 模型建立和神经干细胞移植治疗研究”“江苏省科技公共服务平台后补助建设”“江苏省实验动物开放服务中心创新平台提升”。2010 年以来，引进中国工程院院士 2 人，引育紧缺高层次人才 1 人、高技能人才 102 人，建立 32 名乡土人才信息库；成立国家级公共服务平台 1 个、省级企业院士站 2 个、省级企业研究生工作站 1 个、省级工程技术研究中心 1 个、省级科技平台 2 个、苏州市公共服务平台 2 个、苏州市工程技术研究中心 3 个。2020 年年末，全镇拥有江苏省双创人才 1 人、江苏省非物质文化遗产传承 1 人、苏州市非物质文化遗产传承人 3 人、姑苏人才 2 人、吴中区领军人才 5 人、吴中区非物质文化遗产传承人 8 人、吴中区现代服务业人才 9 人、吴中区现代农业人才 24 人。

文化、体育 2020 年年末，全镇拥有文体中心、广播电视站和希望书店各 1 个。建有篮球场、健身广场各 15 个，图书馆（室）5 个，书场、影剧院各 1 个。全镇组建武

广场舞表演（2015 年）

金庭乐府（2013 年）

术协会、历史文化研究会、书画社、文学社、锣鼓队、舞龙队、秧歌队、广场健身舞队等群众团队，每年举办广场舞、书画、评弹等群众性文体活动。2008 年，金庭被评为江苏省体育强镇。2020 年，举办评弹、京剧、锡剧、歌舞等演出 174 场，各类培训活动 147 场次。成立金庭文学创作、书法、美术、摄影、民间工艺等协会，入会会员 66 人。2020 年，成立金庭历史文化研究会，设理事 7 人、监事 2 人，有会员 60 人。

卫生健康 2007 年，投入 1200 多万元，新建苏州吴中区金庭地区人民医院，占地面积 1.9 万平方米，有专业卫技人员 106 人，下辖 4 个社区卫生服务站。2013 年，金庭镇高分通过国家卫生镇初审。2016 年，高分通过国家卫生镇复审。2017 年，金庭地区人民医院与苏州市中西医结合医院签订医联体合作协议，包括脑卒中、急性胸痛、新生儿、外科多发性创伤、产科急危重症等方面合作。同年，吴中区金庭镇中心卫生院获“群众满意的乡镇卫生院”称号。全镇形成镇村两级医疗保健机构，卫生防疫和公共卫生工作日益完善。2018 年，投资筹建血透中心。2019—2020 年，招聘血透专业人员 9 名，采购血透机 8 台、血滤机 2 台。2020 年，达到全国“优质服务基层行”基本考评标准。至 2020 年年末，有专业技术人员 112 人，开放床位 50 张。

居民生活

收入　1982 年，全镇农民人均纯收入 225 元。1987 年，农民人均纯收入 868 元。1995 年，农民人均纯收入 3210 元。2001 年，农民人均纯收入 4566 元。2008 年，农民人均纯收入 8964 元。2015 年，农民人均纯收入 2.02 万元。2020 年，农民人均纯收入 2.73 万元。全镇居民基金、投资、理财等收入总计 4.6 亿元，人均 8900 元。

消费　民国时期，金庭百姓住房条件较差，生活清苦。1950 年实行土地改革，农民有了自己的土地，逐步摆脱贫困。逢年过节能添置新衣，吃上荤腥。60 年代末、70 年代初期，金庭人始穿的确良衣服。一户人家居住大多为一房一灶间，子女几乎没有单独房间。80 年代初期，男女结婚，女方向男方提出“四大件”（手表、自行车、缝纫机、录音机）要求。实行土地承包责任制后，随着经济收入提高，金庭人生活条件明显得到

居山湾别墅区入口（2018 年）

改善。平屋翻建楼房渐多，一般为二楼二底、三楼三底。墙面用水泥粉刷，有的采用马赛克贴面等方式，室内铺设地砖。出行以自行车、摩托车为主。运输工具有劳动车、拖拉机等。进入 90 年代，建房向豪华、别墅型发展，建筑面积大多达 300 平方米。大部分人家室内铺设地砖、地板，厨房使用煤气灶，添置冰箱、电视机、洗衣机等家用电器，接通自来水，有卫生设备。出门乘公共汽车，有少许自驾车。2010 年以后，全镇电脑普及，汽车日益增多。2020 年年末，全镇拥有私家汽车 2.3 万辆。2000—2020 年，全镇修复、翻建楼房住宅比例达 55% 以上，购房率达 90% 以上。

社会保障 2008 年起，为企业、事业退休人员进行免费健康检查。2014 年起，为农村退休人员和全镇育龄妇女进行免费健康检查。民政帮扶、“阳光扶贫”和社会救助行动全面铺开。2018 年，全镇城乡居民基本养老保险、城乡居民大病医疗保险、城镇职工保险覆盖率100%。2020 年，镇村两级全年走访、救助各类困难群众 500 多户、3500 人次，对民政对象进行普惠型慰问，发放民政类资金 4468 万元。低保标准提高至每月 1045 元。建立居家养老服务站，对 80 周岁以上老人开展义工服务，服务对象 1300 名，敬老院设床位 100 张。

缥缈村居（2016 年）

生态绿岛

金庭镇地处太湖之心，为生态绿岛。镇域内群岛环列，有西山岛、横山岛、阴山岛、大鼍山、绍山岛、大干山、小鼍山、箬帽岛、大砂山、婆杵山、青浮山、小雷山等26座岛屿。其中西山岛最大，为中国内湖第一岛，次为横山岛、阴山岛。

全镇自然景观优美，古树名木众多，人文景观丰富，环境质量优良，拥有国家森林公园、国家地质公园、国家现代农业示范区等多个“国字号”品牌。在保持传统农业基础上，注重植树造林、复垦复绿、生态湿地、高标准农田等建设。2019年12月，全镇镇域内被列为苏州生态涵养发展实验区。

中国内湖第一岛——西山岛

西山岛呈菱形，居于太湖中央，为中国内湖最大岛屿。清王维德《林屋民风·湖山图》载："江南巨薮，首曰太湖，地属三州，水通五道。东西二百里，南北一百二十里，周围五百余里。中有峰七十二，洞庭山为最大，而奠峙于中央……" 过太湖大桥三号桥桥堍，即入西山岛地界。西山岛由庭山、渡渚、元山、禹期山、居山、洞山、石公山、瓦山、徐宅山等多个淹连的太湖岛屿组成，南角石公山嘴距北庭山三号桥堍 11 千米，东角元山嘴距角头山嘴 15 千米，湖岸线长 405 千米，总面积 82.3 平方千米，为中国内湖第一岛。

山峦起伏　西山岛为浙江天目山向东北延伸之余脉。岛上山峦起伏、曲折连绵、高低不一，有缥缈峰、大昆山、笠帽顶、天王山、紫云峰、东湖山、禹期山、攒云峰、石公山、凤凰山等 91 座山峰。其中缥缈峰最高，海拔 336.6 米，为太湖七十二峰之首。历

金庭山峰湖岛（2018 年）

代文人均有诗歌咏之，明代大学士王鏊赞曰：“居然自可小天下，谁道吴中无泰山。”

河流纵横 全岛呈低山丘陵地貌，河流纵横，有127条河流港湾。明代《震泽编》云“西山有三断，练渎、寿乡、角头”即指其中的郑泾港、头陀港将西山岛隔成互不相连的三个部分。清代《太湖备考》载：“玄阳洞不连崦边，渡渚不连后埠，圻村不连石路头，柯家岭不连甪湾。”逢河、港架桥，计有大小桥梁100余座。著名古桥有永宁桥（位于甪里郑泾港）、南星桥（位于甪里郑泾港）、永丰桥（位于夏泾村）、玉虹桥（位于堂里村）、聚源桥（位于庭山村）、头陀桥（位于庭山村）、广福桥（位于庭山村）、永安桥（位于后堡港）、狮子桥（位于鹿村）、永泰桥（位于东村村村口）等。

湖中有岛，岛上有湖。元山宕，位于元山村红芽山东南面，宕水清冽，水域面积约10.63平方米，水深约70米。居山湾宕，位于林屋村居山湾内，水域面积7.42平方米，水深约50米。鹿村宕，位于鹿村南头山处，水域面积5333平方米，水深平均2米。小西湖，位于堂里劳村西湖山上，面积约170余平方米，清澈见底。天王坞水库，位于天王坞内，集水圩长110米，高出地面10米，库底宽84米，水深9米。

坞湾藏村 《林屋民风》云：“两山襟抱，民聚居之，谓之湾。两山相夹，谓之坞。坞在洞庭山（西山）者二十二……湾在洞庭山（西山）者二十一……”。西山岛素有“七村八巷九里十三湾”之说。七村分别为东村、涵村、劳村、马村、鹿村、金村和圻村。八巷为仇巷、煦巷、梧巷、金巷、蔡巷、杨巷、徐巷、陈巷。九里指植里、堂里、疃里、衙里、甪里、绮里、慈里、汇里和崦里。十三湾是可盘湾、明月湾、南湾、消夏湾、居山湾、岭东湾、辛湾、前湾、沉思湾、白塔湾、张家湾、东湾、西湾。民居依山傍水，沿湾藏坞，依道而建。

花果飘香 全岛以种植茶果为主，兼种粮食，辅以养鱼。有洞庭碧螺春、青梅、枇杷、杨梅、桃、梨、杏、板栗、银杏、橘子、石榴等，并栽有少量的葡萄、西瓜、水稻、油菜等作物。一年四季，月月有花，季季有果，被誉为“花果山”。2020年年末，岛上有蜜饯加工厂5家，腌制青梅、杨梅、桃、杏等水果，加工成各类蜜饯，经销全国各大商场。

景观丰富 西山岛为太湖风景精华所在，苏州市生态涵养发展实验区之一。环岛沿湖，处处为景，太湖风光，尽收眼底。山洞幽谷、小桥流水、古樟古柏、老街石板、湖石池潭、义井古泉，均可入画。著名风景区有石公山、林屋洞、缥缈峰等。景点有明月湾古村、东村古村、包山寺、罗汉寺、西山雕花楼、古樟园、大如意圣境等。另有庭山帆影、林屋梅海、石公秋月等景观。

天王坞水库（2020 年）

西山岛东北部为金庭镇区所在地，其东至林屋路，西至金庭路，南至双观桥，北至白塔湾，区域面积约 8.9 平方千米，为金庭镇政治、文化、教育、经济中心。东南部为镇夏集市，面积 0.5 平方千米。驻地单位有上海市总工会洞庭西山休养院（苏州海鸥湖心岛度假村有限公司）、苏州吴中区中小学生综合实践学校、石公小学等。西南部有集市小镇堂里，面积 0.3 平方千米。驻地单位有堂里小学、苏州银行营业所等。

2020 年年末，西山岛有居民 1.45 万户，户籍人口 4.47 万人。

其他岛屿

横山岛 位于西山岛西北面约 900 米处的太湖中，又名“甲山”，因其“山形犹龙，旁具四支，冈脊自北迄南，石崚嶒如鳞甲”而得名。横山东西长 0.7 千米，南北长 1.5

千米，面积 0.83 平方千米，最高峰海拔 79 米。岛上主要有孙、韩、罗三大姓氏。境内有支罗湾、北罗湾、南孙湾、蛇口湾 4 个自然村，设 4 个村民小组，隶属东村行政村。岛上农民以枇杷、杨梅、石榴、茶叶等种植业为主。

横山有 1000 多年历史。沿山脚有十湾，分别为北罗湾、王家湾、金家湾、孙家湾、支罗湾、南孙湾、下韩湾、上韩湾、殿前湾、蛇口湾。山腰有盘龙寺，相传由三国时东吴太傅阚泽舍宅而建。

横山风景秀美，底蕴深厚，为历代文人雅士赏游之地。明代王鏊游记云："横山在西洞庭之西，望之甚小，而峰峦秀润，亭台高下，里巷交错，鸡犬鸣吠，殆物外之奇境也。"民国元老李根源《吴郡西山访古记》载："放舟游横山（又名甲山），风送水紧，浊浪排空，舟人调戗，始达彼岸。入盘龙寺旧阚泽别业，改为寺，寺虽半圮，楠木大殿柱巨两围，至可宝重。昔贤如王鏊、申时行、赵士麟、汤斌、陈鹏年、林则徐、周锷、唐仲冕诸公，皆尝游之。湖中名胜也。访吴氏醒酣亭，已废。登峰顶，山面十二里，山民百五十户，以舟楫花果为业，环山以居，熙熙然有世外意……""如此佳山水，人生能得几回游？拟再盘桓二三日……"。盘龙寺存碑刻记云："横山一名甲山，民国十八年来游，登绝顶，殆李白所谓别有天地，非人间者也。腾冲李根源书。"

横山岛曾是太湖游击队根据地。抗日战争时期，太湖游击队常年在岛上活动。1943 年 8 月 6 日，横山岛打响太湖抗日第一枪。

横山岛东侧有绍山、阴山、大小干山等群岛风光，登游龙主峰，为太湖中观日出日落最佳之地。1983 年 4 月，著名剧作家柯灵到横山游览，山美、水美、景美，令他十分激动，欣然提笔写下"横山风景秀绝人寰，不觉为祖国河山壮丽击节"之句。

横山岛（2019 年）

阴山岛（2019年）

1984年，横山岛筑大堤，接西山岛。2016年，横山岛完成“美丽村庄”建设。2018年，建1.5千米长大道于山间。2019—2020年，横山大堤进行改造建设。2020年年末，有居民195户，户籍人口589人。

阴山岛

位于西山岛东北太湖之中，面积0.69平方千米，最高峰海拔87米。相传因晋代道士阴长生曾于此炼丹而得名。地势南低北高，呈丘陵地貌。境内有茶果240亩，无稻田，以梅子、桃、柑橘、枇杷、石榴种植为主。一条3200米长防火通道沿山腰贯通岛内。阴山有古渡、古樟、碑刻、古堂等景观。

古渡 位于村口湖湾边，为村民淘洗、船只停泊处。有10级花岗石台阶，全长8.7米，宽约30厘米。

古樟 位于渡口北侧，相传植于三国吴末帝孙皓天纪四年（280）。古樟高大参天，荫覆亩许，为村民纳凉聊天处。抗日战争时期，太湖游击队常在樟树下议事。樟树遮天蔽日，为游击队做过掩护，被村民誉为“革命光荣树”。

碑刻 计有7方。村口处为1方筑堤石碑，题《建筑大堤，造福人民》，正文内容为阴山大堤在县、乡两级领导的支持下，经全村干部群众艰苦奋斗，始建于1982年2月23日，至1984年1月5日竣工，吴县西山阴山村立于1989年2月10日。古樟树下有一方青石碑，长2米、宽1.2米。正面题刻“为集体事业而牺牲的烈士们永垂不朽”，内容记载：1964年4月3日，阴山大队（时称向阳大队）社员到湖中大干山脚下种双季稻秧田，傍晚歇工坐水泥船回家，突遭大风袭击，18 人遇难。碑反面刻《三官宝殿记》，记载阴山来历及造东岳庙之事。另 5 方古碑存东岳庙处。其中 1 方为“舞鹤峰”碑，明万历九年（1581）吴县县令傅光宅题写，通碑高 2.68 米、宽 92 厘米，有云纹边框。

古堂 有庆馀堂和老园堂两处。庆馀堂位于阴山 38 号，建于清乾隆年间（1736—1795），建筑面积 416 平方米。2018 年，存门厅、楼厅和附房。门厅面南，面阔一间，设屏风山墙，大门将军门式，外设清水砖细墙壁，桁间牌科斗拱，云头挑梓桁，双船篷轩。楼厅面西，面阔七间，有厢房正三间，进深下八界、上七界，有副檐，云头挑梓桁；廊间存栏杆，桁间牌科斗五升、垫拱板，透雕花卉，前船篷轩，扁作承重，圆作四界梁，底层清水砖细墙面；满天星长窗雕刻花卉、寿字，金柱柱础浮雕各式花卉。是典型的江南民居建筑。2009 年，被列为苏州市文物保护单位。

老园堂位于阴山 63 号，该建筑约建于清嘉庆年间（1796—1820），建筑面积 459 平方米。2018 年，存楼厅一座，建筑面积 237 平方米。楼厅面阔五间，进深下九界、上七界，有副檐，前船篷轩，扁作雕花承重，圆作四界梁，前有厢房，博风硬山顶，北厢房后屋已改，南厢房前一支香鹤颈轩廊，有挂落，和合窗制作较精，天井内冰裂纹黄石铺地。楼厅前有“嘉庆丙子”年款，清水牌科砖雕墙门一座，额“纯瑕尔常”。2017 年，辟为天易居民宿。

阴山岛隶属东村行政村。1984 年，阴山筑大堤经大干山与西山岛相连。2018 年，阴山岛完成“美丽村庄”建设。2019—2020 年，阴山大堤在改造建设中。2020 年年末，有 2 个村民小组，居民 98 户，户籍人口 297 人。

大鼍山 位于西山岛东南，距石公山东北约 2 千米处，面积约 0.2 平方千米，最高峰海拔 55 米。因状如一大鼍龙而得名。《太湖志》称大鳑，俗称大山岛。2000 年后植有桃林一片，易名“桃花岛”。隶属石公村境域。1949 年前，为石灰岩荒岛。民国元老李根源在其《吴郡西山访古记》中载：“经大山，泊大鼍、小鼍、香篮（三岛均无人住）时许，游览一周。过箬帽山，抵石公山。”50 年代末期，采石业兴起，江苏省太湖采石公司驻岛开采。六七十年代，金庭公社东河、鱼池、北庄，石公公社狮子队、梧巷等生产小队相继上岛开采。1985 年 7 月至 1994 年 12 月，秉常村秉常道渣厂驻岛开采。1995 年后，停止开采。岛屿归西山镇农工商总公司管理。

1996 年 4 月，西山旅游开发服务公司与武当道教文化研究会签订合作开发协议，成立苏州大道文化度假村。5 月，为武当道教文化研究会独立经营开发。2018 年，改称苏

大鼋岛（2019 年）

桃花岛牌楼（2019 年）

绍山岛（2019 年）

大干山（2019 年）

州桃花岛文化度假村。岛上有武当宫、投龙潭、古观音庙、孔圣殿、鲤鱼跳龙门、八卦转运台、望月钟楼等景观景致。上岛见牌楼，上书“桃花岛”三字，联“一日登岛游桃源，三生有幸做神仙”，为武当山太和宫主持游玄德所题写。

岛上遍植桃树 1000 余株。桃花盛开之际，岛上红云映天，与太湖碧水蓝天交辉，为太湖一大旅游胜景。2020 年年末，10 余人驻岛。

绍山岛 位于横山东北 1 千米处，南北走向，面积 0.1 平方千米，最高峰海拔 24.5 米，隶属东村行政村。原为荒岛，2003 年，与中国青少年发展服务中心国际文化交流中心签订开发协议，后铺设水底电缆，引电上岛，辟为苏州同源艺术幼儿园实践基地，故又称童园岛。岛上“童园岛”石刻为苏州书法家陆衡书。至 2020 年年末，岛上有草坪、沙场，种植枇杷树约 200 株及少量茶树和竹子，饲有羊、马、牛、猪、猴、鸡、鹅和大雁等动物，岛上有管理人员 3 人。

大干山 位于横山东 1 千米处，面积 0.1 平方千米，最高峰海拔 48 米。为东西走向丘陵，有大堤南通东村，西通阴山。2020 年年末，大干山为阴山村 1 组、2 组农户承包地。岛上种茶树、枇杷树、杨梅树等。

小鼋山（2019 年）

箬帽岛（2019 年）

小鼋山 位于大山岛南 0.6 千米处，面积 0.04 平方千米，最高峰海拔 19.2 米。因状如一小鼋龙而得名，《太湖志》称小䲞，俗称小山岛。岛上为石灰岩丘陵，70 年代由镇夏大队上岛开采。2020 年 10 月，隶属苏州金庭旅游集团公司管理。岛上种植橘树、枇杷树、葡萄、蔬菜等。岛中心处开辟出一方约 4000 平方米的草坪。环岛沿湖有一条水泥通道，岛上设有码头。

箬帽岛 位于石公山湖面东南 1 千米处，面积 0.02 平方千米，最高峰海拔 12 米。岛因状若箬笠而得名。小丘地形，杂草丛生，垂柳遍植岛边。70 年代由石丰大队驻岛开发。90 年代末，因岛上养过孔雀而得名孔雀岛。2004 年 1 月，租赁给个人，辟为旅游景点，改称情人岛。2015 年至 2020 年年末，岛已无人管理，存旅游设施遗迹。

大砂山 位于西山岛南偏西，距圻村石佛寺 5 千米余，面积 0.08 平方千米，最高海拔 33 米。小丘地形，因产砂石而得名。70 年代初，一度作为西山监狱关押过重犯。80 年代初，为圻村五队采石场所。2020 年年末，植有茶园 80 亩，枇杷树约 500 株。

大砂山（2019 年）

婆杵山（2019 年）

青浮山（2019 年）

婆杵山 位于衙角里西北约 1 千米处，面积 0.012 平方千米，最高海拔 15.1 米。隶属衙角里村。因岛形似老婆婆用的洗衣杵而得名。岛顶平坦，植有大片茶树，四周有近百株樟树。岛上有气象观察站，建站时间为 2005 年 1 月。远观其岛，郁郁葱葱，苍翠一片。

青浮山 位于慈里村南约 1 千米处，面积 0.012 平方千米，最高峰海拔高 9 米余。因岛若青螺洑水而得名。隶属衙角里村。青浮山昔为孤岛荒山，2020 年为半岛。岛南、西两边为太湖，东北为 600 亩幸福圩。岛上植满茶树，山脚东南处植有 30 多株银杏树。

小雷山 位于距衙角里村西南 18 千米处。民间有“衙里出港口，四九到小雷”之说。“九”即 9 里，“四九”意为衙角里到小雷山有 36 里水路。小雷山面积 0.03 平方千米，最高峰海拔 19 米。远观其山，似乌龟洑水。岛为小丘地形。70 年代末，金庭衙里大队社员曾驻岛开采萤石 4 年，集体企业吴县铜矿、吴县西山水泥厂以出资形式参与开发。岛上有自动气象观测设备及测量标志，气象观察站由苏州市气象局 2005 年 1 月所立，测量标志为苏州市国土资源局 2007 年 4 月所立。2020 年年末，岛上无人居住。

2020 年金庭镇岛礁一览表

表 4

序号	岛名	位置	面积（平方千米）	最高点海拔（米）	说明
1	大竹山	西山岛西北，在衙角里西北 6 千米	0.02	7.7	当地将大竹山、小竹山合称为竹山，植被为杂草、芦苇
2	小竹山	大竹山旁 0.4 千米	0.01	4.4	产白泥
3	小干山	大干山东南 0.4 千米，东村村北 0.8 千米	0.01	20	山丘地形，植被为灌木、草丛、芦苇。属阴山行政村
4	东南浮	大砂山东北 0.9 千米	—	4	小丘地形，植被为杂草、芦苇

续表 4

序号	岛名	位置	面积（平方千米）	最高点海拔（米）	说明
5	西南浮	大砂山北 0.8 千米	—	6	小丘地形，植被为杂草、芦苇
6	柱石	西山岛西北，在婆杵山北	—	1.4	小丘地形，有航标
7	香篮山	西山岛东南，在镇夏南3.74千米	—	5	古时因其上山石中断，有天生石梁跨其上，形如香篮柄而得名。介于大山和小山之间，为石灰岩小丘，部分被开采
8	思夫山	横山北	—	—	半沉没小岛。传说秦代有人外出采药不返，其妻于此思夫而死，故名思夫山
9	杨公庄	西山岛西南，峧岭外	—		半沉没小岛，古称杨公矶、杨公椿
10	疃里浮	禹王庙东北 1 千米	0.004	1.8	小丘地形，植被为芦苇、杂草
11	石蟹	西山岛东南，在镇夏南 3 千米	—	—	半沉没小岛，仅在低水位时露数十米，由石灰岩构成
12	龙床	西山岛东南，在镇夏南4.8千米	—	—	由石灰岩构成
13	沉山	西山岛东南，在镇夏南4.85千米	—	—	半沉没小岛
14	大雷山	距西山岛衙角里 17 千米	0.03	12.7	小丘地形，植被为草丛、芦苇、杂树

香篮山（2019 年）

思夫山（2019 年）

国家公园

太湖西山国家森林公园

金庭地处太湖之中，生态环境良好，风景秀丽，森林植被丰富。1996 年 11 月，经省农林厅批准建太湖西山森林公园。1997 年 12 月，国家林业局批准为国家级森林公园，更名为江苏西山国家森林公园。公园范围为东北由太湖大桥至金庭路后堡江，再东行至湖边，其余以湖岸为界（包括群岛），约 60 平方千米。

森林资源　2020 年，全镇有林地 7.8 万亩，森林覆盖率 80%。林种主要为防护林、经济林和薪炭林。防护林面积 3 万亩，其中，马尾松 1.1 万亩，国外松 5000 亩，杉木 4000 亩，竹林 5000 亩，其他树种 5000 亩。经济林面积 4.6 万亩，其中，果树面积 3 万亩，茶树面积 1.6 万亩。薪炭林面积 2000 亩，主要分布在缥缈峰、笠帽顶、团子岭、大昆山、野毛洞等处。笠帽顶有 2000 亩松树林，树高约 10 米、树径约 1.5 米，蔚为壮观。

东湾古樟（2019 年）

夏泾大圣堂古樟（2019 年）

东湾三官殿古柏（2019 年）

罗汉坞村口古杨梅树（2018 年）

古树名木　全镇古树名木后续资源 6700 余株。苏州市级登记建档古树名木 52 株，其中，苏州市一级保护古树名木有 32 株，苏州市二级保护古树名木有 7 株，苏州市三级保护古树名木 13 株。其中包括 1500 年龙柏 1 株、1000 年以上古樟 5 株、800 年古樟 5 株、800 年银杏 1 株、300 年及以上朴树 2 株、300 年紫藤 1 株、200 年白皮松 1 株。2013 年起，镇农林服务公司对每株古树拍照汇总制册，根据每株树木树名、科属、学名、树龄、保护级别进行挂牌公示，聘请专业绿化公司进行养护管理，进行“一树一补”。其中 1000 年以上（含 1000 年）一级古树每年补贴 1000 元、二级古树每年补贴 500 元。2017 年起，对全镇 50 年及以上古树名木后续资源实行保护，每年每株补贴 300 元。树种为银杏、香樟、柏树（圆柏、龙柏、桧柏）、广玉兰、榉树、朴树、榆树、桂花、紫薇、蜡梅、瓜子黄杨、罗汉松、金钱松、五针松、枫香、乌桕、雪松、枫杨、白皮松、白栎、女贞、青枫、五角枫、皂荚、枸骨、黄连木、梓树、桑树、丝棉木、山茶、石榴、黄金树、黑松、盘槐、三角枫、黄荆、黄檀等。2020 年，全镇古树名木补贴金额达 221.31 万元。

2020 年金庭镇市级保护古树名木一览表

表 5

序号	品种	树龄（年）	胸径（厘米）	一级	二级	三级	地点	管护单位或个人
1	香樟	1500	191	√			东湾塌桥门（江沿边）	东村村
2	龙柏	1500	120	√			东湾三官殿	东村村
3	香樟	1200	212	√			明月湾景区	金庭旅游集团

续表 5

序号	品种	树龄（年）	胸径（厘米）	一级	二级	三级	地点	管护单位或个人
4	香樟	1100	175	√			金吴金铎	东河社区
5	香樟	1000	180	√			阴山岛	东村村
6	香樟	1000	230	√			古樟园景区	金庭旅游集团
7	香樟	800	194	√			夏泾大圣堂	东村村
8	香樟	800	167	√			堂里村涵头	堂里村
9	香樟	800	154	√			夏泾大圣堂	东村村
10	香樟	800	132	√			东湾井场东	东村村
11	香樟	800	135	√			东湾三官殿	东村村
12	银杏	800	113	√			梅益双塔头	徐关荣
13	香樟	600	137	√			炳贤门前	石公村樟坞里
14	香樟	600	150	√			罗汉寺景区	金庭旅游集团
15	香樟	600	137	√			罗汉寺景区	金庭旅游集团
16	香樟	600	90	√			东湾井场	东村村
17	香樟	600	147	√			古樟园景区	金庭旅游集团
18	香樟	500	100	√			东湾井场	东村村
19	香樟	500	127	√			夏泾大圣堂	东村村
20	香樟	500	100	√			夏泾大圣堂	东村村
21	香樟	500	121	√			夏泾大圣堂	东村村
22	香樟	500	91	√			东湾井场	东村村
23	香樟	500	90	√			衙里天妃宫	衙角里村
24	香樟	500	90	√			东湾井场	东村村
25	香樟	500	80	√			东村村西上	东村村
26	银杏	500	117	√			东河社区金吴实际寺	吴明华
27	香樟	500	124	√			东村村西上	东村村
28	银杏	500	100	√			镇夏花石井家	沙良荣
29	朴树	150	80			√	朴树头	黄法昌
30	银杏	400	80		√		西蔡里亭子场	蔡毅勇
31	朴树	400	38		√		震星绮里	缥缈村
32	香樟	400	82		√		五丰村山下	衙角里村
33	香樟	300	76		√		植里古桥	东村村
34	香樟	300	121		√		罗汉坞	秉常村
35	银杏	300	106		√		圻村谢家堡	蔡伟刚
36	银杏	500	111	√			东河社区医院北弄	姚祖陆
37	银杏	600	132	√			圻村谢家堡	朱祥生
38	朴树	300	70	√			东村村一里塘太湖边	东村村
39	紫藤	300	100	√			罗汉寺景区	金庭旅游集团
40	银杏	250	95			√	东湾井场	东村村
41	银杏	250	135			√	团结组西蔡里	夏正明、倪文寿

续表 5

序号	品种	树龄（年）	胸径（厘米）	一级	二级	三级	地点	管护单位或个人
42	香樟	120	310			√	蛇头山江沿上	衙角里村
43	朴树	200	82			√	古樟园景区	金庭旅游集团
44	杨梅	200	61/64		√		罗汉坞	黄造康
45	白皮松	200	21			√	春熙堂	金庭旅游集团
46	银杏	150	115			√	团结组上山头	蔡惠泉
47	银杏	150	53			√	古樟园景区	金庭旅游集团
48	茶树	150	86			√	涵村梅堂坞	严仕福
49	香樟	200	440			√	马家门前	衙角里村
50	朴树	110	60			√	大池塘上	石公村
51	香樟	110	65			√	小埠里猛将堂	衙角里村
52	榉树	100	48			√	古樟园景区	金庭旅游集团

说明：以上数据来源于《苏州市古树名木志》，2019 年 6 月，文汇出版社

太湖西山国家地质公园

2004 年 1 月，江苏苏州太湖西山国家地质公园经国土资源部批准，被列入第三批国家地质公园名单。公园涵盖西山岛、大鼍岛、三山岛、横山岛、阴山岛等 20 余个小岛。根据园内地质遗迹资源、古生物化石资源、生态人文景观资源空间分部特征，形成西山岛、东山三山岛 2 个园区，林屋山、石公山、三山岛、缥缈峰、金铎山和后埠 6 个景区，涉及镇域东河社区及东村、蒋东、元山、林屋、石公、缥缈、堂里等村。2005 年 10 月，在苏州太湖绿光开心农场揭牌开园。至 2020 年年末，地质公园总面积 39.8 平方千米，

禹期山（2017 年）

总投资 9000 万元，累计接待参观游客 350 万人次。

地质遗迹 金庭有因岩溶而形成的林屋洞，因断裂而形成的归云洞、来鹤亭、一线天等景观。其中一线天为国家级地质遗迹，两侧天然岩石裂缝，斜坡约 70°，间宽 50 厘米左右，仅容 1 人上下，嵌置 53 级台阶，为 2 亿年前地壳运动产生断裂而形成。缥缈峰为江苏省最大推覆构造体，位于公园中央，绵延 11 千米，最大宽度 8 千米，支脉四延，峰断脉连。山体为志留纪茅山砂岩组成，板状交错。燕山运动中地壳从西北向东南方向发生推覆，将底下 4 亿年前老地层逆推至距今 2.5 亿年前后新地层之上而形成。

西山地质博物馆 位于缥缈峰水月坞内，是地质公园重要组成部分之一，为园内标志性科普场馆。博物馆建于 2010 年，总建筑面积 6000 平方米，由展厅、影视厅、游客接待中心和办公区 4 个功能区组成，总投资 1800 万元。展区分上下两层，面积 2800 平方米。展区全方位、多尺度展示太湖流域特有的构造、地层、古生物、岩溶、湖蚀等自然景观资源，展出岩石类、矿物类、化石类奇石标本计 200 件。设置科普展板 48 幅，其中化石类“创孔海百合”为最大展面，高 2 米、长 4 米。2016 年，投资 500 万元，新增吴中地方特色厅，展出太湖石、铜矿石、金山石、煤矸石等地质标本。2008—2020 年，先后获得南京农业大学 MPA 教育中心社会实践基地、国土资源科普教育基地、苏州市科普基地、江苏省地质学会科普创新基地、首批国家国土资源科普基地、江苏省科普教育基地、中国地质学会地学科普研学基地等称号。博物馆年平均接待游客 10 万人次，2020 年因疫情原因，接待游客 6 万人次。

西山地质博物馆（2019 年）

西山地质博物馆展品（2019 年）

西山地质博物馆展厅（2019 年）

西山地质博物馆太湖石展（2019 年）

西山地质博物馆展品——满汉全席（2019 年）

地质保护 2008 年，对石公山湖蚀崖、夕光洞、一线天、云梯、明月坡、花冠洞等地质遗迹点开展保护，其中环境整治 6.8 万平方米、场地绿化 3.14 万平方米、道路建设 625 米、保护栏杆 430 米、护坡 120 平方米，总投资 450 余万元。2009 年，对林屋洞洞内、山顶石芽林、古生物景观等遗迹进行保护，其中环境整治 5.62 万平方米、场地绿化 1.82 万平方米、道路建设 198 米、保护栏杆 150 米、新置照明系统 35 套，总投资 280 余万元。2010—2018 年，开展对金铎山景区“十二生肖石”遗迹的保护，总投资 760 余万元。

农业园区

国家现代农业示范园区

1998年2月24日，国家农业综合开发办公室批准同意"吴县市西山镇列入国家农业综合开发区项目，建设2万亩农业现代化示范区"。1998年11月24日，吴县市人民政府决定，建立吴县市西山国家现代农业示范园区管理委员会、吴县市西山国家现代农业示范园区有限责任公司。园区汇集农、林、牧、副、渔、花、果、菜、游等多个门类，促进传统农业向现代农业转变。1998—2000年，国家农业综合开发办公室安排中央农业综合开发财政资金9000万元用于西山国家现代农业示范园区建设。另有地方财政（省市、区镇）资金支持9000万元、自筹资金6770.37万元用于示范园区建设。2001—2020年，农业园区开发产品，自力更生，不再靠财政支持。

2020年年末，园区下设苏州市吴中区太湖高新农业发展有限公司、苏州丰禾农业发展有限公司、苏州西山太湖绿茶果有限公司、苏州西山白塔湾现代渔业科技示范园有限公司、苏州中科实验动物有限公司等12家下属公司，拥有角里梨园、岭东生态玫瑰园、申丰无花果、丰禾枇杷园、瓦山苗木、高标准农田等特色基地。

绿光开心农场 即太湖高新农业发展有限公司，位于庭山村金庭路8号，占地500余亩，其中蔬菜种植53亩（荷兰大棚45亩）、果树种植20亩、道路景观55亩、花卉种植15亩、草坪35亩、稻田100亩。动物养殖区，有亲子动物园、小动物区、动物表演区、跑马场等。办公、餐饮、住宿占地80亩，其中香草恋人馆建筑3500平方米，可容纳1000人同时用餐。内设停车区，可停放100辆大巴和200辆小轿车。2013年，被命名为国家AAAA级旅游景区。2018年1—8月，园内改造赛道、桥梁、库房等设施，对外暂停营业。2018年9—12月，接待旅游团队4.2万人、散客4400万人，营业收入202.72万元。2020年，园内受疫情影响以及提升改造，对外停止营业。

中科实验动物供应基地 位于林屋路东。1999年，成立苏州西山中科实验动物有限公司，为华东地区唯一的非人灵长类动物饲养繁育基地，设有国家非人灵长类实验动物种子中心，致力于非人灵长类实验动物资源繁育、供应和研究，为国内外客户提供高水平新药、非临床药物代谢动力学、药效学和药物安全性评价服务，为国内和欧盟市场化学品提供安全评价服务。2020年年末，有员工48人，动物养殖基地占地面积120亩，拥有非人灵长类种群（食蟹猴和猕猴）存栏总数1万只，销往全国各地及美国、加拿大、韩国等国。

其他基地

角里梨园 位于衙角里村马家门前，占地面积100亩，种植品种为翠冠梨和苏翠1号。苏翠1号比翠冠梨上市早15天左右，有肉质细脆、石细胞少、汁液多等特点。2020年，梨园总产量3.1万千克，收入62万元。

岭东玫瑰园 位于缥缈村岭东南部，为开放式花园，占地面积83亩。植有6万株玫瑰，为保加利亚的大马士革和丰花2个品种。另植观赏月季安吉拉、夏令营、藤彩虹、红黄粉、御用马车、光谱、梅朗口红、绯扇、金奖章、金凤凰、粉和平、加里娃达、百老汇等10多个品种。2017年建成后即成为网红打卡点。2020年，网上点击率3万人次。

申丰无花果园 位于申丰南，果园面积80亩。植有斯依陶芬、波姬红、青皮、金傲芬4个新品种，并以无花果为主要原料，开发无花果干红酒、无花果复合发酵饮料、无花果果脆等产品。2020年，果园总产量8000千克，收入24万元。

角里梨树（2015年）

岭东玫瑰园（2018 年）

丰禾枇杷园 位居山湾内，占地面积 120 亩，其中避雨栽培 8 亩，共种植 1500 株枇杷树。2017 年，对全镇青种枇杷进行提纯复壮，从青种群体种内筛选优良品种，以大果、少核、汁甜为筛选目标，选择 11 个优良品种在基地种植。2020 年，枇杷园总产量 9000 千克，收入 23 万元。

瓦山苗木基地 位于消夏湾瓦山，面积 100 亩，植有杨梅、枇杷、桃树、梨树、李树、杏树、樱桃、石榴、无花果、苹果、猕猴桃、枣树、红梅、蓝莓、柿树等 10 多个苗木树种。2020 年，苗木收入 60 万元。

高标准农田 位于金庭镇环岛公路两侧，涉及东村村、堂里村、衙角里村、缥缈村、东蔡村、林屋村、元山村、石公村 8 个行政村。建设总面积 7241.51 亩，分 32 个地块，其中，规划水稻种植面积 1769.73 亩，水产养殖面积 1423.01 亩，高效园艺种植面积 4048.77 亩。高标准农田建设项目经吴中区人民政府批准，2016 年 7 月，由苏州市西山国家现代化农业示范园区有限责任公司实施。2020 年，水稻种植面积 3294 亩，其中，林屋村 400 亩、产量 1.4 万千克，东村村 49 亩、产量 1.7 万千克，堂里村 145 亩、产量 5.1 万千克，金满庭农业园 200 亩、产量 7 万千克，消夏湾 2500 亩、产量 87.5 万千克。

金庭水稻（2012年）

稻谷丰收（2018年）

金满庭农业园（2019年）

金满庭农业园

位于金庭东部元山太湖之滨大圩内，核心区占地面积2800亩。域内存大小谢姑山花石纲遗址。2009年3月，经苏州市发展和改革委员会批准成立苏州金庭大成现代农业有限公司。2013年7月，金庭镇人民政府回购苏州金庭大成现代农业股份有限公司全部资产。2014年9月，更名为苏州金满庭现代农业发展有限责任公司。金满庭以生产优质农产品为主导、农旅结合的发展模式，利用农业科技新成果，构建科技农业、生态农业、旅游农业，严格按照绿色标准栽培技术生产优质绿色农产品。2020年，金满庭农业园种植蔬菜200亩、葡萄80亩、草莓10亩、果树835亩、水稻200亩、观光荷花200亩，另有水产养殖500亩。建有别墅21栋，标准客房24间，餐饮包厢10个，另设有多媒体会议室等场所。2020年，接待游客3.5万人，收入约500万元。

金满庭农业园注重特色品牌打造。2017年，草莓、番茄、辣椒、茄子4个产品被中国绿色食品发展中心认定为“绿色食品A级产品”。国家商标局注册批准的“太湖绿”牌为其注册商标。

番茄（2020年）

草莓园 大棚种植，种植面积约10亩。植株长势强，株态较直立，株高10～15厘米，冠幅25～30厘米。每株着生花序4～6个，每序着花3～10朵。最大单果达50克。果实呈圆锥形，果面深红色，富有光泽。果肉较细，甜酸适口，香气浓厚，品质优。2020年，草莓总产量1.5万千克，经济收入20万元。

茄子（2020年）

番茄园 大棚种植，种植面积约10亩。品种为金珠。番茄叶色浓绿，叶微卷，结果力强。果实呈圆形或高球形，果色橙黄鲜艳，品质优，香味浓。糖度达10%，单果重达16克。2020年，番茄总产量3万千克，经济收入20万元。

辣椒（2020年）

辣椒园 大棚种植，种植面积3亩。品种为巨无霸6号。该种辣椒果长22～26厘米，横径5～6厘米，单果达150～250克。肉质好，色泽光鲜油亮，耐储存。2020年，辣椒总产量5000千克，经济收入2.5万元。

茄子园 大棚种植，种植面积约3亩。品种为杭茄1号。该种茄子果皮为淡紫色，肉质柔嫩，品质佳。2020年，茄子总产量5000千克，经济收入3万元。

樱桃（2019年）

樱桃园 为金满庭一大特色品牌，种植面积150亩，植樱桃1000余株。樱桃3月初开花，4月下旬结果。花盛之际，烂漫一片。2020年，樱桃总产量7500千克，收入25万元。

生态保护

造林复绿　1985年《中华人民共和国森林法》颁布后，全镇各单位每年三四月开展义务植树活动。1987年，镇绿化委员会成立，统一规划和领导全镇植树造林工作。1989—1999年，全镇共绿化荒山、改造低产林2.2万亩，投入2500万元，完成山体复绿和宕口复绿1200余亩，在帘子山、段田里、天王坞等地种植香樟、广玉兰、红叶石楠、枫香等阔叶树木，约800亩。2006年，投入787万元，完成建设绿色通道60亩、绿色基地960亩、绿色家园95亩。2007年，完成建设绿色基地335亩，植树造林531亩。2008年，完成绿色工程150亩，造林1250亩。2009年、2011年、2012年、2013年、2014年，先后造林825亩、100亩、150亩、100亩和120亩。2015年，投入50余万元，造林100亩，在天王坞、尖池坞、紫庆坞、东湾坞、包山坞等地种植香樟、海桐球、石楠等；投入35万元，完成中幼龄林抚育3500亩。2016年，投入10余万元，造林100亩，在包山坞、东蔡坞、东湾西坞等地种植香樟、石楠等1000余株；投入52万元，完成中幼龄林抚育5200亩。2017年，投入36余万元，造林30亩，在天王坞、涵村坞种植香樟、石楠、紫薇等1500余株；投入30万余元，完成中幼龄林抚育2520亩。2018年，投入14万余元，造林10亩，在堂里岭、元顶山种植香樟、石楠树种；投入30余万元，完成中幼龄林抚育2580亩。2019—2020年，投入资金70万元，造林20亩，在前湾、消夏湾种植樱花、桂花、石楠等树种，完成中幼龄林抚育2500亩。

禁止采石　70年代初，金庭石公山、林屋洞遭到破坏。为保护风景名胜区，1979年下半年，江苏省政府发文，全面停止对石公山、林屋洞石料的开采。80年代中期，随着水泥工业迅速发展，采石业成为全镇经济主要来源之一。石灰石供不应求，元山等地为采石主要区域。1999年年末，全镇从事石灰石生产的企业有14家，职工4000余人，全年开采石灰石300余万吨，产值1亿元。但采石对山体破坏极大，生态环境受到严重

西山水泥厂拆除爆破（1999 年）

影响。1999 年 6 月 5 日，吴县人民政府下令对西山水泥厂、金庭水泥厂、白水泥厂 8 个燃煤烟囱实施定向爆破拆除，年减少粉尘排放量 4000 吨、二氧化硫排放量 1500 吨。至 2003 年，全镇关闭宕口 17 个。2011 年年末，金庭镇关闭所有采石宕口。

森林防火 1983 年，全镇实行封山育林，各村成立护林队。1989 年，各村设立护林哨和救火突击队，设专职护林员 1 ~ 3 人，兼职突击队员 20 ~ 40 人。各山坞入口处竖立山林防火警示牌。缥缈峰顶建造护林观察哨。每日有专人巡察，配望远镜、对讲机等设备。1990 年，成立镇林业站，负责全镇植树造林、护林防火等工作。2014 年，全镇加强防火通道和蓄水池建设。2015 年 4 月，组建森林消防队，共有成员 12 人。2020 年年末，全镇共有消防队员 16 人、专职护林员 113 人。至 2020 年，累计开辟防火通道 44.45 千米，修建山林地带抗旱防火蓄水池 64 口，9 座拦水坝，总蓄水量达 18 万立方米。

禁养控药 2009 年，金庭镇人民政府下发《金庭镇沿太湖畜禽规模养殖长效管理工作实施意见》，关停全镇太湖流域禁养区 51 个畜禽养殖场。根据江苏省人民政府 2007 年《关于印发江苏省太湖水污染治理工作方案的通知》和苏州市人民政府 2008 年《关于印发东太湖围网整治工作实施意见的通知》及《西太湖网围整治工作实施意见》文件精神，禁养太湖网围养殖，对白塔湾、后埠湾、消夏湾等网围、蟹塘养殖全面清理。金庭镇涉及太湖网围养殖户 91 户，网围面积 3283 亩。其中，专业渔民 72 户、养殖面积 2927 亩，农民养殖户 19 户、养殖面积 356 亩。2018 年年末，全镇网围、蟹塘养殖得到全面禁养。

全镇推广高效低毒农药和农家有机肥。2015—2017 年，投资 30 多万元，集中处置

300 多万个历年来积存的农药瓶袋包装废弃物。2018—2020 年，投资 103.95 万元，回收废弃农药瓶、农药袋 349.91 万个。

湿地保护

2020 年，金庭镇湿地保有量约 715.26 平方千米。其中，湖泊、河流等自然湿地 715 平方千米，鱼塘等（不含水稻田、水生蔬菜田）人工湿地总面积 0.26 平方千米。金庭镇湿地保有量占吴中区的 0.49%。

打捞清淤 2009 年，全镇设湿地界桩 24 个，保护牌 12 块，责任落实至各村。2012 年，吴中区下发《关于印发苏州市吴中区太湖沿岸水体环境管理标准和考核办法的通知》《关于印发苏州市吴中区太湖水草和蓝藻打捞工作管理标准和考核办法的通知》等文件。金庭成立太湖水体环境管理保护领导小组，实行河长制管理，成立河道管理队伍。2020 年，落实河湖专职巡查管理人员 10 名，每天对全镇所有河湖水域进行轮回巡查检查。组建 4 支打捞队伍：第一支为专职打捞队伍，有打捞人员 136 名、打捞船只 68 艘；第二支为庭山村渔业队，预备突击打捞船 30 艘、60 人；第三支为 12 个村（社区）应急队伍，各村准备 5 艘打捞船，共 60 艘、150 人；第四支为机械打捞队伍，有割草船 3 艘、蓝藻打捞机械船 3 艘、吸藻器 2 套、吸藻车 1 辆。同时，藻水分离站于 2020 年 4 月正常处理蓝藻，准备应急蓝藻堆放点 4 个、藻泥处置场地 1 个，租赁蓝藻运输船 2 艘、运输车 5 辆，配有发电机 3 台套、水泵 6 台套、吸藻专用泵 10 套、马甲救生衣 200 套等，为金庭镇水体保洁、蓝藻防控及水草管护工作提供了有力保障。2020 年，累计出动水草

打捞漂浮物（2018 年）

庭山芦苇（2019年）

蓝藻巡查5500人次，人工打捞4.13万人次、1.08万艘次，清除浮草、垃圾、浪渣2.944万千克，蓝藻6.6万千克。

2015年，投资4500万元，对消夏江、后堡江、东蔡港、幸福港等33条河道实行清淤，共计20万立方米，新建木桩护岸12.5千米、生态砌块护岸7.6千米、混凝土挡墙护堤1千米。2016—2017年，清淤整治河道5.5千米。2018年，对全镇127条河道实施清淤处理，清淤长度为8.8千米，树立河长制公示牌168块。2020年，投入300万元，对堂里涵村港、堂里港、东村梧巷港、东河机房港、东蔡211机房港等14条河道、15口池塘进行清淤。至2020年年底，全镇河道水质（透明度、溶解氧等参数）经苏州英柏检测技术公司检测均达标。

种植芦苇 2013年，投资50万元，在太湖大桥3号桥西侧种植芦苇及腺柳50亩。2014年，投入15万余元，在沉思湾、庙山咀种植芦苇50亩。2019—2020年，全镇完成3530亩湿地植物收割清理工作。其中，庭山芦苇迷宫600亩，太湖大桥—阴山桥300亩，阴山—横山200亩，东村—禹王庙600亩，禹王庙—绮里450亩，明月湾—石公山300亩，干山280亩，夏家底—蒋东800亩。 2020年年末，全镇保留湿地芦苇面积300亩。

雪落明月桥（2016年）

古村落

金庭古村落较多，村落兴建有确切文献年份记载的始于隋大业六年（610），北方郑氏大族始建甪里村。五代后，周马氏始建马村。其余各村落大多为宋朝南渡后所建，渐有“七村八巷九里十三湾”之说。2005 年，苏州市政府公布的首批 14 个苏州市控制保护古村落中，金庭占 7 个，分别是明月湾、东村、甪里、东蔡、植里、堂里、后埠。这 7 个古村落，又都先后被列为中国传统村落，其中明月湾与东村被列为中国历史文化名村。2020 年 2 月，明月湾、东村、甪里、东蔡、植里、堂里、后埠、西蔡被列为江苏省第一批传统村落。全镇古村落以明清建筑为主，大多由古宅、古街、古桥、古店、古井、古寺、古树、古浜、古祠组成。数量多、文化深、价值大，为苏州地区典雅、古老、恢宏的村落群之一。

明月湾

位于金庭镇南端，依山傍湖，古村湖堤环抱，因形如新月而得名。清《明月湾修治街埠碑记》云："明月湾里居在潜龙岭下，而岭之形势雄峻于东，南北以此就坦，环而独缺其西。临湖以望，山抱水湾，波光摇漾若明月，然此明月湾所由称也。"古村约建于春秋时期，相传吴王夫差携西施在此赏月，在石牌山留下"画眉潭"遗迹。《苏州府志》载："明月湾在洞庭西山吴王玩月处。"古村唐朝时逐步兴旺。唐代诗人白居易、皮日休、陆龟蒙、刘长卿等曾到此一游，留下了赞美的诗篇。白居易《夜泛阳坞入明月湾即事寄崔湖州》云："湖山处处好淹留，最爱东湾北坞头。"皮日休《太湖诗·明月湾》直抒胸

明月湾全貌图（2020 年）

俯瞰明月湾（2020 年）

臆，云：“试问最幽处，号为明月湾。”

明清两代，明月湾人加入“钻天洞庭”商帮，外出经商。清乾隆、嘉庆年间到达鼎盛。他们致富后回乡建起大批精美的宅第及祠堂，并建设石板街、河埠、码头等公用建筑，饰以精致、典雅的砖雕、木雕、石雕等，呈现苏帮建筑特色。

2005 年，明月湾被列为苏州市控制保护古村落。2006 年，被列为江苏省历史文化名村。2007 年，被列为中国历史文化名村。2008 年，被列为全国农业旅游示范点。2012 年，被列为首批中国传统村落。2020 年，被列为江苏省第一批传统村落。

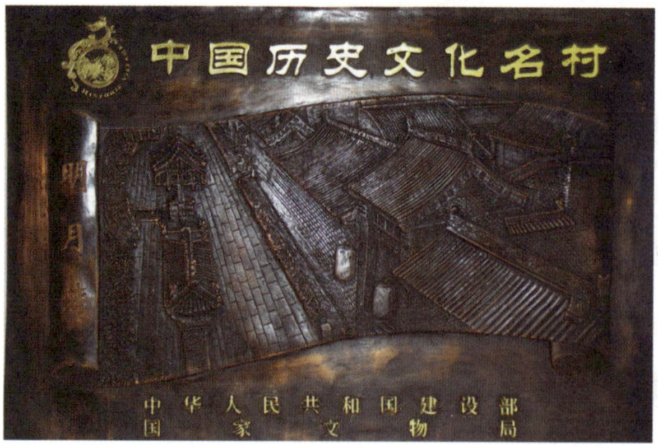

中国历史文化名村——明月湾

2020年年末，古村落面积90000平方米，基本形成“棋盘”格局。街面主要以花岗岩条石铺设，下为沟渠。民间有“花墙头，百子格，前门后门砂条石，洞庭西山第一家”“明湾石板街，雨后穿绣鞋”的说法。明月湾古风扑面，有古民宅、古石板街、古码头、古祠、古寺、古樟等古迹20余处。

古民宅

村内现存古民宅10幢，分别为瞻瑞堂、裕耕堂、凝德堂、礼耕堂、礼和堂、仁德堂、瞻乐堂、汉三房、敦伦堂和薛家厅。其中，瞻瑞堂、裕耕堂被列为苏州市文物保护单位；仁德堂、礼耕堂、汉三房、礼和堂、瞻乐堂、凝德堂被列为苏州市控制保护建筑。

瞻瑞堂 吴家老宅，坐北朝南，位于明月湾村大明湾14号。建于清乾隆十二年（1747），占地面积1083平方米，建筑面积592平方米。宅院东、南、北均以院墙相围，西侧与裕耕堂紧邻。瞻瑞堂昔有东、中、西三路。2020年年末，存中路与东路，中路有楼厅、住楼；东路有门屋、东小楼及前后附房，两路单体建筑间有备弄贯通。

门第南向，临街而开。大门对面有八字照墙，门厅为挂落门罩形式。入门第为门屋，面阔3.8米，进深3.7米。入门屋西折设石库门，入库门为中路的前庭院。院墙东设砖雕牌科墙门一座。墙门为一坡小瓦屋面，檐下置仿木细砖飞椽，下设一斗三升牌科，垫板雕出“寿”字。上枋两侧分别以减地法浮起变体夔龙纹，上枋中部深浮雕人物故事图。字牌以回纹框边，内刻阳文楷书“兰蕙流芳”四字，落款“乾隆岁次丁卯榖旦”“虞山蒋溥”。下枋两端浅浮雕如意头及缠枝纹，中部锦袱内深浮雕人物故事图案。楼厅二坡硬山式屋顶，面阔三间11.5米，进深九檩10.95米。长窗裙板浮雕龙卷草图

瞻瑞堂——春陵芳范（2020年）

瞻瑞堂天井（2020年）

案，中夹樘浮雕“蛟龙出水”“夔龙祥云”“喜鹊登梅”“凤穿牡丹”“松鹤延年”“乌鹊葵花”“飞鸟灵芝”等图案。楼厅二楼构架为内四界前后双步法。

后进楼建于清雍正三年（1725）。门楼上枋有“五鹤祥云”砖雕；中枋匾额为秦嵩篆书“春陵芳范”，领款行书“雍正乙巳仲夏”；左右两枋有戏文砖雕；下枋有寓意连升三级的菱形图纹。住楼面阔五间带两厢，宽17.3米，进深10米。东西两厢楼面阔二间，进深四界。二楼构架为内四界前轩后双步形式。东小楼面阔二间，进深四界。东路后楼亦为面阔二间，进深五界。2005年，被列为苏州市控制保护建筑。2009年，被列为苏州市文物保护单位。

裕耕堂 邓氏住宅，坐北朝南，位于明湾村大明湾27号。古堂建于清嘉庆四年（1799），原为吴家瞻瑞堂一部分。1943年，邓氏向家道中落的吴家购买瞻瑞堂西宅，扩建整修，取名“裕耕堂”。占地面积744平方米，建筑面积306平方米。主要有门厅、楼厅、庭院、花园、书房及附房等，是保存完好的古民居之一。

门厅砖雕门楼上枋左右兜肚及上下枋皆是浮雕，并饰以仙桃、灵芝、祥云等吉祥富贵图案。中间字枋浮雕“锡吉祉福”四字为蔡之定题［蔡之定，浙江德清人，消夏湾蔡氏后裔。清乾隆五十八年（1793）入翰林，官侍讲学士］，时间为清嘉庆四年（1799）。书房为花篮厅结构，梁柱饰以石榴、蝙蝠等吉祥图案。厅后长窗板有一隐蔽式卧铺，上通楼梯，供主人读书时小憩，亦为逃生之通道。书房前为花园，布置有假山、树木。2005年，被列为苏州市控制保护建筑。2009年，被列为苏州市文物保护单位。

凝德堂 秦家老宅，位于明月湾村大明湾59号。建于清乾隆十八年（1753），占地面积460平方米，建筑面积368平方米。存厨房、餐厅、客厅、卧室、庭院、天井、门楼。砖雕门楼上枋为5只蝙蝠图案，形如寿字，喻为“五福捧寿”。中枋有阳文隶书“鸿

裕耕堂——锡吉祉福（2020年）

裕耕堂天井（2019年）

礼耕堂——芳馀九畹（2019 年）

礼和堂——南寿轩（2020 年）

基祚永”，意为基业幸福永存。两边砖雕雄鸡配以牡丹，喻为“功名富贵”。下枋有“花草虫鱼”之春夏秋冬吉祥砖雕。2005 年 6 月，被列为苏州市控制保护建筑。

礼耕堂 吴家老宅，面朝东南，位于明月湾村大明湾 107 号。建于清乾隆三十四年（1769）。昔为三进古宅，2018 年存第一进，占地面积 228 平方米，建筑面积 185.6 平方米。石库门面对天井处为砖雕门楼。雕刻线条简洁明朗，字牌上阴刻涂朱“芳馀九畹”。上款时间乾隆三十四年（1769）春孟，落款署名秦大成［秦大成，江南嘉定人，西山秦家堡秦氏后裔。乾隆二十八年（1763）癸未科状元，授编修］。大厅墙壁上有歌颂“大跃进”的墙头诗画，为作家艾煊在明月湾时所作。2005 年，被列为苏州市控制保护建筑。

礼和堂 吴家老宅，坐北朝南，位于明月湾村大明湾 84 号。建于清乾隆四十八年（1783），占地面积约 450 平方米，建筑面积 376.6 平方米。建筑均高二层，分东西两路。西路为主轴，依次设大厅和内厅；东路为门厅和书斋。入天井见砖雕门楼，依稀见“粹和毓德”四个大字，落款为乾隆四十八年（1783）仲冬吉旦。东边书斋为花篮厅结构，制作精良，额署“南寿轩”。主人吴廷枢，字载南，号寿轩。书房以其字号得名。庭前有小花园，南墙有砖雕镶嵌，题“清芬蔼若”四字。2005 年，被列为苏州市控制保护建筑，同年由西山镇人民政府斥资整修。2006 年对外开放。

仁德堂 秦氏老屋，位于明月湾村大明湾 75-1 号。大门朝南，面向石板路，建于清乾隆五十八年（1793），占地面积 500 平方米，建筑面积 218 平方米。该堂原为秦家老屋，后转让给朱氏，称“朱家里”。该堂在土地改革时分给 5 户人家，故俗称“五姓堂”。进屋是门间。迎面是古色古香的环筒门，墙有“八卦”图形。左拐为内门，有砖雕门楼。上枋中间有“寿喜”图案，两边对称夔龙图纹；中枋匾额“聿修厥德”，领款“癸丑清和月”，落款“蒋南金”；左右两方为“鸳鸯戏水”“凤穿牡丹”图案；下枋中间为扇形“喜鹊登梅”图案，两边对称花卉图纹。进门大天井，入堂是三开间主楼。堂后一条隔弄，往西上楼。后面入第二进，亦有一个砖雕门楼，一个小天井，里面有一幢三开间楼房，上楼走前隔弄西侧楼道。堂屋年久失修，坍塌不堪，唯西面墙壁保存尚可。2005 年 6 月，被列为苏州市控制保护建筑。

瞻乐堂 又名瞻禄堂，吴家老宅，坐北朝南，位于瞻瑞堂南侧。建于清乾隆三十三年（1768），占地面积 754 平方米，建筑面积 131.09 平方米。格局与瞻瑞堂类似，布局尚完整，主体大堂建筑已毁，住宅楼和辅房及沿街外墙面保存尚好，三阶风火墙依然竖立。2005 年，被列入苏州市控制保护建筑。2020 年，吴中区文管会投资 60 万元，对住宅楼“修旧如旧”。

汉三房 秦家老宅，位于明月湾村大明湾 41 号东南侧。建于清代中期，占地面积 965.9 平方米，建筑面积 477 平方米。有三进，从外观看，一进高于一进，蕴步步高升之意。汉三房每一进入口均有砖雕门楼。第一进门楼朝东，大门字牌已模糊不清。第二进为客厅，门楼题“克昌厥后”，落款除“乾隆”两字尚可辨，其余模糊。第三进是堂楼，门楼高约 5 米、宽约 3 米，气度恢宏，门楼题“善继人志”，两边有狮子滚绣球镂空挂柱。

汉三房中木雕、石雕、砖雕三者齐全。木雕大多饰以梁枋、棹木、门窗等；石雕多见于门枕、柱础、磉石、垂带等；砖雕用于门楼、照墙、门楣等。雕刻内容为人物、山水、花卉、虫鸟等。2005 年，被列为苏州市控制保护建筑。

敦伦堂 姚家老屋，位于秦家祠堂西旁，坐北朝南。明代普通农宅，占地面积 190 平方米，建筑面积 104.49 平方米。前后两进，第二进为楼房，楼上为卧室。陈列明式家

薛家厅砖雕（2019 年）

薛家厅砖雕——薛家将（2011年）

明月湾古石板街（2008 年）

雪落古码头（2017 年）

具及江南农用器具等。2006 年由西山镇人民政府斥资修复。2007 年对外开放。

薛家厅　薛家老宅，位于明月湾村大明湾 37 号，大门朝南，前后两进，建于清乾隆二十二年（1757），占地面积 330 平方米，主体建筑面积 143.2 平方米。第一进门厅系 2 米高青石石库门，老杉木大门。门楼八副浮雕，展现薛氏先祖薛家将东征西讨的经历。门楼砖雕分三层：上枋有展示薛仁贵少年求学、进京赶考、中第进京、应征入伍、衣锦还乡等事件的圆雕、浮雕；中枋是阳文“肇基伟业”，左右有将帅兵卒出兵状；下枋锦袱内有童子嬉戏，父母旁观，蝙蝠、梅花鹿等图案，意蕴“福禄寿喜”。第二进砖雕门楼简单明了，中间匾额小篆“水意从鱼”，寓意主人定居太湖边随遇而安之心态。左右砖雕“和合二仙”，有喜鹊、梧桐、古松、彩云等，寓意和气生财、万事兴隆。底层中间有阳刻“喜”字，四周为书卷花纹，意涵读书为乐。第二进天井左右为厢房楼，格子窗，杉木裙板，古色古香。

古石板街　修筑于清乾隆三十五年（1770）。主要由村口南北两条长街和贯穿村中心的两条长街垂直相交，形成井字型，构成棋盘格局，俗称“棋盘街”。2004 年，修缮古街道。修缮后的街道总长 1422.1 米，由 4255 块花岗岩条石铺成。每块石板长约 1 米、宽 30 ~ 35 厘米不等。街道下面是排水沟，通河埠。

古码头　位于明月湾村口临湖处，为古时明月湾村进出的主要水上通道。始建年代无考。码头基础部分为宋代建筑。清乾隆二十一年（1756）村民集资重建。码头全长 58 米、宽 4.6 米，表面用 258 块花岗岩条石铺成。2005 年，由西山镇人民政府整修，被列为苏州市控制保护建筑。

黄氏宗祠（2019年）

古祠、古寺

黄氏宗祠　位于明月湾石板街入口处约30米处，坐北朝南。始建于清乾隆四十九年（1784），占地面积约930平方米，建筑面积260平方米。门厅、享堂等主要建筑为原结构。2004年，由西山镇人民政府斥资整修，重建客厅、照壁等。2005年，被列为苏州市控制保护建筑。2006年，辟为明月湾古村村史展览馆。2009年，被列为苏州市文物保护单位。

秦氏祠堂　位于明月湾村大明湾77号，坐南朝北。建于清乾隆五十九年（1794）。前一进，建筑面积200平方米，为集体所有。后进为天井花园，三开间楼房，建筑面积81.36平方米，为黄永祥私有。民国时期，为求忠小学堂。1949年10月以后，前进改为明月湾初级小学。1970年拆除祠堂，造7字形平房，为明月湾小学，撤并后停办。2005年，被列为苏州市控制保护建筑。2007年修复，改建为明月湾财神殿。2008年5月，又改为范蠡文化馆。门前联对为何绍基书“寄迹太湖谁识布衣曾霸越，当头明月慎言货殖异吞吴”。砖雕门楼题篆书“家学渊源”。

邓氏宗祠　位于明月湾港湾处，坐南朝北。祠堂始建于清乾隆十年（1745），占地面积 950 平方米，建筑面积 520 平方米。原建筑大部分已毁，仅存照壁、门楼、厅堂遗址。2005 年，修缮门厅、享堂和寝堂。2009 年，辟建为暴式昭纪念馆，6 月 30 日对外开放。2018 年年末，被评为江苏省廉政教育示范基地。

明月寺 位于石公路旁，坐北面湖。相传明正德年间（1506—1521）从湖滨庙山咀迁移而来。院落四进，占地面积约 1100 平方米。寺内保存多方清代和民国时期碑刻，为重修及募捐纪事碑。殿内供奉弥勒、观音、城隍、关帝、猛将、茧子娘娘等塑像。2005 年整修，被列为苏州市控制保护建筑。2009 年，被列为苏州市文物保护单位。

古樟 位于村口，为明月湾古村重要标志物，枝叶茂盛，荫覆近亩。树龄约 1200 年，树冠高 25 米、胸径 2 米。相传为唐代著名诗人刘长卿到明月湾访友时所植。1984 年，

秦家祠堂（2019 年）

暴式昭纪念馆（2019 年）

暴式昭雕像（2009 年）

被列为吴县一级古树名木。

古村保护 2001 年，明月湾村成立古村保护开发领导小组，初步制定近期保护开发计划，开始对古村落进行保护性开发。2003 年 3 月，明月湾古村邀请南京工业大学建筑与城市规划学院制定《西山镇明月湾村保护与利用详细规划》。2003 年 12 月，古村保护开发规划设计方案获苏州市规划局批准。保护范围为北面及东面至山麓脚下，西至村口围墙，南至村中小山南侧山脚处及明月寺南广场边界，面积 10.42 万平方米。建设控制地带范围为北面及东面至山脊线，西面及南面至太湖堤岸外约 150 米水体，面积 65 万平方米。保护重点为明月湾古村落周边山体、水体等自然环境；石板街、瞻瑞堂、裕耕堂、黄氏宗祠、礼耕堂、秦氏宗祠等控制保护建筑；明湾港水体以及古码头、古井、古桥、古树等其他相关历史环境要素。

2004—2009 年，依照“修旧如旧”原则，对古村落进行保护修复，累计投资 7329 万元。其中，古村口拆迁、古宅修复、古村立面改造、绿化、旅游配套设施、环境整治、修复邓家祠堂等工程，投资 5179 万元。农家乐污水处理、农家乐立面改造、停车场、古堂陈设布置等工程，投资 1350 万元。三线入地、石板街整治、古村污水处理、

明月湾古樟（2015 年）

晨雾明月桥（2018 年）

明月湾茶楼（2019 年）

明月驿（2020 年）

明月湾古村出口处题字

村自来水入户等工程，投资 800 万元。2019 年，北京现代昆山有限公司在古村落入口处开设明月驿。2020 年，金庭政府投资 400 万元，升级、改造暴式昭纪念馆。

东村

位于西山岛北部，南依貌虎顶、贝锦峰，北靠凤凰山、张家山，与横山、阴山隔湖相望。因“商山四皓”之一东园公隐居于此而得名。古村总面积约 7 万平方米。全村街道总长约 3500 米，宽 1.5 ～ 3 米不等。大街以东西走向长约 500 米的街巷为主，两侧有

东村全貌图（2020 年）

多条支巷。街巷、支道中心花岗石铺面，宽约1米，两侧为青砖。街道一侧为排水明沟，沟沿设青石。两旁古宅以清乾隆、嘉庆年间为多。2005 年，被列为苏州市第一批控制保护古村落。2013 年，被列为第二批中国传统村落；同年，被列为江苏省历史文化名村。2014 年，被列入第六批中国历史文化名村。2020 年，被列为江苏省第一批传统村落。

村内保存明、清建筑 30 余处，总面积约 1.5 万平方米。有栖贤巷门、梧巷义门、东园公祠、古店铺、义井、永泰桥等古迹，有徐家祠堂、敬修堂、萃秀堂、绍衣堂、源茂堂、凝翠堂、敦和堂、学圃堂、孝友堂、保宁堂、遗安堂、延圣堂、留耕堂、鸿松堂、端本堂、朗润堂、崇德堂、耆德堂、慎馀堂等 20 余处古堂。其中，栖贤巷门、徐家祠堂、敬修堂为江苏省文物保护单位；萃秀堂为苏州市文物保护单位；绍衣堂、源茂堂、凝翠堂、敦和堂、学圃堂、孝友堂为苏州市控制保护建筑。

栖贤巷门 位于东村村大街中部，为金庭最完整的明代砖木建筑之一。巷门朝北，南路为巷，直通山上。相传为东园公经常出入之地。巷门面阔一间 2.15 米，进深四檩 1.84 米，设台阶，高出街巷 18 厘米，四周设青石压沿，中间小砖铺地。柱础为青石制成，扁平，直径 31 厘米，上部与柱身相匹配。立柱 4 根，前柱高 3.3 米，柱身略呈梭形，柱头带卷杀，上置栌斗，栌斗高 20 厘米，四角刻海棠曲线。施雀替，支承脊檩。前、后柱之间，以月梁和穿插枋相连接。后柱高 2.38 米，柱头置栌斗，承檐檩。前后柱之间依墙设青石和木板凳，供人休息。1986 年，被列为吴县文物保护单位。2002 年，被列为江苏省文物保护单位。

徐家祠堂 位于东村村西上 65 号，大门面东，占地面积 1000 平方米。清乾隆十三年（1748）东村村商人徐联习创建，次年 11 月落成，共耗费白银 9000 余两。堂内存清王鸣盛撰《东园徐氏祠堂记》古碑，及清吏部尚书刘墉题写“贞寿毓贤”残碑。祠堂前厅门阔五间 18.3 米、进深 9.2 米，外观为两坡苏瓦硬山顶，下设青石基座。厅内九架梁前后四架卷棚，上覆草架，梁柱高 4 米、底径 28 厘米，柱础青石鼓墩式，鼓腹部直径 48 厘米，柱头出头拱承托轩梁，梁垫、蜂头镂雕如意。轩梁扁作，梁肩置荷叶莲瓣柁墩，承荷包梁，荷包梁头雕麻叶头，设镂花替木，承托轩檩，檩上置罗锅椽。檐口高 3.65 米，檐下额枋上设平身科与柱头科。牌科不出跳，为单昂重拱，昂嘴上卷似象鼻，昂上耍头，两端均雕麻叶头，里端设枫拱，雕卷叶花纹，拱垫板及下枋镂雕人文故事。所有木构件雕刻有 40 余幅故事图，采用透雕、高浮雕、平雕等工艺。轩梁及前轩檩上施沥粉、金线，聚锦苏式彩画。2005 年，被列为苏州市控制保护建筑。2009 年，金庭镇人民政府出资重修大殿、享堂等；同年，被列为苏州市文物保护单位。2011 年，被列为江苏省文物保护单位。

东村街道（2018 年）

栖贤巷门（2018 年）

徐家祠堂（2018 年）

徐家祠堂彩画（2018 年）

古民宅

敬修堂　徐氏老宅，位于东村村（西上）57号、58号、59号、60号、61号、63号，大门朝南，门厅朝东。建于清乾隆十七年（1752），占地面积1866平方米，为金庭最完整的古宅。前后共六进，为6户村民共有。门厅宽3米、进深4.7米，木质大门，门顶上做额枋，额枋前面设置两对圆柱形阀阅（门簪），长28厘米、直径0.17米，顶端分别浮雕春兰秋菊花卉。大门两侧复立门框，款式左右相同。门下用高门槛，高门槛两端做金刚腿。左右设立砷石（门枕石），砷石上浮雕花卉。天井墙上有砖细匾额，额内镌“堂构维新”“清乾隆壬申吉春”额文及年款。天井花岗条石铺地，西侧筑有小花坛。进门是三间轿厅，面宽10.15米、进深6.6米，系五界回顶建筑形式。厅堂前后步柱之间架设弯椽，弯椽之上均设枕头木，安草架脊檩，再列椽铺砖盖瓦。大厅坐北朝南，宽五间19米、进深12.25米，分三明两暗，明间山墙面为水磨方砖贴面，后步柱之间装屏风，前步柱之间装落地长窗16扇，裙板浮雕山水、庭院、花卉图案。厅后设内轩，厅前设廊轩，轩顶架重椽，雕梁画栋。内宅凤栖楼五间两厢，两层楼房，整个建筑整洁实用，厅堂深8.68米、宽18.15米，是内宅女眷居所。12扇落地长窗上雕刻有12条龙，象征12个月，形态各异，喻义龙凤月月相伴。明间窗台塞口、挂落遍布木雕。佛楼，两间半，宽11.05米、进深6.52米，下为方形柱础，上为圆形木梁，寓意天圆地方。每进都用天井分隔，建砖雕门厅3座，雕刻细腻。塞口墙上均嵌有吉祥图案花窗。2002年，被列为江苏省文物保护单位。吴中区文物管理委员会分别于2007年、2015年出资整修。

敬修堂“官帽翅”（2016年）

敬修堂内门（2019 年）

敬修堂花窗（2019 年）

敬修堂——世德作求（2019 年）

敬修堂——刿绩连云（2019 年）

敬修堂——美哉轮奂（2019 年）

敬修堂——功崇业广（2019 年）

萃秀堂　位于东村村东上56~58号，建于清乾隆元年（1736），前后共六进。原占地面积约1100平方米，有门厅、大厅、楼厅、后楼、客房，分别用墙门、天井隔断成院。大厅面阔三间带两厢长20米，进深九檩带前后双步廊长12.1米。大厅高敞、恢宏，外观为两坡苏瓦硬山顶，花岗石基座，前设踏步四阶，厅内方砖正纹铺地。大厅撤上明造，大梁扁作，梁背饰镂雕"双凤呈祥"山雾云，脊檩两侧置镂雕抱梁云，大梁底部及两侧均刻双线弦纹，做工极为精细。三根脊檩均饰包袱锦、笔锭胜图案的苏式彩绘，其金、红、蓝、白颜色仍十分艳丽。下金檩与额枋间施一斗三升牌科，拱垫板饰镂雕寿字花绘图案。金柱高4.55米、底径30厘米，青石鼓墩柱础，满雕缠枝、焦叶包袱锦式图案。脊檩柱坐斗上也设重拱，饰山雾云。柱间用眉形及长方形穿插枋攀连，枋上刻变体如意纹饰，夹堂板镂空"卍"字式木雕。大厅前设满天星落地长窗，夹堂板及裙门均雕刻花绘。

大厅前有砖雕门楼一座，制作精细。形式为仿木牌楼式，上筑皮条脊，出方檐椽双层，檐下置一斗三升牌科，斗座雕覆荷叶花纹，拱垫板雕梅、兰、竹、菊。上、下枋及兜肚均涂雕人物典故，惜人像全部被毁。字牌留有"文化大革命"遗迹"破旧立新"字样。原字为"龙门标峻"，上款为"乾隆丙辰夏至日书"，下款为"竹坪蔡书升"。两侧垂莲柱仅剩上半段方柱及仰莲柱头。门楼与大厅间为天井，青砖回纹铺地，两侧砌变体海棠灯锦式花窗墙。花窗紧贴两层楼夹厢，楼上缩进半架，夹厢一端设三山屏风墙，与门楼照墙连为一体。后楼两幢，仅用一条夹弄间隔。前楼面阔五间带夹厢17.5米、进深七檩8.8米，后楼面阔五间17.5米、进深七檩8.5米，楼上为圆作抬梁式结构，楼下设落地长窗，楼上设槛窗。其后还有附房五间，面阔17.5米、进深7.4米。

萃秀堂除门厅、厢房毁坏外，主体建筑基本保存完整，该处建筑额枋上用牌科，脊檩上饰彩绘，边贴满铺方砖。2009年，被列为苏州市文物保护单位。

绍衣堂　位于东村西上31~34号，建于清代。2020年年末，存门厅、门楼、大厅三处建筑。门厅面阔三间，结构比较简洁，梁架圆作，顶部已为后期改建。门楼朴实无华，上、下枋两端刻有回纹，余均为素面。大厅面阔五间16.8米、进深七檩8.1米，前后带廊。外观为两坡苏瓦硬山顶，屋面平缓，厅内梁架扁作，用荷叶柁墩，三架梁正中用荷叶墩，上设斗拱出两跳承托脊檩，两侧饰抱梁云及山雾云，梁底刻双线弦纹。边贴为穿斗式，用扁月梁、穿插枋攀连，铺夹堂板，边间用栅板隔断，柱高3.25米、底径30厘米，柱下垫青石扁鼓柱础，径45厘米，柱头置栌斗，并出麻叶头、丁头拱，镂空蜂头承托大梁。大厅损坏较为严重，屋面多处漏雨，脊檩朽烂，大梁糟朽断裂，厅内门窗破坏殆尽。2005 年，被列为苏州市控制保护建筑。

源茂堂 位于东村村西上 8 号，建筑面北临街，建于清代，传为上海某银行家徐氏所有。2020 年年末，存前后三进，第一进大厅面阔三间，东为书房，前有雀缩檐，圆作四界梁，天井内存清水牌科砖门楼一幢一座，款为篆书，已损坏。该进房产为东村村集体资产，60 年代起辟为小店至今。第二进、第三进为私宅，为典型的江南民居建筑。2005 年 6 月，被列为苏州市控制保护建筑。

凝翠堂 位于东村村西上 83 号，建于清乾隆九年（1744）。原有门厅、楼厅及门楼两座。2020 年年末，存楼厅及门楼一座，建筑面积 750 平方米。楼厅面阔三间带厢房 17.8 米，进深九檩，前轩后廊 10.5 米。承重扁作，两端有剥腮，直接榫卯于金柱泥槽中，梁底略有琴面，两侧刻双线弦纹，承重中部出圆作横梁 1 根以承楼板。前轩为双檩船篷轩，轩梁肩置坐斗、连机承轩檩及荷包梁，梁两侧均刻双线举纹，金柱高 3.3 米、底径 0.28 米，下垫青石鼓墩，厅内方砖斜纹铺地，前设满天星落地长窗，夹堂板、裙板均刻有花卉图案，楼上为圆作抬梁式结构。楼厅两侧有夹厢小楼，楼上缩进半架，设槛窗。楼厅前砖雕门楼为牌楼式，面阔一间 1.3 米，上筑皮条脊，其斗拱、方椽、额枋、垂莲柱等均为仿木制作。门楼砖雕上枋浮雕“五鹤祥云”图，下枋浮雕“鲤鱼跳龙门”，兜肚透雕人文故事，匾额题“而明蕃昌”，两侧垂莲柱为方形，下端雕有仰莲及覆莲。2005 年，被列为苏州市控制保护建筑。

凝翠堂——而明蕃昌（2020 年）

敦和堂——友于笃庆（2020 年）

敦和堂 位于东村村东上 95 号、96 号，建于清乾隆四十二年（1777）。原二路四进，占地面积约 1200 平方米。2020 年年末，存大厅、后楼及东路住宅楼。大厅面阔三间 12 米、进深十檩 11.2 米。外观为两坡苏瓦硬山顶，设青石台基。厅内为抬头轩贴式，方砖正纹铺地，大梁扁作，做工精细。五架梁梁肩置坐斗、连机承三架梁及上金檩，三架梁梁背置坐斗，出拱两跳加连机承脊檩，脊檩设抱梁云和镂雕双凤呈祥图案的山雾云，梁底及两侧刻花卉及变体云纹。边贴制作也十分考究，其结构与装饰基本与大梁相同。金柱高 4.2 米、底径 0.38 米，青石鼓墩形柱础，柱头设栌斗，惜丁头拱、棹木、蜂头均已毁，仅可见外露的榫眼。大厅前面设落地长窗。后楼两幢并列，各自成院，结构基本相同，墙门与大厅不在同一轴线上，分别与大厅边间相对。东后楼已毁，西后楼面阔三间带夹厢宽 12.1 米、进深 12.8 米，梁架圆作，设槛窗。大厅前砖雕门楼，为仿木构牌楼形式，有斗拱、枋子、垂莲柱、飞檐等。匾额刻“友于笃庆”，兜肚及上、下枋深雕人物典故大多被凿毁。东路门厅已毁，仅剩面阔 26.6 米、进深 8 米朝西住宅楼 1 幢。2005 年，被列为苏州市控制保护建筑。

学圃堂 位于东村村西上 49 号、50 号，建于清末。2020 年年末存门屋、门楼、大厅，建筑面积 250 平方米。大厅面阔五间带夹厢宽 21.5 米，进深七檩带后双步廊 11.6 米，外观为两坡苏瓦硬山顶，屋面曲线平缓，厅内方砖正纹铺地。梁架圆作抬梁式，结点用瓜柱榫卯连接承檩，檩下设雕花连机，上敷方椽。金柱高 4 米、底径 0.25 米，下垫花岗岩鼓墩形柱础，柱头与五架梁直接用榫卯连接。边贴为穿斗式，柱间分别用短月梁及穿插枋攀连，梁及枋间铺夹堂板，大厅后廊及边厢均用栅板隔断。大厅出檐较深，檐高 3 米，檐柱出一斜撑支撑挑檐枋和挑檐檩，檩下用雷公柱，柱头雕垂莲，斜撑杆为海棠曲线形，底部设半丁头拱及麻叶头，做工精细，颇有特色。厅前安六抹头落地长窗。夹厢为两层小楼，上层缩进半架，设有槛窗，两厢间为庭院，正对大厅有砖雕门楼一座，筑皮条脊，其枋、拱等构件均仿木制作，正中匾额刻“长发箕祥”，兜肚刻花鸟，下枋雕笔锭胜图案，两边垂莲柱全毁。门屋体量较小，结构基本与大厅相近。2005 年，被列为苏州市控制保护建筑。

孝友堂　位于东村村东上 104 ~ 106 号，清末建筑。原有门厅、大厅、后楼三进。2020 年年末，存门厅及大厅，后楼改为新楼。门厅面阔三间带附房宽 19 米、进深七檩 4.7 米。大梁圆作抬梁式。门楼哺鸡脊，匾额刻“荫芬桂馥”，兜肚刻花卉，下枋刻“凤展祥云”图案。大厅面阔三间带厢宽 19 米、进深九檩 8.6 米，厅内前轩后廊，五架梁上吊有天花，大梁扁作，两端直接卯榫于金柱泥槽中，两侧刻双线，底面略带琴面刻花卉图案。前轩为双檩船篷轩，轩梁扁作刻包袱锦图案，梁肩置斗、连机、承檩及荷包梁。2005 年，被列为苏州市控制保护建筑。

古村保护　2003 年，镇政府委托南京工业大学编制完成《西山东村保护与整治规划》，开始古村保护工作。2009 年，委托苏州规划设计研究院编制完成《苏州市金庭镇东村古村落保护规划》。保护范围东至环岛路村庄东入口，西至徐家祠堂西侧和东村大街西侧，北至东村大街沿街建筑北侧，南至梧巷和栖贤巷南端。面积 4.92 万平方米。古村保护重点为东村古街道、徐家祠堂、敬修堂、栖贤巷门、萃秀堂、凝翠堂、学圃堂、绍衣堂、源茂堂、崇德堂、遗安堂等。

2004 年至 2020 年年末，古村投入修复资金总计 2520 余万元。其中，2004 年投资 70 万元，修复敬修堂轿厅等。2009—2013 年投资 400 万元，修复徐家祠堂。2015 年投资 0.26 万元，修复栖贤巷门屋面、地面、木架构建等。同年投资 50 万元，修复敬修堂柴房、孝友堂屋面、石阶、木架等。2017 年投资约 2000 万元，对古东村进行整体整治，其中投资 719 万元用于路面铺设，20 万元用于整修黄石池塘，965 万元用于污水管道铺设、支路铺设等，165 万元用于建古建茶室、四角亭等，6.8 万元用于修复梧巷港等，79 万元用于景观照明等建设。

植里

植里古村落位于金庭北端大旺坞、后底山西南脚下，与东村古村隔山而居，由植里和夏泾两个自然村落组成。植里自然村落，因其古街道笔直一里而得名。夏泾自然村落，一名下泾。下泾，因山下村前有泾而得名，“夏”与“下”，西山土语不分。又名下金，因里居大族金氏得名。境内有古桥、古道、古樟、秀芝堂、大圣堂、芝呈堂、余庆堂、植里罗宅、里庵等古建筑。2005 年，被列为苏州市控制保护古村落。2014 年，被列为第三批中国传统村落。2020 年，被列为江苏省第一批传统村落。

植里俯视图（2020 年）

大圣堂古樟树（2018 年）

仁寿堂　位于夏泾 77 号，建筑坐北朝南，为明代建筑，原存两进。第一进门厅面阔三间，进深五界，穿斗式木构架，月梁作法。2020 年，第一进基本塌毁。第二进大厅面阔四间、进深六界，抬梁式木构架，月梁及木质鼓墩均保留较多明代特征，山雾云、抱梁云及荷叶墩均雕刻细腻、线条流畅。2009 年，被列为市级文物保护单位。

大圣堂　位于夏泾村与张家湾接壤处，始建于元大德年间（1297—1307），为里人大族张氏、金氏、李氏集资而建。大圣堂原有山门殿、大圣殿、如来殿、观音殿、金刚殿、财神殿、城隍土地殿、厨房、餐厅、客房等房屋数 10 间，占地面积 2 万平方米。1949 年以后，房屋大多被拆除，先后被用作仓库、学校。20 世纪 90 年代，大圣堂渐被夷为平地，种植树木。2020 年年末，庙基南存屋舍及场地，面积约 6667 平方米。有香樟树 5 株，其中，3 株树龄达 500 年，2 株树龄达 800 年。

永丰桥桥洞（2020 年）

植里古港（2020 年）

植里古道（2010 年）

植里古桥、古樟树（2005 年）

永丰桥 位于夏泾村口港湾处，俗称砖桥头。桥呈南北走向，为单孔石拱桥，拱券纵联分节并列砌筑。花岗石构置，全长 18.5 米、中宽 2.7 米、矢高 3.8 米、净跨 4 米。两端铺设石级，方形望柱、条石栏板，桥堍花岗石碑记载建桥年月“康熙四十一年重建”。桥南堍有古樟，枝叶茂盛，荫覆河道，树龄 300 年。1997 年，永丰桥被列为市级文物保护单位。

植里古道 为夏泾村落通往村外的古道，金山条石铺面，黄石修驳路基，南北走向。全长 177.75 米、面宽 1.4 米、高 62 厘米，中间留有 50 厘米空隙，形成泄水沟道。上铺 448 块宽 32 厘米、厚 12 厘米花岗岩条石。古道北端接永丰桥，南端通植里路。1997 年，被列为市级文物保护单位。

古桥、古道、古樟，为植里夏泾村口一景。

古村保护 2007 年，镇政府委托江苏省城市规划设计院制定《苏州西山镇植里村古村落保护与村庄建设规划》。保护范围分为 2 个部分，其一为东西向村落空间发展带，其二为依托夏泾港支流形成的以“水巷”“水街”纵向双轴空间为主体的传统民居建筑特色地段，西至太湖滨，南达大昆山等山脉，北至貌虎顶、扇子山等山脉，总面积 8.174 万平方米。保护重点为古桥、古道、古樟、大圣堂遗址、仁寿堂、秀芝堂、金氏宗祠、罗氏宗祠、植里港、夏泾港等。2020 年，投资 150 万元，修复植里古道、古桥等。

东西蔡

位于金庭南部消夏湾畔，含秦家堡、东蔡、西蔡 3 个自然村落。秦家堡因南宋秦观六世孙秦宗迈定居而得名，东蔡因南宋秘书郎蔡源次子蔡继孟居秦家堡东侧而得名，西蔡因蔡源长子蔡维孟奉母定居秦家堡西侧而得名。2020 年年末，存十字形古街巷。东至春熙堂，西至爱日堂，南至芥舟园，北至秦仪墓，全长 1.5 万余米，宽 1.5 ~ 2.5 米。街道路面用弹石、青砖、花岗岩条石铺设。村内保存明清建筑 30 余处，面积约 2.5 万平

东蔡村居图（2020 年）

方米。有芥舟园、春熙堂、爱日堂、畲庆堂、思家堂、敬吉堂、荣吉堂、绥吉堂、友庆堂、树德堂、宁俭堂、秀吉堂、慎馀堂、礼耕堂、秀则堂、润德堂、敦厚堂、敦好堂、振秀堂、凝秀堂、启秀堂等 20 余处古园、古堂和秦仪墓，其中春熙堂、爱日堂、畲庆堂、芥舟园、秦仪墓为苏州市文物保护单位。2005 年，被列为苏州市第一批控制保护古村落。2014 年，东蔡被列为第三批中国传统村落。2020 年，东蔡、西蔡被列为江苏省第一批传统村落。

春熙堂　蔡氏堂屋，位于东里东蔡 204 号，建于清乾隆年间（1736—1795）。蔡氏早年经商湖南，致富后建造该堂，取《老子》中“众人熙熙，如享太守，如春登台”句，用“春熙”两字为堂名。以后历代都有增建，营建工程直至太平天国运动对湖广商业冲击之后才停止。1986 年，春熙堂花厅花园被列为吴县文物保护单位。2020 年年末，春熙堂除大厅、门楼、后楼外，还有书房及两个小花园。门楼题额“棣萼联辉”，取唐代诗人岑参“一枝谁不折，棣萼独相辉”诗句，蕴含着主人祈望合家欢乐、财运通达之意。

书房建于清道光二十五年（1845），面阔三间宽 9.4 米、进深 9.15 米，建筑 85 平方米。平面略成正方形，前金柱一线施屏门挂落，将书屋隔为南北两个部分。内部结构紧凑又富于变化。精雕细镂，梁、桁上都施华美雕饰，有蝙蝠、寿桃、石榴、如意、灵芝、荷花、凤穿牡丹等吉祥图案，巧夺天工，为别处所罕见。

书屋前花园面积约 70 平方米，园中以黄石假山为主景，栽有黄杨、天竺、蜡梅、棕榈、枇杷等花木。书屋后花园面积近 100 平方米。后园有白皮松 2 株，大的 1 株径围

2.1 米、高近 20 米，雪枝翠叶，生机勃勃，江南罕见；有 100 年牡丹 1 株，暮春繁花似锦，满园红艳生辉；有三峰太湖石假山，中间一峰状若隆背老人，称老人峰，左右大小两峰，分别称太狮、少狮。太狮峰高 3.4 米，少狮峰高近 2 米。相传为北宋花石纲遗物。

爱日堂 蔡氏堂屋，位于西蔡里（西）47－1 号。清乾隆三十年（1765）蔡光渭建。2020 年年末，房东为倪爱良，有书房三间，名“晚香书屋”。面阔 9.4 米、进深 8.8 米。花园分南北两个部分，南花园较小，北花园阔 13.4 米、深 11.5 米，约 150 平方米。园内花木种类很多，有桂花、紫薇、山茶、蜡梅、棕榈、竹、黄杨等。其中，桂树直径 40 厘米，树龄逾 300 年；山茶两株，均开十八色重瓣花，称“十八学士”。花廊为大厅通

春熙堂书房（2019 年）

春熙堂白皮松（2019 年）

爱日堂花窗（2011 年）

畬庆堂（2011 年）

畲庆堂——文采清门（2019 年）

畲庆堂——俭德永图（2019 年）

往书房的通道。途经花园处，有砌齐腰高半墙，上有“万福流云”，下有“美人靠”，可凭栏赏花。园之东西均有水浪弯椽半轩，与书房南北走廊相通，成半圆形围廊。墙上原画有杭州西湖风景，称“西湖沿”，以纪念秘书郎蔡源南宋时先到临安（杭州）为官，后至西山定居南渡的历史。1986 年，被列为吴县文物保护单位。

畲庆堂　蔡氏堂屋，位于东里东蔡 186 号。建于清乾隆十年（1745）。宅院分为东西二路，东路有门屋、花厅、后附房，西路有大厅、楼厅、住屋。间以备弄相通。各进单体建筑之间又有塞口墙与天井相隔，形成独立单元。总面积 411.3 平方米。花厅面阔三间，内五界前后轩，内五界回顶做法，成三轩连缀式，结构小巧。大厅面阔三间，内四界前轩后双步式。大厅内梁垫、蜂头、枫栱、山雾云、抱梁云、窗隔等雕饰各种图案，十分精美。门屋和前院东侧有砖雕门楼，清王鸣盛分别题“文采清门”“俭德永图”，镌乾隆乙丑（1745）孟秋年号。 2009 年，被列为苏州市文物保护单位。

芥舟园　亦称秦家花园，位于秦家堡 74 号西侧，昔为秦氏宗祠一部分。秦氏宗祠为秦氏 22 世孙用中公创建，后为“十代世医”秦奎元所居。清书法家顾光旭题书“芥舟”匾额。“芥舟”取《庄子·逍遥游》“覆杯水于坳堂之上，芥为舟”句，意覆水于地，以草为舟，逍遥自得。芥舟园面积不大，仅约二分，小巧精致。花园南部有黄石假山，奇峰异洞，巧布于数尺之间。假山四周配以天竺、枇杷、万年青、罗汉松等花木。其中，罗汉松树龄 800 年，树干直径超过 70 厘米。花园之东，埋有小缸，缸口覆盖怪石，成小池一泓。花园西部有石垒琴桌一方，桌前立灵芝状太湖石一块，镌有“洞庭波静明秋水，楚甸林稀见远山”之句。落款为“丙戌夏日朔书”，即清乾隆三十一年（1766）。

秦家堡芥舟园（2006 年）

花园之北有书房三间，称“微云小筑”。单檐硬山造，面阔 9.05 米、进深 8.2 米，略呈正方形。屋内采用花篮厅式，没有前金柱，梁架全部承重于雕刻精细的悬空花篮之上。因书房前半部无柱，故特别敞亮。后金柱一线，用屏门 16 扇，将书房隔为前明后暗两个部分。屏门与落地格扇做法类似，槅心四周镶嵌书画屏条，绦环板上雕刻琴、棋、书、画及博古图案。裙板上浮雕兰、菊、芍药、牡丹、梅等以花为主题的图案。房顶采用卷棚轩，施复水弯椽，上再筑草架，盖阴阳相合小瓦屋面。屋前出檐很深，亦用花篮厅式，以伸出于檐柱外扇形抱头梁、穿插枋挑起檐桁。檐口顶部亦用复水弯椽构成轩的形式，其上再复草架檐椽、屋面，做工十分地道。前檐部有落地格窗 16 扇，槅心雕海棠纹。绦环板上饰以梅、兰、竹、菊等图案。裙板上浮雕写意山水十分精美，远山近水，各尽其态。芥舟园精小雅致，为苏州清乾嘉年间小型第宅园林之代表。1986 年，被列为吴县文物保护单位。2018 年，被列入第四批《苏州园林名录》。2020 年，芥舟园修旧如旧，投资 30 多万元，改建西路灶间、油漆粉刷书房。

秦仪墓 位于缥缈峰南飞仙山麓，里人俗称“王坟”。秦仪，字元德，南宋西山秦家堡人，淳祐七年（1247）中进士，授翰林院编修，后尚宋亲王之女娥明公主。墓地约存 6667 平方米，封土较完整，高 3 米，周长约 40 米，南向有青石墓碑和祭台。碑为清康熙四十二年（1703）重立，刻“故宋翰林驸马都尉元德秦公、娥明公主”等字。1986 年，被列为吴县文物保护单位。

古村保护 2007 年，委托江苏省城市规划设计院制定《苏州西山东蔡、西蔡古村落保护与村庄建设规划》。保护范围为东蔡、西蔡两村建成区域，主要包括缥缈峰山麓南

西蔡古道（2020 年）

部、消夏湾北部带状区域，包括文物保护单位、历史建筑、传统街巷和传统民居等。总面积 52 万平方米。保护重点为春熙堂、爱日堂、芥舟园、暮涛泉、秦仪墓、古井、古树、古庙、古街道等。2017 年，投资 175 万元，修复春熙堂女厅、过厅、园路、太湖石坛、门厅、书屋等。2020 年，投资 22 万元，亮化东里自然村落路面；投资 130 万元，建设东蔡古村传统文化展示馆；投资 256 万元，开展修复西蔡古街道、污水管道改造、排水管建设、秦仪墓复绿等工程建设。

甪里

位于金庭西南部。甪里，旧称禄里、角湾里。因汉初“商山四皓”之一甪里先生隐于此而得名。隋朝北方大族郑氏建屯。2005 年，被列为苏州市控制保护古村落。2014 年，被列入第三批中国传统村落。2020 年，被列为江苏省第一批传统村落。

古村面积约 1 平方千米。街巷以东西向牌楼街和南北向郑泾街为主，东至东明山山脚，西至文昌阁，北至周家上头，南至南星桥，街道总长约2200米，宽1.5～3米。路面为青砖、弹石、石板。街道一侧为排水明沟。村内保存有明清建筑20余处，有宝稼堂、御史牌楼、郑泾港、角里古码头、绣衣坊、南星桥、香花桥、永宁桥、巢园、怀柔堂、宁远堂、世美堂、世德堂、春晖堂、万年堂、麟趾堂、尊仁堂、禹王庙等古迹、古堂，总建筑面积约5000平方米。境内另有名流陵园、甪角风涛、摩崖石刻等景致。

宝稼堂 位于角里南河头31号，系郑春元清代祖堂。堂名蕴“地有宝，五谷丰登”之意。 2020年年末，存一路二进，面积459平方米。第一进为楼厅，面阔三间，进深七界，穿斗式两架，扁作承重；第二进为面阔四间的平房，进深五界，园作四界梁。清光绪十二年（1886）至光绪十六年（1890），角头巡检司巡检暴式昭承租居住。

御史牌楼 又名绣衣坊，位于角里沙皮上。有东西两座，明万历三年（1575），里人御史郑准所建。清乾隆二十八年（1763）重修。坊柱间宽2.8米、高约5米，5层台式。有刻字“宪台：南京山东道监察御史郑准，钦差巡按直隶御史刘胡。万历三年岁次乙亥仲冬吉日。大清乾隆二十八年癸未孟秋重建”。“文化大革命”中建筑遭到破坏。2020年年末，东牌楼仅存两根花岗石柱，西牌楼坊存青石坊柱一根。

郑泾港 位于角里村中，贯通南北太湖，南至南河头，北至禹王庙。因望族郑家所开挖而得名，古名芳塘。黄石驳岸，港全长1830米。河床最宽处5米，水深1～2米。明清时期，郑泾港为江浙两省治安范围界河，西属浙江省，为村里通往外地的主要水上

廉吏暴式昭故居（宝稼堂）（2010年）

御史牌楼石柱（2020年）

郑泾港（2018 年）

南星桥（2018 年）

禹王庙大门（2017 年）

交通港。2020 年年末，港水仍南北相通，但不通船只。

南星桥　位于衙角里村南部，横跨郑泾港，亦名古星桥。建于清乾隆二十七年（1762）。桥为单孔拱桥，东西向，长 12.2 米，中宽 2.5 米，跨径 4.8 米，矢高 2.8 米，拱圈花岗石纵联分节并列砌筑，两侧各有花岗石踏步，西 15 级、东 17 级，金刚墙青石砌筑。桥面两端各有一块长 87 厘米、宽 50 厘米、厚 22 厘米的青石条为桥栏。桥顶南侧桥栏下有凸起寿桃，镌刻有“南星桥”三字。桥堍东南青石上刻“里人曹泰喜同弟扬、仪，为因喜迎母亲王氏八十寿诞捐资特建……曰南星桥寓有深意也”。2015 年，由吴中区文物管理委员会修复。

禹王庙　位于角里古村北端。有梨云亭、大禹像、太平军土城遗址、明代古码头、禹王殿、财神殿、天妃宫等景观。

古村保护 2007 年，镇政府委托江苏省城市规划设计院制定《苏州西山衙角里古村落保护与村庄建设规划》。保护范围为南北至太湖，东至石屋顶山麓，西至平龙山麓，总面积 80.16 万平方米。保护重点为禹王庙、郑泾港、明代石码头、永宁桥、南星桥、御史牌楼、文昌阁、摩崖石刻（游赏岭、角头寨）、古井、古泉、古树等。2020 年，投资 280 万元，修复宁远堂。

堂里

位于金庭西部。村因徐氏建厅堂而得名。街道呈十字形，东至凝德堂，西至仁本堂，南至容德堂，北至崇德堂。南北长 600 米、东西长 500 米，宽 1.5 ~ 3 米。路面以青砖、花岗石板为主。街道一侧为排水明沟。村内保存明清建筑 20 余处，面积约 1 万平方米。2005 年 6 月，被列为苏州市控制保护古村落。2016 年，被列为第四批中国传统村落。2020 年，被列为江苏省第一批传统村落。其中，仁本堂为江苏省文物保护单位，

堂里古村落（2017 年）

堂里村居图（2020 年）

沁远堂为苏州市文物保护单位，容德堂、遂志堂、古码头为苏州市控制保护建筑。境内有延福涧、琴山石堤、玉虹桥等古迹。

仁本堂　俗称西山雕花楼，徐氏老宅，位于堂里街 16 号。始建于清咸丰五年（1855）。2005 年，被列为苏州市控制保护建筑。2006 年，苏州人黄涛出资收购、租赁，对仁本堂“修旧如旧”。2007 年 2 月，对外开放。2009 年，被列为苏州市文物保护单位。2012 年，被列为江苏省文物保护单位。2018 年，被列入第四批苏州园林名录。

仁本堂玻璃花窗（2020 年）

仁本堂长窗博古图（2011 年）

西山雕花楼大门（2018 年）

雕花楼花窗（一）（2010 年）

雕花楼花窗（二）（2013 年）

雕花楼花窗（三）（2018 年）

古堂建筑群由三进二带楼、四座厅堂、两间花厅（书房）、一处马回廊（转楼）以及附房等组成，总建筑面积 2500 平方米。大门内为庭园，亭台参差，曲桥相接，湖石交叠，植珍稀观赏树木花卉等。大门匾额“西山雕花楼”，为书法家吴敦木书。入古宅，前厅堂屋正中墙上挂着徐忠壮公像，联对：“忠魂报国一腔血，壮士捐躯百世勋”。东西花厅各有一天井，天井里各有一座 3 米高太湖石。湖石左右有 1 株约 160 年的五色山茶花和数根方竹。

仁本堂满屋饰以雕刻，呈现多、精、巧之特色。雕刻多，厅里厅外、楼上楼下，计有各式木雕 3000 余件。雕刻精细，各种图案细镂如画、轻灵流畅、玲珑剔透。大到数尺长砖雕匾额，小至盈寸木雕花窗、窗闼，或是花鸟鱼虫，或是轶事典故，立体感强，巧夺天工。雕刻技法有浮雕、镂空雕、整体雕等。

沁远堂 原名心远堂，徐家老宅，位于堂里村3组117号。建于清乾隆年间（1736—1795），宅院面西，内路三进，东西总进深长48米、南北宽33.8米，总建筑面积1440平方米。北为正路，依次为客房、大厅、楼厅；南路依次为门厅、书楼、楼厅。大门前为长12米的八字照墙，下置青石质须弥座。宅院大门作将军门形式，大门缩进一界成八字形，两侧墙面贴水磨方砖，下置青石须弥座，上雕龙、凤、梅、竹、山水等图案，图纹精细。北路大厅前为庭院，塞口墙高耸，墙上有砖雕“涵光挹翠”，上款为清乾隆丁亥年（1767），落款为于敏中。中部设砖雕门楼，字牌为“慎修克永”四字。勒脚为青石质须弥座式，塞口墙及庭院南北墙垣用水磨方砖贴面，上筑脊。大厅面阔三间12.1米，进深九檩12米，前后设轩，前为重轩，内四界扁作，上设山雾云，梁枋上雕有人物、花卉纹饰，雕刻精细，大厅两侧墙面方砖贴面，内轩两侧墙面开砖细框边边门，上有砖雕篆书额，厅内方砖铺地。2009年，被列为苏州市文物保护单位。

延福涧 位于堂里街北，有涧水从水月坞内流出至太湖。古涧长1500米，宽度约1.5米。涧上有平桥、拱桥，供居民出入。

沁远堂（2018年）

沁远堂——涵光挹翠（2020年）

延福涧（2020年）

玉虹桥（2018年）

玉虹桥 位于堂里村村口北侧，里人徐氏所建。始建无考，清乾隆年间（1736—1795）修缮并建左右两亭。1943年重建，桥首两侧刻有“玉虹桥”及“民国卅二年四月重建”等字样。该桥为东西向单孔石拱桥，长14米，中宽2米，跨径3米，两侧为花岗岩条石踏步，桥栏后期有改动，青石桥额、桥联，花岗石拱圈，纵联分节并列砌筑。因桥顶拱形与桥底拱形浑然一体，入水影酷似鸭蛋，俗称“鸭蛋桥”。桥柱有联：“愿天多生好人，愿人多做好事”。

太湖营军用码头 位于堂里古村北侧港口西北太湖之滨，为堂里古码头，码头也名琴山石堤。琴山石堤建于清乾隆三十八年（1773），由里人徐氏集资白银1600余两而建。码头东西走向，略呈弧形，长80米、宽3.5米、高5米，由144块长3.5米、宽55厘米、厚32厘米的花岗岩条石铺筑。清代后期因剿湖匪、抵御太平军等被西山驻军太湖营用作驻军专用码头。码头西侧有土丘，广约10亩，古称琴山。因土丘脚下裸露岩石长年被湖水冲刷形成许多孔洞，湖浪轻拍，回声似阵阵悦耳琴声而得名。清乾隆年间（1736—1795）大学士董诰有《琴山石堤记》。70年代“农业学大寨”，土丘被围垦推平。2005年，被列为苏州市控制保护建筑。

古村保护 2006年，引进民资，由苏州人黄涛以收购、租赁等形式，对仁本堂进行整修，总计投资2000多万元。2007年，镇政府委托苏州市规划设计研究院有限责任公司制定《苏州市西山镇堂里古村落保护与建设规划》。保护范围为北至村庄北侧农林用地，东至缥缈路，西至蛇头山，南至慈堂岭，包括村庄建设用地及规划需要进行建

琴山石堤（2018年）

堂里支巷（2020年）

设和控制区域，面积为33.31万平方米。保护重点为堂里大街和东侧古街巷建筑群、玉虹桥、古码头、凝德堂双井、仁本堂、古街巷、堂里古沟渠等。2008—2010年，投资500万元，对堂里古村古道、古街立面等进行改造。2020年，投资80万元，修缮堂里古码头。

后埠

位于金庭东北部。村落形成于南宋淳熙年间（1174—1189）。古时村外有梅梁湖，村因之叫梅梁里。明代以后，建有石码头，成为小集市。后因该村在前湾村之后而更名为后埠村。2005年，被列为苏州市控制保护古村落。2016年，被列入第四批中国传统村落。2020年，被列为江苏省第一批传统村落。

后埠村古井亭、老宅俯视图（2020年）

后埠以东西向后埠街和南北向孝子街为主，东至承志堂，西至费孝子祠，南至黄犊山山脚，北至古河埠，街道总长 1000 米，宽 1.4 ～ 2.5 米，路面为青砖、石板，街道一侧为排水明沟。村内保存明清建筑 10 余处，面积约 5000 平方米，有后埠井亭、承志堂、介福堂、老圃堂、宋朝徐家巷巷门遗址、元朝蒋氏里门、费孝子祠、清朝古道、摩崖石刻等。其中后埠井亭、承志堂为苏州市文物保护单位。

蒋氏里门　俗呼“乌门”，位于后埠村落古道间。乌门，源于后埠蒋氏始祖蒋堂为北宋御史，御史居“乌台”，其元朝里门在蒋氏府门前，故而衍称。2020 年年末，存门石柱两根。柱门宽 1.78 米，柱高约 3.5 米。

承志堂　费氏老宅，位于后埠 2 组 89 号、90 号。建于清嘉庆十年（1805），占地面积 1000 余平方米。古宅分南、中、北及北边路共四路，间有三条备弄互通。门第东北向，临街而开，门前有八字照墙。中路为正落，有门屋、大厅、住楼，南路有书屋、南住楼，北路有书屋、北住楼及附房，北边路有前后附楼及后附房。单体建筑以大厅为中心，纵横向连续分布。宅院四周墙垣高耸，气势雄伟。2009 年 7 月，被列为苏州市文物保护单位。

费孝子祠　位于后埠井亭侧黄犊山脚下。占地面积 160.1 平方米，享堂建筑面积 85.9 平方米。祠建于清嘉庆二十三年（1818），于 2018 年修复。大厅面阔三间，内四界前轩做法，前有庭院，院墙中部为砖雕门楼，门楼外

蒋氏里门（2020 年）

承志堂——和气常存（2020 年）

承志堂梁架花雕（2020 年）

费孝子祠堂（2016年）

费孝子祠堂内堂（2018年）

中间存“费孝子祠”四个砖雕大字。内有清代碑刻9方，其中，江南布政使祠（孝子祠）产执帖1方、《费鲤泉孝子传》3方，俞樾、吴大澂、翁同龢、孙家鼐等名家题写《韩烈妇绝命词》题词共5方。

后埠井亭 位于后埠3组95号东南侧，为南宋辘轳制双口义井。井口为两方1.2米×2.22米巨型青石。双井开凿于南宋淳熙年间（1174—1189），为徐氏所开。初建时，使用北方式双桶辘轳汲水，至元代废。元朝大德年间（1297—1307），里人蒋腾芳在双井上添建井亭。亭柱四根，六角型，青石制，高2.8米。亭顶为砖木结构。井亭呈四角方形，结构平稳。1997年，被列为县级文物保护单位。2001年，被列为苏州市文物保护单位。至2020年年末，井水仍为村民使用。

其他古迹 有砂条石古道贯通古村。2020年年末，存南北走向长约117米，东西走向长约28米砂条石古道一条。古道所铺石条均约1.4米长、35厘米宽。位于后埠村北的唐介山，俗称大家山。海拔24.5米高，山顶广而平，占地面积533平方米。生产队时为晒谷、纳凉处。西南处有一块巨型黄石，高3.9米、宽95厘米，上刻“醉月磐”，字宽30厘米、长35厘米，未见落款。

古村保护 2007年，镇政府委托苏州市规划设计研究院有限责任公司制定《苏州市西山镇后埠古村落保护与建设规划》。保护范围为北至前湾路，东至唐介山，西至黄犊山，南至前湾、辛村，包括村庄建设用地以及规划需要进行建设和控制的区域。面积为6.76万平方米。保护重点为后埠双井、古埠头、古街道、费孝子祠堂、承志堂等古民宅。

后埠井亭（2010 年）　张炎龙　摄

唐介山醉月磐（2018 年）

后埠港（2020 年）

后埠街道（2020 年）

2018 年，投资 57 万元，修复费孝子祠。其中，更换地面方砖 32 平方米，更换木架、屋面等 100 平方米，内外墙仿古抹灰 500 平方米，危房修复 35.6 平方米，天井铺路整修 38.6 平方米。2019 年，投资 200 万元，整治后埠港湾；投资 17 万余元，修复石桥古建；投资 33 万余元，在港口修建船坞古建。2020 年，投资 300 万余元，改建后埠景观（含古街道恢复铺设花岗岩石道、黄石挡墙、立面改造等）。

2020 年金庭镇文物保护单位一览表

表 6

序号	文物名称	保护级别	文物性质	年代	地址
1	林屋山摩崖题刻	省级文物保护单位	石窟寺及石刻	宋代至民国时期	林屋洞景区
2	涵村明代古店铺	省级文物保护单位	古建筑	明代	堂里涵村 59 号
3	敬修堂	省级文物保护单位	古建筑	清乾隆十七年（1752）	东村（西上）57 号、58 号、59 号、60 号、61 号、63 号

续表 6

序号	文物名称	保护级别	文物性质	年代	地址
4	栖贤巷门	省级文物保护单位	古建筑	明代	东村大街中部
5	徐家祠堂	省级文物保护单位	古建筑	清乾隆十三年（1748）	东村西上 65 号
6	仁本堂	省级文物保护单位	古建筑	清咸丰五年（1855）	堂里街 16 号
7	黄氏宗祠	市级文物保护单位	古建筑	清乾隆四十九年（1784）	明湾
8	明月寺	市级文物保护单位	古建筑	清代	明湾
9	裕耕堂	市级文物保护单位	古建筑	清嘉庆四年（1799）	大明湾 27 号
10	燕贻堂	市级文物保护单位	古建筑	明代	辛村 96 号
11	承志堂	市级文物保护单位	古建筑	清嘉庆十年（1805）	后埠 2 组 89、90 号
12	后埠双井亭	市级文物保护单位	历史古迹	元代至清代	后埠 3 组 95 号旁
13	高定子、高斯道墓	市级文物保护单位	古墓葬	南宋	包山寺内
14	童子面石雕造像	市级文物保护单位	石窟寺及石刻	清代	罗汉寺内
15	石公山	市级文物保护单位	石窟寺及石刻	明代至清代	石公山
16	仁寿堂	市级文物保护单位	古建筑	明代	夏泾 77 号
17	瞻瑞堂	省级文物保护单位	古建筑	清乾隆十二年（1747）	大明湾 14 号
18	春熙堂花厅	省级文物保护单位	古建筑	清道光二十五年（1845）	东里 3 组东蔡 204 号
19	诸稽郢墓	市级文物保护单位	古墓葬	春秋时期	秉汇薛家桥南侧
20	秦仪墓	市级文物保护单位	古墓葬	宋代	东蔡王坟山
21	畲庆堂	市级文物保护单位	古建筑	清乾隆十年（1745）	东里 2 组东蔡 186 号
22	爱日堂	市级文物保护单位	古建筑	清乾隆三十年（1765）	西蔡里 47-1 号
23	芥舟园	市级文物保护单位	古建筑	清乾隆时期	秦家堡 74 号西侧
24	樟坞里方亭	市级文物保护单位	古建筑	清代中期	樟坞
25	禹王庙	市级文物保护单位	古建筑	清嘉庆十四年（1809）	衙角里
26	沁远堂	市级文物保护单位	古建筑	清乾隆时期	堂里 3 组 117 号
27	萃秀堂	市级文物保护单位	古建筑	清乾隆元年（1736）	东村东上 56～58 号
28	庆馀堂	市级文物保护单位	古建筑	清乾隆时期	东村村阴山 38 号
29	植里古道及古桥	市级文物保护单位	古建筑	清代	夏泾村口

2020 年金庭镇苏州市控制保护建筑一览表

表 7

序号	名称	年代	地址
1	仁德堂	清乾隆五十八年（1793）	大明湾 76 号
2	礼耕堂	清乾隆三十四年（1769）	大明湾 107 号
3	汉三房	清代中期	大明湾
4	明月湾古码头	清乾隆二十一年（1756）	明湾

续表 7

序号	名称	年代	地址
5	秦家祠堂	清乾隆五十九年（1794）	大明湾 77 号
6	礼和堂	清乾隆四十八年（1783）	大明湾 84 号
7	瞻乐堂	清乾隆三十三年（1768）	大明湾瞻瑞堂南侧
8	凝德堂	清乾隆十八年（1753）	大明湾 59 号
9	绍衣堂	清代	东村西上 31 ~ 34 号
10	源茂堂	清代	东村 8 号
11	凝翠堂	清乾隆九年（1744）	东村西上 83 号、84 号
12	敦和堂	清乾隆四十二年（1777）	东村东上 95 号、96 号
13	学圃堂	清末	东村西上 49 号、50 号
14	孝友堂	清代	东村东上 104 ~ 106 号
15	容德堂	清末	堂里大街 4 号
16	遂志堂	清末	堂里村堂里街 2 号
17	太湖营军用码头	清代	堂里河神庙嘴

水月坞（2018 年）

第九洞天

第九洞天，亦称林屋洞。景观溶洞，深幽莫测，冬暖夏凉，是金庭最主要的旅游景点之一。传为大禹治水藏书处，是古代道家活动场所之一。历代文人十分青睐，皮日休、陆龟蒙、范成大、文徵明、王鏊、易顺鼎等都以诗歌之。王蒙以此地为素材，作《具区林屋图》，南宋李弥大罢官归隐此地，更是明代徐霞客出游考察全国山河的第一站。民国初期，洞渐淤塞。1980 年，西山人民政府出资开展洞腔清理和洞外整修工作。1984 年 10 月 1 日，景点正式对外开放。1995 年 4 月，林屋山摩崖石刻被列为江苏省文物保护单位。2003 年，被列为国家 AAAA 级旅游景区。2013 年至 2020 年，权属吴中区金庭镇人民政府，为苏州金庭旅游集团有限公司管理。

林屋洞

林屋洞景区大门朝南，位于林屋路。林屋路东西两侧各建一座“天下第九洞天”牌楼。牌楼均高 8.89 米、宽 21.5 米。2014 年 10 月开工，2016 年 1 月竣工。景区大门口售票处西前场地上有两座花岗石华表，均高 6.08 米。场地与大门口处设灵佑桥。桥为花岗石单孔拱形，桥长 9 米，桥顶面宽 4.7 米、长 2.8 米。石砌桥栏上各有 5 个帽状石柱。大门匾额“林屋古洞”为王个簃题写。

林屋洞洞口朝西，石壁上镌刻“天下第九洞天”“林屋古洞”“仙府”“灵威丈人得大禹素书处”等大字。

林屋洞历史悠久。唐代陆广微《吴地记》载：“林屋洞天在洞庭西山，幽邃奇绝，乃真仙出洞府。据《仙经》，人间三十六洞天，其知者十。林屋，第九洞天也”。林屋洞俗称龙洞山，因洞体似龙而得名，又传为龙王第九个儿子的封地。

天下第九洞天（2018 年）

林屋洞游览入口（2019 年）

天下第九洞（吴县人民政府立碑）（2020 年）

林屋洞入口处（2018 年）

林屋洞被道家誉为“仙府福地”。东汉时期，道教传入西山。唐宋以后，林屋洞成为太湖流域道教活动的重要基地。唐乾符二年（875）在离洞口偏西约百米处建神景宫（地名庙场）。北宋天禧五年（1021）郡守康孝基奉诏重建，真宗赐名灵观。时有宫廊百间环绕三殿，称百廊三殿。南宋范成大有诗：“旸谷西门锁洞宫，古苔斑驳桧蒙茸。百廊三殿惟智井，万壑千岩有瘦筇。”历代信仰道教的皇帝，每年都要派遣使者，组织大批道士，在林屋洞内举行斋醮、祈祷、诵经、礼忏等宗教仪式，并在洞内投放金龙玉简，祈求神仙保佑地方风调雨顺、岁岁平安。在丙洞内石壁上有一尊葛洪（284—364，字稚川，号抱朴子，东晋医药学家）石像（高 68 厘米、宽 22 厘米），相传每年道士们炼丹之时，都要在此举行祭拜仪式。1980 年开发林屋洞景点时，在林屋洞中挖进 500 多米处，发掘出梁天监二年（503）20 名道士居洞生活记载石碑一块，在金龙洞“龙眼”处出土有金龙、铜龙、陶碗、玉简、神像、金戒指、铜钱等文物。挖掘出唐、宋祭神所用金龙及青铜鎏金龙 7 条，其中，金龙 4 条，经考古鉴定，唐宋各 2 条，3 条铜龙属唐代遗物。有玉简 3 方，其中有一方为北宋天禧二年（1018）文物，距今 1000 余年；陶碗 5 只，分别为唐、宋、元三代文物；神像 1 尊，用青石雕成，为五代十国遗物；金戒指 2 枚，出土时在金龙玉简土层之下，为唐代之前首饰。

林屋洞洞内面积 4200 平方米，游程 1200 余米。洞内广如大厦，石笋多、石堑多、象形石多、泉水多。洞中套洞，由雨洞、隔凡洞、天后别宫、金龙洞、丙洞、旸谷洞等组成。林屋洞地下水丰富，无形泉眼多，有形泉眼有乳泉、紫隐泉。其中，乳泉之水白如乳汁；紫隐泉水源充沛，终年不断，遇上雨天更甚，沟壑里终年水流潺潺，每日出水量约 300 立方米。

林屋洞出土的金龙（1980 年）

林屋洞出土青铜鎏的金龙（1980 年）

林屋洞出土的龙泉窑莲瓣纹碗（1980 年）

林屋洞出土的青瓷小罐（1980 年）

雨洞（2011 年）

隔凡洞（2019 年）

雨洞　洞口位于林屋山西，为入洞游览进口，洞口不大，顶呈弧形，洞口最宽处 6.82 米，最高处 2.26 米。洞内宽敞，最高处 4 米余。洞顶部石头裂隙较多，造成地表水渗入洞内。又因洞内洞外温差较大，冷暖气流在此交汇，导致水蒸气在洞顶石壁上凝结成水滴，形成顶部水珠滴落的现象，雨天水珠成串下滴，故名“雨洞”。入洞见池，设桥而行，桥下有石凿龟蛇。抬眼见左侧石壁上雕刻一尊塑像，称“洞庭君”，高 35 厘米、宽 80 厘米。

隔凡洞　意为通过雨洞便进入了仙府，与凡间相隔。洞最高处 3.12 米，最宽处 39 米。一突立巨石上书有“隔凡”二字。洞腔宽广如庭，顶平如屋，立石如林，有石台、石凳、石灶台、石床、石狮子、石鲤鱼等象形石。

天后别宫　《吴郡志》载“天后者，林屋洞中之真君”。相传此洞为真君所住，亦传为得大禹素书处。洞厅为古洞最低处，低于太湖水平面约 1.5 米。石壁上有古太湖水横向冲刷而形成的水线印痕和许多小洞穴，洞穴状如佛龛。洞顶有少量钟乳石。

金龙洞　因昔藏有金龙而得名。洞顶中部石壁有一条沟槽，长 20 多米。沟体伴有石纹，如一条巨龙横卧于此。1980 年，洞内挖出唐宋金龙 4 条，合计 94 克。1984 年，洞顶置 2 条复制品金龙，右边一条仿唐代金龙，身长 25 厘米、头高 9 厘米、身宽 4 厘米；左边一条仿宋代金龙，身长 15 厘米、头高 5 厘米、身宽 3 厘米。

丙洞　据《道书》记载，林屋洞“洞有三门，同为一穴，一名雨洞，一名丙洞，一

旸谷洞（2019年）

名旸谷”。今存两个洞门，雨洞为入口，旸谷为出口，丙洞毁于1975年的开山采石。丙，排序第三，也代表“火”，意指洞内温度较高，为火洞。经测量，该洞温度比其他各洞略高近2℃，平均温度约22℃。

旸谷洞　位于林屋古洞出口。洞穴朝向东南，因阳光最先照进洞口，故取名“旸谷”。洞内最宽处15.8米、最窄处8.8米、最高处4.8米、最低处3.6米，总长约46米。拾53级台阶出旸谷洞口，往上走，通达林屋山顶。

林屋山

林屋山为石灰岩丘陵，因林屋洞而得名，最高峰海拔58.9米，山上有一片面积约300平方米的石芽林。山石宛若牛羊，形似犀象，起伏蹲卧，各具神态，称“十二生肖石”，即所谓“齐物古观”。曲岩、鳞岩，天然成罅，入地而生，蜿蜒起伏，若断若续。

洞内溶痕因地表水溶蚀可溶性石灰岩而形成斑点状、蜂窝状岩石，且多石堑、石芽。石堑深浅不一、变化多端，石芽柱体多大于 5 米，被称为太湖石芽林。林屋山石灰岩中含很多古生物化石，有珊瑚类、腕足类、腹足类等。

驾浮阁　位于林屋山山顶，1996 年建。驾浮阁高 24 米，八面三级，翘角飞檐，红栏赤柱，琉璃攒尖式，平台内设 2 层，有 12 根竖柱架空。“驾浮”两个字为苏轼字体。登驾浮阁眺望，太湖风光、村庄山影，尽收眼底，为观梅赏景绝佳处。2003 年，驾浮阁被辟为道教活动场所。

探梅亭　位于驾浮阁东北角下，1996 年建。柱有抱对“万顷烟波宜水月，一生知己是梅花”。站于此亭，可举目远观元山、东山等景色。俯瞰脚下，洁白梅林映入眼帘，暗香浮动，沁人心脾，实为登高探梅望远佳处。

观音像　位于旸谷洞出口处，佛像坐体高 32 厘米，宽 27 厘米。头戴风帽，饰佛光，左刻神鸟，右刻净瓶。

接引佛像　位于旸谷洞西，一对并坐。东边佛像坐体高 38 厘米、宽 18 厘米，仰莲座高 11 厘米、宽 36 厘米，头有风帽，系腰带，趺坐。西边佛像坐体高 38 厘米、宽 18 厘米，有风帽、腰带，无座，趺坐。

驾浮阁（2019 年）

探梅亭（2018 年）

摩崖石刻

位于林屋山上，为历代文人达官欣赏所留。有 20 余方古代摩崖石刻。1995 年 4 月，林屋山摩崖石刻被列为江苏省文物保护单位。

林屋古洞 位于雨洞上方。为“八六叟张平阳书”，“宝山沈伯卿刻石”。

雨洞 位于入洞口上方。无落款，《太湖备考》载为明代王鏊书。

仙府 位于入洞口上方。陈作梅书。

灵威丈人得大禹素书处 位于雨洞口上方。清光绪十二年（1894）正月俞樾书，滑县暴式昭刻石。

天然风景区 位于雨洞口上方。“丁丑”，李英武题。

天下第九洞天 位于雨洞口右。无落款，《太湖备考》载为王鏊书。

旸谷 位于旸谷洞上方。无落款，《太湖备考》载为王鏊书。

旸谷洞 位于旸谷洞口上方。天水胡缵宗书。

《无碍居士道隐园记》 位于旸谷洞出口处。

原文：“林屋洞山之南麓，土沃以饶，奇石附之以错峙，东南面太湖，远山翼而环之，盖湖山之极观也。草莽丛榛，未有过而问者。无碍居士尝散策以游，乃约工费，助道家而圃之。其西则苍壁数仞，洞穴呀然南向者，曰丙洞。自洞之东北跻攀而上，有石室窈以深者，曰旸谷。……盖隐于道者，非其身隐，其道隐也。居士李姓，弥大名也。绍兴壬子十一月十五日记。

江苏省文物保护单位——林屋山摩崖石刻（2020 年）

天下第九洞天（2010 年）

旸谷（2020 年）

进武校尉严璪、借补承信郎李章、下班祗应沈思通、干办刘崇证刊。”

范至先等游刻 位于旸谷洞出口处。“范至先、至能、张元直同游林屋洞天。至先之子葳及现寿二长老俱。淳熙戊戌孟冬朔。”

《无碍居士道隐园记》石刻（2011 年）

范至先等游刻（2020 年）

赵彦权致祷题刻（2020 年）

赵彦权致祷题刻　位于旸谷洞出口处。“绍熙甲寅夏，久不雨，农以旱告，知县事赵彦权致祷龙洞，陈珣、姚熹同来。五月十有二日。”

王兑等题刻　位于旸谷洞出口处旁。“处士王兑、老宿凌德真、主持张师冲、监斋宋师禹、知庵刘日常、监修钱景元。”

无碍庵在东南十步　位于旸谷洞出口处东。无落款，题刻年代、作者不详。

钱大昕等题刻　位于旸谷洞口出口处。“嘉庆丁巳十一月戊寅，嘉定钱大昕及子东塾，婿瞿中溶，门人袁廷梼、钮树玉，东山金宜远、周彩来游林屋，信宿神景观。期而未至者，吴县潘奕隽、奕藻也。”

王仲淮题刻　位于旸谷洞出口处西。“嘉庆十四年六月，东山王仲淮来游。”

易顺鼎诗刻　位于旸谷洞出口处。“安期服丹砂，茅君挥金案。兹山信环奇，仙圣多翔眷。石镜湛虚明，瑶华郁葱蒨。丹霞散成彩，素气浮如练。云生吴越阴，日落江海见。周子既凤腾，鲍生亦鸿窜。素书尚磨灭，图谋复谁辨。玉柱不可求，金庭徒神观。虽殷独往志，岂释依方恋。含情劳写心，如何鬓不变。”落款为“光绪丁亥二月辛巳游林屋洞天，武陵易顺鼎仲实题，滑县暴式昭选石，大匠冯文源镌石”。

易顺鼎诗刻（2020 年）

洞天福地（2019 年）

湖天一览（2019 年）

林屋晚烟（2019 年）

花香千日酒（2020 年）

洞天福地 位于林屋山腰。朗轩艾道人题于清嘉庆十九年（1814）季春之初。

湖天一览 位于林屋山腰。野鹤道人题，“岁在阏逢阉茂季春之初”。

林屋晚烟 位于林屋山腰。有两方。一方为篆书。旁书“书为洞庭风景之一”，年代、作者不详。另一方为楷书。顾鸿安（道号志修）题书，岁在甲戌孟冬初。

伏象岩 位于林屋山山腰处。明万历十七年（1589）中秋，吴郡张元举书。

曲岩 位于山顶东部。丁泉宗书。

沿林屋山山脚左侧北走见石刻 17 处，为 2017 年 4 月录名家书法所刻。

春消息 王铎题书。

寒玉 金农题书。

花香千日酒 康有为题书。

看梅花 谭延闿题书。

爱敬古梅如宿士，护持新笋似婴儿 赵少昂题书。

墙角数枝梅，临寒独自开。遥知不是雪，为有暗香来 陆俨少题书。

一抹斜阳半堤香草，几堆素竹二顷梅花 周慧珺题书。

梅花小寿 白焦题书。

腊月赏梅手把杯，姣姣疏影幢幢来。岁岁朝朝树下坐，风风雨雨仍徘徊 毛峰题书。

已是悬崖百丈冰，犹有花枝俏 陆维剑题书。

雪冻霜封稍欲残，殷勤折向坐中看。倚窗深闭珠帘密，不遣花梢半点寒 朱屺瞻题书。

五出梅花天地心，个中易理费推寻。灵禽报与春消息，风雪红芳总不侵 王震题书。

诗写梅花月，茶煎谷雨春 刘松均题书。

王道题书（2020 年）

暗香疏影　费新我题书。

踏雪寻梅　沈鹏题书。

华香扑鼻　李叔同题书。

铁石梅花气概，山川香草风流　王道题书。

平桥、香花桥　林屋山前脚下西约 10 米处，有南北走向溪流，设两桥。一为平桥，由五块花岗石铺成，石均宽 37 厘米。桥长 2.76 米、桥宽 1.94 米，两侧有木栈栏杆。另一桥为青石单孔桥，位于平桥下方 20 余米处，长 7 米、宽 2.84 米，称香花桥。桥两侧栏板均为青石，青石间各嵌有 4 长方形石柱，高 60 厘米。此桥原位于包山寺前，1984 年迁建于此。

林屋梅海

林屋洞入口处折西北约有 370 余亩梅林，与林屋洞壤接。植白梅、红梅、绿梅等 6500 余枝。梅花盛开之时，白浪翻滚，凝若积雪，蔚为壮观，谓“太湖林屋梅海”。1997 年正式对外开放。

梅林正门入口处临梅园路，大门朝西。门口题“太湖林屋梅海”六字。门前设停车场，有大巴车位 9 个、轿车位 54 个。门楼飞檐，古色气派。进门有廊，廊内墙壁嵌一块长 5.9 米、高 1.8 米的花岗石，石上刻毛泽东的书体诗词《卜算子·咏梅》，其长 3.82 米、高 1.05 米。

林屋梅海中设花岗石梅花型小道环绕林间，主道呈人字形，路宽 1.8 米，路道总长 621 米（东西向 390 米，南北向 231 米）。路心铺设 1231 块花岗石条，间隔六七块镶嵌梅花图案条石。林间小道纵横交错，由花岗石碎块铺就。路宽 1.2 米，总长 883 米。道中设花岗条石凳，林间有四角亭、蘑菇亭等，供游人小憩。梅林中有池潭 10 个，面积 4182 平方米。

报春亭 位于梅园南，1998 年建。亭名为沈尹默书。抱对“宝剑锋从磨砺出，梅花香自苦寒来”，沙孟海书；“梅花绕屋香成海，溪水如云绿到门”，沈尹默题书。

沐春亭 位于梅园东北端，1998 年建。亭名沙孟海书。抱对“阶下芝兰添秀气，梅花时到自然香”，郎静山题书；“梅花香远琴心古，瑶草春深鹤梦间”，爱新觉罗·溥佐题书。

盈波亭 位于梅园西门入口处，1999 年建。亭名俞樾题书。抱对“半空月影流云散，十里梅花作雪声”，周慧珺书；“梅花一树鼻功德，茅屋三间心太平”，戴瑞题书。

暗香 位于梅园西门入口处路北池边，为水榭，1999 年建。“暗香”，姜宝林题书。抱对“梅粉旋生春色，柳丝初透晴烟”，吴湖帆题书。

梅苑碑廊 位于林屋洞入口西北处，曲形，长约 63 米、宽 1.65 米，1999 年建。廊内计有 18 块书法碑刻，以歌咏梅花为主题，为瓦翁、华人德、谭以文等书法家所书。

太岁殿 位于林屋洞入口西北处，长 14.78 米、宽 12.24 米，面积 180.9 平方米。1999 年建，为道教活动场所。

太岁殿西百米处路旁，有一花岗石墓碑，为明抗倭卫家英雄墓冢。

报春亭（2020 年）

盈波亭（2020 年）

暗香（2014 年）

附：林屋洞是徐霞客科考出游第一站

2010 年 9 月 18 日，徐霞客首游苏州太湖西山林屋洞专家论证会上，来自南京、无锡、江阴、苏州、上海等地的徐霞客研究学者经过为期两天的实地考证，一致得出了这一结论。

徐霞客，江苏江阴人，明代杰出的地理学家、旅行家、文学家，被誉为中国“游圣”。他一生用 30 余年的时间探险旅行，足迹遍及现在的 21 个省、市、自治区，历经艰险，写下 60 万字的地理名著《徐霞客游记》，开辟了地理学上系统观察自然、描述自然的新方向。

徐霞客好友陈函辉所写的《霞客徐先生墓志铭》中提到：“（徐霞客）自言，万历丁未（1607），始泛舟太湖，登眺东、西洞庭两山，访灵威丈人遗迹。”省徐霞客研究会理事、苏州科技学院教授戈春源解释，灵威丈人又称龙威丈人，春秋末年奉吴王之命到林屋洞探察，“因得禹书”，这件事在唐宋时期成书的《吴地记》《吴郡图经续记》《吴郡志》中都有记载。从这些记载可知，灵威丈人遗迹指的就是林屋洞。另外，林屋洞“天下第九洞天”摩崖石刻上方刻着的“灵威丈人得大禹素书处”文字，也可证明林屋洞和灵威丈人遗迹的关系。

根据这些线索，专家提出，西山林屋洞不仅是徐霞客考察的第一个溶洞，更是他22岁时生平出游的第一站。

旅游

金庭，央居太湖，山水兼得，占尽天时地利，是著名的旅游胜地。吴越春秋时，吴王把这里作为后花园。明袁宏道《西洞庭》云：“一峦一壑，可列名山，败址残石，堪入图画。天下之观止此矣。”全镇明清建筑、宗教寺庙、峰峦湾坞等旅游资源十分丰富。改革开放以后，全镇旅游事业得到快速发展。1982年，太湖风景名胜区被国务院公布为第一批国家重点风景名胜区。1983年10月，西山设立石公风景管理所，辖石公山、林屋洞景区。1994年，太湖大桥通车后，全镇旅游业得以兴旺。2003年7月，西山风景区被公布为国家AAAA级旅游景区。进入21世纪，金庭镇全力打造农、文、体、旅相融合的旅游新格局。2019年，全镇旅游景点入园人数105万人，实现门票收入4080万元。全镇旅游目的地接待人次419.87万人，旅游综合收入7102万元。2020年，受疫情影响，全镇旅游景点入园人次45.22万人次，门票收入1438万元。

景区景点

金庭十景

金庭风光秀丽，景色迷人。昔有著名“古八景”——石公秋月、缥缈晴峦、林屋晚烟、玄阳稻浪、甪里梨云、毛公积雪、西湖夕照、消夏渔歌。另有甪角风涛、凤凰烟雨、鸡笼梅雪等景观。时过境迁，有些景观名存实亡，有些景观依然迷人，新旧交辉，诞生了“金庭十景”。

石公秋月 位于石公山。石公山有明月坡，总面积5600平方米。唐代诗人皮日休诗称“翠石数百步，如板漂不流，空疑水妃意，浮出青玉洲”。清人沈彤曰：“明月坡广可容数百人，月夜可箫鼓其上。”相传因吴王夫差携美女西施在此赏月而得名。中秋佳节，皓月当空，波光粼粼，星火入湖。于此赏月，怀古思幽，别有风情。

缥缈晴峦 位于缥缈峰峰顶。缥缈峰谓太湖第一高峰。南宋范成大诗云：“满载清闲一棹孤，长风相送入仙都。莫愁怀抱无消豁，缥缈峰头望太湖。”王鏊诗云：“居然自可小天下，谁道吴中无泰山。”碧空晴日，万里无云，登临斯顶，万里湖光，千顷苍树，尽收眼底，心中豪情，油然而生。

甪里梨云 甪里村自古植梨，梨花盛开之际，雪白如云，蔚为壮观。清吴时德有诗赞曰：“时逢风雨中，花发高士境。游人倚棹看，湖光增一顷。”现衙甪里村委西马家门前植100余亩梨树，重现“梨云”之景。

甪里梨云石碑（2018年）

毛公积雪（2018 年）

毛公积雪 位于梅益村毛公坞内。唐白居易诗云："毛公坛上片云闲，得道何年去不还。千载鹤翎归碧落，五湖空镇万重山。"毛公坛为汉代道士刘根得道处。刘根冬夏不穿衣服，身生绿毛，故号毛公，毛公坞因坛得名。毛公坛亦为道家七十二福地中的第四十九福地，称毛公福地。大雪过后，众山雪化，唯其坞山势背阴，积雪依旧，远观白练束腰，亮丽耀眼，风景别致。

角角风涛 位于甪里甪嘴山。甪嘴山植有松树，风起时，太湖白浪翻滚，涛声隆隆，山上松林摇动，呼呼作响。涛声松声，声声激耳。寒山寺大和尚性空有诗云："夜枕太湖涛声久，禅游西山秀色幽。"站于此僻静处，观涛听声，诗心回荡。

西湖夕照 位于堂里村西湖山顶，海拔 101.6 米。山顶昔有西湖寺，寺前有池，即"西小湖"，约 170 余平方米。唐白居易诗云："湖山上头别有湖，芰荷香气占仙都。"站此观景，夕阳西下，漫天通红，万道金光，铺洒湖山，山谷、村庄沐浴金光之中，实为观太湖夕阳佳绝之一。

庭山帆影 位于大庭山东南湖面上。湖边有 600 亩芦苇，芦苇内外停放 18 艘五桅帆船。芦苇青纱，翠绿摇曳；船随波动，似乘风破浪。三号桥堍有石砌五桅帆船，如昂首领航。大桥横卧，帆船林立，芦苇起伏，远山如黛，湖鸟翻飞，美不胜收。

横山旭日 位于横山岛盘龙寺上峰。游龙峰为横山岛最高峰，海拔 79 米。周围群岛环列，站于斯顶，可揽岛入怀。旭日东升，霞光万丈，山色水光，浸于金色朝晖之中。在此观日看湖，醉人心扉。

庭山帆影（2018 年）

林屋梅海（2018 年）

林屋梅海　位于林屋山脚下，有梅林 370 亩。每当梅花盛开之时，雪白耀眼，如海如潮，巍然壮观，为中国最大的赏梅基地之一。

大鼍桃云　位于石公山东北两公里外大鼍岛上，岛上植有 1000 余株桃树，故又称“桃花岛”。桃花盛开之际，彤云映天，阳光普照，金色交辉，迷人心醉。岛有一联曰“太湖最美桃花岛，人间仙境养生苑”。“大鼍桃云”为太湖岛屿中一大旅游胜景。

石公山

位于金庭镇东南部，是一座青石山，海拔 49.8 米。其背倚丛岭，斗突太湖，怪石嶙峋，岩壁陡峭，山衬水映，天然成趣。昔有巨型太湖石状若老翁，故而得名“石公”。

石公山自春秋以来为金庭著名景点。唐代白居易、陆龟蒙、皮日休，宋代李弥大、范成大，明代高启、王鏊、唐寅，清代俞樾，近代李根源等，都留下珍贵的诗词、游记和摩崖石刻。明代袁宏道评：“西洞庭之山，高为缥缈，怪为石公，丹梯翠屏，此石之胜地。”清人沈彤有评：“太湖之峰七十二，名者八九，包山最著。包山之胜数十，名者六七，石公最著。”1936 年，叶圣陶专程游石公山，并于当年 5 月在《越风》杂志上发表《记游洞庭西山》一文。

1981 年，石公山开始整修。1984 年 10 月 1 日正式对外开放。1986 年，被列为吴县文物保护单位。2003 年 7 月，被评为国家 AAAA 级旅游景区。2020 年年末，景区面积 17 公顷。

石公山橘香亭（2017 年）

石公山东、南、西三面被太湖环绕，怪石奇秀，满山翠柏，危崖绝壁，石林众多，多处长有大片石芽群，石窑洞穴诸多，形态各异。北宋末年，石公山曾为花石纲重要采石之地。

石公山山门朝北，山门匾额“石公胜迹”为上海市副市长宋日昌1984年所书。入山门右见橘香亭，因昔年栽有橘林而得名，亭名为书法家曹志桂书。

石公山南部聚景众多，有漱石居、归云洞、御墨亭、印月廊、烟雨山房、海灯法师陈列室、浮玉北堂、来鹤亭、断山亭、移影桥、一线天、联云亭、夕光洞、云梯、览曦亭等。

漱石居 位于御墨亭西侧，亭取自于成语“漱石枕流”，为长方形。原建于1982年，2010年重建，室内列崔护等书法家作品。

归云洞 位于漱石居东北侧，因石垂于洞口，如云之方归而得名。“归云洞”三字，为明代古琴大师严徵书。洞口石刻“读圣贤书，行仁义事，存忠孝心”之句为清代安徽宿松人徐纲所书。洞内有林屋散人秦敏树所作《石公八咏》和易顺鼎等人诗文石刻9方。洞高6米，洞内约可容纳20人。洞壁雕五尊佛像。入洞即见一尊送子观音，高2米。洞内原有大观音石像在“文化大革命”时被毁，现有石像为1983年所塑。洞壁有积水微潭，长24厘米、宽18厘米、深约12厘米，石刻“明目仙水”。

归云洞（2020年）

“敬佛”石碑（2018年）

御墨亭 位于归云洞正前方，因亭内专供清顺治帝御书“敬佛”石碑而得名。碑高两米。碑文“敬佛”，两大字正书。旁刻：“顺治庚子十月初三日景山便殿亲书面赐山晓皙和尚。光绪丁亥春正月壬午臣刑部学习郎中湖南乙亥恩科举人易顺鼎敬瞻，吴县生员臣徐澧敬摹。光绪十三年丁亥八月初七日吴县太湖角头巡检司巡检臣暴式昭敬刊。光绪壬午夏六月二十七日浙江丙子科举人臣徐凤衔谨跪观。”御书“敬佛”两个字原在包山寺大云堂内。清光绪年间（1875—1908），包山寺衰落，角头巡检司巡检暴式昭为保存古迹，将“敬佛”摹刻为石碑，并移置石公山印月廊内。1984 年建亭移此。清末皇帝溥仪之弟溥杰书“御墨亭”；联“放眼观诗史，倾心拜墨皇”，为书法家启功书。

印月廊 位于御墨亭东侧。廊内墙上有 7 块清末诗碑，分别咏云梯、一线天、石梁、归云洞、联云障、石公庵和蟠龙洞。

邀月阁 位于印月廊北，始建于 1984 年。2011 年，为太湖旅游集团公司重建。中式格局，上下两层。“邀月阁”三字由书法家陆唯钊书，联对“天空湖是月，阁廻树为云”为书法家沙孟海书。

邀月阁（2020 年）

浮玉北堂（2010 年）

境由心造亭（2020 年）

来鹤亭（2020 年）

海灯法师陈列室　位于印月廊东，建于 1987 年 5 月。室内陈列十八般兵器及其简要图文介绍等。1987 年 11 月，为迎海灯法师重游故地，陈列室东侧建梅花桩。

烟雨山房　位于海灯法师陈列室南，临湖，与陈列室曲廊相连，为观太湖雨景最佳处。“烟雨山房”，为书法家张士东书。“湖天一览”，为书法家陈叔亮题。“超然物外”，为海灯法师题。对联“涧雪压松多偃仰，岩泉滴石久玲珑”，为书法家李一氓书。

浮玉北堂　位于陈列室东十余米处，因石公山翠柏葱郁，如碧玉浮湖而得名。北堂古指士大夫家主妇起居之处，此处借指接待女宾之地，浮玉北堂由此得名。“浮玉北堂”，为书法家邵华泽书。对联“烟雨环绕三山外，吴越平分一水间”，为书法家李铎题。对联“目极湖山千里外，人在水天一色中”，为书法家董寿平题。

境由心造亭　位于浮玉北堂东，曲廊相连。亭名为米芾书。对联“洗壁留名题岁月，登高著句记山川”，为清代刘墉书。

来鹤亭　位于境由心造亭北侧，因有鹤至此栖息而得名，与杭州孤山“放鹤亭”、无锡“招鹤亭”互为对景。亭呈长方形，歇山式，檐翼凌空，始建于北宋。据《吴郡志》记载，信安郡王孟忠为感谢苏东坡而建此亭。亭下是一道 20 余米高的峭壁，峭壁下有“鹤池”。“来鹤亭”为书法家朱弟书。亭联“虹飞霞际落，鹤舞镜中回”，为书法家吴敦木书。

断山亭　位于来鹤亭偏东脚下，因陡立断岩处而得名。亭呈四方形，石木结构。亭名为书画家张辛稼书。亭联“山与人相见，天将水共浮”，为书法家费新我书。

阅波榭（2017 年）

阅波榭　位于来鹤亭南山脚湖边，以湖为书，人坐榭内可阅之。“阅波榭”匾额，为文徵明书。对联“何日杨雄一里足，却追范蠡五湖中”，为书法家成多禄书。“日月同辉”匾额，为颜真卿体。联对“波光曲照红鳞影，石色情开翠筱云”，为书法家潘伯鹰书。

移影桥　位于阅波榭东北方断崖之上，为单孔拱形旱桥，用花岗石砌成，桥离地高约 6.5 米、顶宽 1.52 米、内径 1.27 米、长 6.42 米，东西台阶各 8 层。高桥栏杆上雕刻着两对石狮。“移影桥”为书法家杨在侯书。桥名取自作家李洲芳“风帆移影桥独横，渔姑对镜月成双”的诗句。桥上方东北有“节孝坊”石牌门，清道光年间（1821—1850）建。

一线天　位于移影桥北之上坡，原名“风弄穿云间”。天然岩石裂隙，约两亿年前地壳运动形成。坡斜约 70°，两侧石壁如削，相邻间宽 0.5 米，仅容一人上下。嵌置 53 级台阶，取佛教“五十三参，参参见佛”之意。石壁刻“一线天”为书画家谢孝思书。

联云亭　位于石公山东部山顶。昔时山上有巨型怪石，远看似云，谓“联云障”。清末林屋散人秦敏树《联云障》诗云：“山云凝旧青，湖云涨新白。云中古仙人，留云卧

移影桥（2020 年）

一线天（2020 年）

联云亭（2020 年）

朝夕。”“文化大革命”时期，联云障被毁，亭袭其名。

夕光洞 位于联云亭东南方。洞高约 4 米，面积约 6 平方米。洞顶悬有两块巨石如浮屠倒挂，俗称“倒挂塔”。洞顶西侧因有天然漏光石缝，夕阳西下透过石缝斜射入洞内，色彩浓淡有致，熠熠生辉，故名。石刻“夕光洞”三字，清乾隆元年（1736）王樑书。明代沈璟《夕光洞口观落日》云：“天光射水水射天，万象摇动群峰前。日车似避水伯怒，欲落不落空中悬。金波百道流血鲜，上下两镜断欲连。转瞬两镜成一镜，阳乌轩

览曦亭（2020 年）

云梯（2005 年） 张炎龙 摄

明月坡（2020 年） 金培德 摄

翥金雅联。云霞红紫态万千，暝色忽消苍苍烟。黯惨休嗟景不延，回头月出东山巅。”

览曦亭 位于石公山东南部临湖一小丘上，砖木结构，六角形，为观日赏月最佳处。黎明登亭，可观旭日从湖面冉冉升起之美景，故名。圆月时分，碧波澄澜，银光闪烁，湖面同时出现三轮皓月，古称“落照台”。农历九月十三傍晚，夕阳西下，万道金光碎洒太湖，满湖碧金。在此可见日落湖水，月升东方，金辉银光，“日月双照”的天象奇观。亭联“西山夕阳红胜火，洞庭月色别样清”，为西山书法家徐伟法书。

云梯 位于览曦亭北，因一块巨石直上山顶，石岩曲折如梯而得名。石高12 米，刻有“云梯”两个字，为明代严徵书。

明月坡 属春秋时期古迹，表面为青色岩石，为沉积层经过层间滑动而形成。南高北低，坡度为 10° ~ 15°，倾斜入太湖，面积 5600 平方米。因古代常有文人雅士在此赏月，故名“明月坡”。

石公寺 始建于明代前，曾为庵，原位于石公山之南。明代著名孝子姚希孟曾在《石公山记》中写道：“行数百武，至石公庵。庵面南，湖涌湍迅，洑在阶墀外，湖之旷而近，诸刹所不及。”

清代龚自珍赋诗："舟到西山岸，寻幽迤逦斜。居然六七里，无境不烟霞。遂发石公寺，定过神女家。云和风静里，已度万梅花。"1990 年，该寺移建于明月坡北。2009 年修缮扩建。2020 年年末，建筑面积达 3000 余平方米，有大雄宝殿、地藏殿、客堂、观音殿、财神殿、海灯法师博物馆。"石公寺""大雄宝殿"匾额，为贯澈法师书。寺门对联"闻钟声磬声木鱼声声声自在，观山色水色无相色色色皆空"，为书法家费之雄书。寺门前有约 30 亩草坪，间种红叶李、香樟、红梅、桂花等树。临湖边有一个放生池。

海灯法师灵骨塔 始建于 1991 年，铸铁制，高 10 米，七级四角，占地面积 150 平方米。塔内安放有海灯法师三分之一的骨灰。坛基及栏板上刻有汉白玉海灯法师像及海灯诗作五首，另雕刻有海灯法师 10 套功夫和荷花、茉莉、忍冬、石榴等图案。

缥缈峰

位于金庭中西部，为太湖七十二峰之首，海拔 336.6 米。山峰因经常被云雾笼罩、虚无缥缈而得名。南宋范成大登其顶，咏叹："莫愁怀抱无消豁，缥缈峰头望太湖。"缥缈峰山高林密，植被茂盛，是太湖西山国家森林公园核心景区。景区总面积 5 平方千米。2005 年投入建设，2007 年 3 月 20 日对外开放。总投资 1 亿余元。

景区有景点 20 余处，建有 10 千米环山公路。从水月坞和涵村坞乘坐专用景交车到半山腰——缥缈峰会，再上行约 500 米到达峰顶。

缥缈峰会内设茶室。门楼"缥缈峰会"匾额为原南京军区司令员向守志题。对联"海到尽头天作岸，山登绝顶人为峰"，为书法家张锦华书。平台下嵌《贺上海世博会》

缥缈峰刻石（2018 年）

缥缈峰望月阁（2007 年）

诗文碑，张明敏撰句，向守志书。缥缈峰会东出口处大道设有景区专用景交车停靠点，东南侧有4000余平方米草坪。步行上山设长廊，廊架为钢筋水泥梁柱。路宽3米，路心铺花岗石条石，宽约0.3米、长1.2米，共590余个台阶，其间设平台140个，总长约500米。廊内有花岗石条石凳47个，另有3个仿古混木结构凉亭，分别在第15个平台、第42个平台、第74个平台处。廊架上紫藤缠绕。

峰顶为一片平坡地，约2000平方米，有望月阁、许愿池、四角台、摩崖石刻等。设国家地理测量标志，为苏州市国土资源局2007年8月制。望月（越）阁，亦称“瞭望塔”，相传为春秋时期吴王、西施远眺故乡越国而建，阁袭其名。2007年重建，阁四层八面，高20米，占地面积约200平方米。阁旁有许愿池，面积约34平方米。池内耸立假山，高4.9米，上书“太湖第一峰”。四角台台高4米，花岗石贴面，底边3.52米，四面有题句，南侧题“太湖之巅缥缈峰”，东侧题“居然自可小天下，谁道吴中无泰山”，西侧题“莫愁怀抱无消豁，缥缈峰顶望太湖”，北侧题“阅尽太湖，唯我缥缈”。有突兀鹰嘴黄石，上刻“缥缈峰，根源”。

砥泉 位于缥缈峰西南侧山崖，为岩石板上一碗状小潭，有泉水从石缝中涓涓流出。潭旁石刻楷书“砥泉”两字，上款为“乾隆丙午上元前一日”，下款为“玉峰孙铨题”。“乾隆丙午”，即清乾隆五十一年（1786），“上元前一日”，即农历正月十四日。

砥泉（2018年）

无碍泉亭（2019年）

八阵图石阵 位于缥缈峰东北侧山腰处，俗称百臼墩，始建于元末。2006 年重建，有平屋 3 间，内置 100 只石墩。

贡茶院 位于水月坞内。据明代陈继儒《太平清话》记载：“洞庭山小青坞出茶，唐宋入贡。下有水月寺，即贡茶院也。”原贡茶院已废，2007 年重建，面积约 1000 平方米。2018 年，辟为精品民宿。

无碍泉 位于水月坞贡茶院内。《苏州府志》载：“水月寺有无碍泉，味甘洁，岁旱不涸。”南宋李弥大有《无碍泉诗并序》：

> 水月寺东，入小青坞，至缥缈峰下，有泉泓澄莹澈，冬夏不涸，酌之甘凉，异于它泉而未名。绍兴二年七月九日，无碍居士李似矩、静养居士胡茂老饮而乐之。静养以“无碍”名泉，主僧愿平为煮泉烹水月芽。为赋诗云：“瓯研水月先春焙，鼎煮云林无碍泉，将谓苏州能太守，老僧还解觅诗篇”。

宋代诗人苏舜钦亦有“无碍泉香夸绝品，小青茶熟占魁元”的诗句。无碍泉在民间被称为“吉祥之泉”。

水月禅寺 位于水月坞内，始建于南朝梁大同四年（538），为江南名刹。相传是观音菩萨三十六相中“水月观音”造像发源地。隋代寺废，唐朝初得重修。北宋时真宗皇

水月坞水月禅寺俯瞰图（2018 年）

帝赐名为“水月禅院”，并赐御书金匾。元朝末毁于兵火。明宣德八年（1433）由住持妙潭和尚重建，恢复旧观。清末日渐衰落。2006 年，在原址修建水月禅寺，树苏舜钦《苏州洞庭山水月禅院记》碑。寺中存明代《水月禅寺中兴记》（背面为白居易等文人题水月寺诗）、清乾隆年间（1736—1795）的《重建水月禅寺大雄宝殿记》和袁枚撰《水月寺大慈宝阁记》碑 3 方。2007 年对外开放。2020 年年末，全寺总建筑面积 2000 余平方米。

墨佐君坛　位于缥缈峰西麓水月坞内。墨佐君坛，始建于汉代。坛因道士墨佐君所建而得名。坛上有池，广约半亩。池下水分南北，百步外有地名“吃摘”，出茶最佳，云“墨君坛畔水，吃摘小青茶”。2006 年重建，坛中供陆羽旧像。

碑廊　位于水月坞内，建于 2006 年。廊内有新旧碑刻 30 块。其中旧碑 3 块，题写者有蔡书升、文徵明、祝枝山。新碑内容分两类：一类为西山历史上最著名的书法作品，共 9 块，有北宋苏轼行书《洞庭春色赋》和明代王宠的楷书《游包山集》，根据原作拓片刻制，保持原作原样；另一类为历代名人游缥缈峰所作诗词，共 18 块，作者有皮日休、陆龟蒙、范成大、王鏊、蔡羽、文徵明、王世贞、叶初春、徐祯卿、王铨、申时行、顾超、张大纯、沈德潜、吴伟业、康有为等。

水月坞碑廊（2019 年）

《蔡九逵像赞》碑出于消夏湾蔡家祠堂。清乾隆元年（1736）蔡书升（西山东蔡人，盛京承德县知县）题写。线刻像人物为蔡羽（字九逵）。

《游花山寺题记》碑出于西山慈里花山寺，行书共102字，明代“四大才子”之一文徵明题写。正文为：“嘉靖癸卯二月八日，徵明同诸客游花山寺，泛平湖，沿支港而入，长松夹道，万杏明香，恍（即“恍”）然如涉异境。寺虽劫废，胜概具存。相与读故碑，溯三泉，不竟日暮，遂留宿寺中。客自城中来者汤珍、张瓒、王日都、陆师道、王延昭，山中客蔡范、陆栩、陆鹄、劳珊、蒋球玉。僧大鑫立石。”（录自1929年李根源编《洞庭山金石》）。

《思静处士陆君墓志铭》 碑出于西山涵村陆氏墓园，明代宰相、东山人王鏊撰文，明代“四大才子”之一祝枝山书。

《游包山集》楷书诗碑六块，明代书法家王宠书。内容为作者游西山各名胜所作诗组。王宠（1494—1533），字履吉，号雅宜山人，苏州人，博学多才，尤以书法名噪一时，为明代中叶著名书法家，与祝枝山、文徵明齐名，被誉为“吴门三家”。

《洞庭春色赋》行书碑三块，宋代文学家苏东坡书。据《吴郡志》记载，北宋时，信安郡王孟忠厚以西山出产的黄柑（黄皮橘）为原料酿制果酒，香醇味美，名为“洞庭春色”。

《缥缈峰》碑，南宋文学家范成大诗作,《过西洞庭》碑，元代文人王鹏诗作，均为苏州书法协会副会长朱庚寿书。

《登西山缥缈峰绝顶》诗碑六块，分别为明代王鏊、文徵明、蔡羽、王世贞、徐祯卿、王铨诗作，分别由苏州书画家崔护和金庭书法家李国庆、陆米林、戚守一、严云升书。

《登洞庭西山缥缈峰放歌》诗碑，明代文人张怡诗作，为苏州书法家葛颀书。

《缥缈峰》楷书诗碑两块，分别为唐代诗人皮日休、陆龟蒙诗作，为上海书画家严艺琳书。

《晚步缥缈峰》诗碑两块，分别为明代申时行、叶初春诗作，为金庭书法家胡柏林、童明星书。

《登缥缈峰》诗碑两块，分别为清初吴伟业、顾超诗作，为金庭书法家吴国良、徐伟法书。

《过洞庭山》碑，清沈德潜诗作，为金庭书法家李磊书。

《西洞庭》碑，清张大纯诗作，为金庭书法家胡柏林书。

《出都留别诸公》碑，清康有为诗作，为金庭书法家吴国良书。

古樟植物园

位于金庭路林屋村窑上，距镇政府约 1.5 千米。园内有 2 株千年古樟，有“江南第一樟，吴中第一树”之誉。该园始为城隍庙，清道光二十八年（1848）重修并更名为“双观音堂”。1995 年易名“古樟园”，占地面积约 3333 平方米。1999 年，西山现代农业示范园区与中国科学院南京中山植物园合作进行扩建，扩建后面积达 8 万余平方米，更名为“古樟植物园”，由 3 个部分组成——园门、广场、古樟。

园门 园门前为水泥通道，两侧建彩砖停车场。入场口建花岗石牌坊，四柱三门。牌坊横匾“南京中山植物园西山分园——古樟植物园”，为书法家瓦翁书。对联“园有万株花木不问春夏秋冬可赏水姿红红白白，院藏千株古樟历经雨雪风霜仍然青茎翠盖郁郁葱葱”，为书法家崔护书。两侧门横匾刻“湖山气象”“德泽风神”，为书法家朱

古樟（2007 年）

大霖书。对联“植物满园倩影亭亭，古樟叠翠清辉艳艳”，为文人潘君明撰、书法家杨在侯书。古樟树前另有一个牌坊，牌坊横匾刻“物华天宝”，为书法家张士东书。对联“千顷繁华铺锦绣，五洲嘉木竞珍稀”，为书法家费之雄撰书。两侧门横匾刻“万木占春”“风传雅韵”，为书法家周摩和书。门联“古樟越千载，清阴婆娑，良辰美景来远近佳人名媛；佳木移九州，异珍玖姹，紫嫣红增得园林秋艳春晖”，为书法家施仁撰并书。

大门售票处廊内悬挂匾额“古樟植物园”，为书法家瓦翁书。进门过林荫道，为花岗石单孔桥——古樟桥，1999 年建。桥下为后堡港，过桥为园内广场。

广场 北设西山历史文化研究会。广场前有荷花塘，连通后堡港。荷塘设花岗石曲桥和观荷台。广场后有大池，植芦苇、睡莲等水生作物。广场四周植有众多树木花卉。广场上方偏西南立花岗石古樟园牌坊，四柱三门。坊横额“古樟园”三字，由书法家杨在侯书。坊联“长天接广泽，群岛散仙乡”，为书法家谢孝思书。坊背额“拥翠撷秀”，为书法家瓦翁书。坊联“列岫欲穷吴越胜，古樟曾阅宋元来”，为书法家钱仲联书。

古樟 进牌坊上台阶，为 2 株千年古樟。西樟名“独威”，树中长树，高 24 米、胸径 2.3 米，树龄 1000 余年。东樟名“争雄”，高 20 余米、胸径 1.47 米，树龄 600 多年。两樟交柯，荫覆余亩。以古樟为中心，左右围廊相连。园内有“绣幕”“天趣”“临流”“竞芳”“乘虹秋色”等石刻和砖刻 30 余处，匾额 10 余块，抱柱对联 10 多副，书画作品 40 多幅，多为苏州书画家作品。古樟西南设茶室。

包山禅寺 位于镇东南部秉常村包山坞中，始建于南朝宋永初元年（420），名包山禅寺。1954 年，被震泽县列为文物保护单位。1964 年，被列为江苏省文物保护单位。

宋代王铚在《包山禅院记略》中称：“兹院自六朝之后为胜地”“大丛林，庇千僧”。明崇祯十二年（1639），杭州信士王懋官出资为包山寺捐请大藏经一部（即《万历藏》）。清顺治十七年（1660），山晓晳和尚应诏进京为皇贵妃董鄂氏主持丧礼佛事，深得顺治帝尊重，并得御笔亲书“敬佛”两字，成为寺中镇寺之宝。

民国时期，寺院先后由太虚大师、大休和尚、闻达法师、云谷法师等住持，“文化大革命”时期，寺院被毁，1995 年春重建寺院，贯澈法师任方丈。2013 年 3 月，心培法师接任方丈。2020 年年末，包山寺有房屋 400 多间。

山门广场上供一尊高 6 米露天石雕弥勒佛像，设放生池，建花岗石单拱香花桥。山门正中供布袋和尚。天王殿中间供阿逸多菩萨，背面供韦驮菩萨，两侧供四大天王。天王殿南侧有祖师殿，北侧有伽蓝殿。大雄宝殿正中供横三世佛，中为释迦牟尼，东为药

包山寺景色（2016 年）

师佛，西为阿弥陀佛，释迦牟尼左右胁侍为伽叶尊者、阿难尊者；横三世佛背面为海岛观音，供观音菩萨、善财童子、龙女及二十诸天，两侧为十八罗汉及文殊菩萨、普贤菩萨。

大殿后有藏经楼（满月阁）。西侧为御碑亭。西南侧为玉佛殿，内供汉白玉释迦牟尼。其南祖师殿，供达摩祖师。两边为厢房、钟鼓楼、方丈楼、四合院、念佛堂、往生堂、延生堂、大厅、嫩桂阁。藏经楼北侧建普照宝塔，六角形，仿唐式，青砖所筑（5 层），高 23 米，2013 年 3 月 24 日落成。五观堂后为大财神殿，高 22.88 米，供有一尊高 13 米的财神像，其身旁侧壁雕有 1.08 万尊缩小版小佛像，2016 年 11 月 19 日开光。殿对面为财神照壁，殿两侧有两座小财神殿。北侧为斋堂。

罗汉寺 位于金庭镇东南部秉场村罗汉坞内，寺始建于五代后晋天福二年（937），为妙道法师演天台教观之地。元朝废。明永乐年间（1403—1424）重修，明天启二年

（1622），觉空禅师来居，寺始兴。清乾隆十七年（1752）重建。清光绪十一年（1885）住持隆发和尚重修。寺内有《重兴古罗汉寺茶果山场碑记》。抗日战争时期，罗汉寺被日军炸毁。1945 年修复。1947 年，宗仙法师修建大殿、藏经楼、罗汉堂、山门等。1949 年后由人民政府拨款维修。“文化大革命”期间，改为生产队仓库。1984 年，由吴县园林管理处重建大殿，增山门、茶室等。

罗汉寺山门前立石雕牌坊一座，上书“古罗汉寺”，为李根源 1926 年所书，对联“梵音风作韵，古树径通幽”，由沈炳春撰写。寺前有小溪，临溪并列两株古樟。北樟被一株树龄 300 年、胸径 90 余厘米的古紫藤缠绕，遍体瘤疖，似云龙戏珠，形成“藤樟交柯”奇观。

进山门，正中端坐弥勒佛，花岗石刻制，身背黄袋，笑脸相迎。上有匾额“皆大欢喜”，门联“笑不尽古今事，看得见去来人”。佛像后屏上有对联数副。过天井，罗汉堂供有花岗石刻释迦牟尼佛像，系唐宋遗传艺雕。两侧有清代塑造的童子面十六罗汉，其雕琢粗放，造型朴拙，具盛唐遗风，为国内罕见。1997 年 7 月，花岗石“童子面石雕塑像”被列为吴县市文物保护单位。

罗汉坞入口牌坊（2018 年）

藤樟交柯（2012 年）

寺后有军坑泉，俗称龙王池，相传为吴王驻军所开。罗汉寺四周峰峦叠翠，有 300 多亩果林，蔚然成海，是金庭青种枇杷重要种植基地之一。

禹王庙

位于金庭角里村北端，郑泾港口西南侧。始建于南朝梁大同三年（537），经历代修建保护，已有 1400 年历史。1984 年重修，被列为县级文物保护单位。1994 年扩建庙园并开放。

据《吴门表隐》载："太湖中有四嵎，山甚小而不没，称地肺。北嵎在杜圻洲，名平台山，有砂如铁，大禹铸铁釜，覆孽龙于此。南嵎在销夏湾众安洲，名瓦山，并祀水平王。西嵎在角头洲郑泾口。东嵎在西华山交嘴上，至明中沦没于湖，禹王像浮水至冲山，与郁使君并祀之，故皆有禹庙。"李根源《吴郡西山访古记》载："角里洲以湖防言，实为湖中第一要地；以风景言，三面临水，山水秀聚，超轶尘凡，亦当为湖中名胜第一。"

庙内由梨云亭、大禹像、太平军土城遗址、明代古码头、禹王殿、财神殿、天妃宫等景致组成。

梨云亭　位于山门内口处，2006 年建。亭中立"角里梨云"石碑，亭以碑命名。碑

禹王庙全景（2017 年）

为清光绪二十五年（1899）郑炽昌题。

大禹像 过梨云亭即是。像高约 2 米，屹立于高 1 米、15 米见方的台基中央，台基四边环水。

太平军土城遗址 位于大禹像西北侧，为清咸丰十年（1860），太平军一支水军袭取西山后，在此垒土筑城，驻扎屯兵，对抗清军所留下的遗址。今土城为 2006 年重建，高 1.3 米、宽 2.78 米、长 58.4 米。城墙两边都有垛口，垛口高 34 厘米、宽 20 厘米、长 50 厘米。

明代古码头 位于土城西北，长 65 米、宽 3.4 米、高 1.8 米，由 102 块花岗石砌成。昔年为太湖水师驻扎地，为出入郑泾港主要码头。

禹王殿 楠木梁柱，高 10 米，单檐歇山式四戗角，正梁绘有二龙抢珠苏式彩绘。青石台阶，一方御路镂双龙戏珠，系明代遗物。内有清《重修禹王庙记》碑。

天妃宫 俗称娘娘庙，殿内供一尊天妃神像。2006 年建。

财神殿 殿内列一尊财神像。2006 年建。

天妃宫背后临湖有听风亭。西南侧湖畔高高矗立花岗石碑，刻“万顷波涛一望收”七个大字，为胡厥文书。旁有石凳、石桌，供听涛观湖。南侧有曲廊、夕照亭、晴云轩、望湖亭等。晴云轩内设有茶室。

大如意圣境 位于金庭西南部绮里坞。大观音禅寺原名“花山寺”，民国时期荒废。2002 年，居士王玉娴发愿复寺并组织捐建。2008 年 5 月 18 日，观音园、观音寺奠基。2015 年，大观音禅寺主体落成。

新建的禅寺仿唐式风格，大气恢宏。廊腰缦回，檐牙高啄，古朴典雅，气象万千；财神殿金碧辉煌，圆通殿瑰丽梦幻，大悲殿洁白无瑕。

礼佛广场周围环供着 10 尊全紫铜锻造的 9.98 米高彩绘观音群像，分别为自在观音、送子观音、思维观音、净瓶观音、施药观音、施乐观音、杨柳观音、水月观音、延寿观音、众宝观音。每尊观音都由 500 余片手工锻造的铜片焊接而成。观音形态各异，各有特色。

从礼佛广场拾级而上为拜道，长 220 米、宽 18 米，中间是浪花水道，由上而下，瀑入莲池。拜道分 4 个阶段，分别代表着春夏秋冬 4 个季节，每阶段台阶为 108 级，共 6 个许愿台，总计 432 级台阶。

山顶上露天如意大观音金铜圣像，身高 66.99 米，重 1000 多吨。脚下金刚座高 21 米，由 2400 吨钢材、1.7 万立方米水泥浇筑而成。金刚座内直径 20.6 米，高 16.5 米。大观音金铜圣像总高度为 88 米。观音菩萨面相慈悲，美丽端庄，头戴宝冠，身披天衣，璎珞环佩，手捻法印，怀抱如意，慈目低垂，衣带翻飞，脚踩 84 朵莲瓣，灵动飘逸。

如意广场中间一尊如意大观音是山上如意大观音 1∶10 的缩小版，身姿微微侧转，飘逸灵动，仙姿映貌，美轮美奂。广场右边是 1 尊如意。如意是菩萨手中经常持有的法器，也是佛僧讲经、证改、传戒、升座所用法器。此如意长 13.8 米，“13”在佛教寓意功德圆满，“8”寓意发。广场左边是佛手灌顶，依山顶主佛右手 1∶1 复制。广场南边一处大照壁是根据《佛说阿弥陀经》中所描绘的西方极乐世界创作的大型佛教浮雕壁画——天宫盛会。

禅堂供奉一尊明代早期骑犼观音等身金铜像，历 600 多年。金铜像高 1.74 米、重 820 千克。造型生动，法相庄严，头戴七叶花冠，饰有波浪形宝缯，呈男相，面庞鎏金，呈长圆形，细眉，垂目，高鼻，樱桃嘴；身有帔帛，下垂犼身。观音右臂搁置右膝，右手下垂，左臂搁在金箍上，端坐在莲花座上。神犼回首仰天，颈挂饰铃，背负莲花座。这尊金铜像于 1938 年流至国外，2009 年年底回到中国。2010 年 4 月 3 日，在包山寺举行开光仪式并请于大观音禅寺。2020 年年末，大如意圣境仍在建设之中。

大如意圣境（2018 年）

牛仔俱乐部活动（2009 年）

苏州太湖牛仔风情度假村　位于金庭缥缈村南部太湖湖畔，拥有陆地面积 600 余亩，水域面积 200 余亩。2004 年，由台湾商人胡蔡安投资兴建。2005 年 7 月 1 日，正式开业。度假村内集吃、住、游、乐、健于一体。内设骑马、卡丁车、攀岩速降、高空滑索、射箭、赛龙舟、快艇、摩托艇、篝火晚会、四轮休闲车、马车、乒乓球、台球、篮球、撑竹筏、温泉、游泳、水上滚筒、皮划艇、电动船、真人 CS、滑板等活动区域，是集极限运动、企业团健、户外拓展、房车露营、健康养生等功能于一体的综合性活动场所。

每年 9 月至 11 月举办牛仔风情节活动。牛仔马场放牧区，养骏马近百匹、骆驼两头。卡丁车赛道外圈长 500 米，内圈长 400 米。湖边南码头置有龙舟 4 艘，U 形赛道 400 米（已连续 12 年举办太湖杯龙舟赛）。拥有 7 个会议室，配套设施齐全。最大的会议室可容纳 1000 人。开设冷泉大泳池，有温泉泡池 24 个、大池 1 个。温泉井深 1500 米，出水温度 45℃，为属弱碱性（pH 值 7.84）富含偏硅酸的氟泉。

另设有树上空中走廊、隧道等儿童游乐设施，包含 10 多个项目。度假村中生活配套设施俱全，周边建有芬兰式一层、二层原木屋别墅 20 余栋，树屋 1 栋，水泥管砌成的管屋 5 栋，均采用西伯利亚高级原松木建筑。别墅内设置标间 168 套、3 人间 15 套、5 人间 1 套、团体房 12 套，配建超市、小卖部、餐厅、茶饮厅、包厢等。另恢复石佛寺观音洞山壁石雕像及龙王塔、地藏石雕像等。恢复采石场废墟生态，种植 3 万多株树木。2020 年，建紫藤园。有 50 余亩蔬菜基地。

维摩精舍　位于金庭镇金庭路5号，占地面积320平方米，建于2014年，为开放式私家园林。“维摩”取自于佛教大乘经典《维摩诘经》。中心花园仅100余平方米，然咫尺之间却有山有水有亭有轩有阁，有悬崖绝壁、登道飞梁、三重瀑布和滴泉、溪流深潭、水池平台等，方寸之地呈现出山林之幽。园中植有凌霄、玉兰、杨梅、枣树等。沿蹬道而上，登高远眺，可遍览四周风光。园中还有戏台一座，临池则是水榭格局的茶室。沿茶室走进戏台下方，为一个可三面观景的空间，可换个角度细赏假山、水池。园林不大，却体现出苏州古典园林的精髓和特色。2018年7月，被列入苏州园林名录。

旅游项目

林屋赏梅游　金庭梅林较多，为赏梅者乐选之地。林屋洞旁有370亩梅林园，园内植白梅、红梅、绿梅约6500株。每逢梅花盛开之际，雪浪翻滚，洁白耀眼，蔚为壮观。每年春初，是赏梅的最佳时间。梅园内小桥流水，亭榭碑廊，荷池石座。漫步其内，嗅梅、赏梅、品梅、读梅、画梅、吟梅，雅趣无限。

春夏秋冬游

春游　上午登缥缈峰顶，眺览太湖美景，下山至地质博物馆参观，感受地质之奥妙。中午到农家乐用餐，品春天太湖螺蛳和野菜。下午水月坞缅怀茶圣陆羽，茶场采茶、拣茶、炒茶、品茶，体验碧螺春茶文化的源远流长和独特制作工艺。

夏游　上午游“天下第九洞天”，感受洞内凉爽与神奇，听导游讲述洞内迷人故事。中午到农家乐用餐，品“太湖三白”。下午采摘时令鲜果，体验采摘乐趣。

秋游　上午游石公山景区，感受石公山山水相依，太湖奇石错落妙趣。中午到农家乐用餐，品太湖湖鲜。下午采摘橘子或挖红薯，体验劳动辛劳与幸福。

梅开时节（2014 年）

冬游 上午到罗汉坞，闻枇杷花香，看古樟、紫藤，品民国李根源游罗汉寺评述“紫藤一柯，夭娇拿空，较拙政园文藤尤奇古可爱”之美文。中午到农家乐用餐，品栗子烧鸡、咸肉冬笋汤。下午到农家做糕团、八宝饭，体验西山人家过年风味。

古村品赏游

金庭古村落较多，有 7 个中国传统村落。游古村，看历史文化遗存，为游玩金庭一大选择。

游线一 上午，到植里古村、古东村。感受古道、古桥、古樟韵味，聆听东园公和徐氏的故事。中午到农家乐用餐。下午，到堂里古村，看西山雕花楼，鉴赏香山帮匠人建筑风格和砖雕、木雕艺术。

游线二 上午到后埠古村、明月湾古村。到后埠，感受南宋古井悠久，参观费孝子祠，接受孝道教育。到明月湾，感受古码头、古樟、古街道以及村落棋盘格局和大族气势。中午到农家乐用餐。下午到东西蔡古村、角里古村，体味蔡氏、郑氏等大族昔日生活气息。

冲浪（2019 年）

游线三 上午到堂里古村，品鉴西山雕花楼，感受精美雕刻艺术，接受爱国主义教育。下午到东湾、涵村，赏千年古樟和明代古店铺等。

游艇亲水游

亲近太湖，贴水而行，走进湖中小岛，观赏太湖风光，游艇是不错的选择。

快艇冲浪（庭山渡码头） 有三条游览线路，其一为乘游艇观赏小庭山、叶山岛、三号太湖大桥、老鼠岛等湖岛风光，时间为 5 ～ 30 分钟；其二为乘快艇观赏太湖风光，至大鼍岛、箬帽岛，时间约 15 分钟；其三为乘快艇绕石公山景区半岛，观湖景风光，时间约 6 分钟。

定制包船（石公山码头） 乘画舫游太湖、观山色，至大鼍岛、小鼍岛、箬帽岛等，湖中之岛尽收眼底，时间约 30 分钟。

旅游节庆

太湖梅花节 时间为1—3月。梅花节是苏城早春第一旅游节庆。太湖梅花节包含太湖林屋梅海和光福香雪海两大赏梅区。太湖林屋梅海是中国最大赏梅基地之一，驾浮阁为赏梅最佳地。1997年，在金庭太湖林屋梅海景区举办首届梅花节活动，至2020年已连续成功举办24届，历届梅花节均有活动亮点。

2005年，梅花节主题“姑苏情，太湖情，梅花报春讯”。活动亮点包括与苏州《姑苏晚报》联手推出的市民认养果树活动，数百名苏州市民与西山果农结亲认养橘树、梅树、枇杷树、银杏树等。

2008年，梅花节主题“太湖春早，梅开五福迎奥运”。推出“探梅雅集”活动，包括画家现场画梅、书家现场书梅、诗人现场写梅、品尝自古第一桌梅花宴及咏颂梅花等内容。同时邀请范小青、车前子、陶文瑜、荆歌、朱文颖等作家参加“太湖醉梅论坛”活动。

2010年，梅花节主题“梅花笑迎世博，欢乐畅游太湖”。活动亮点包括推出“世博之旅体验卡”，举办第14届苏州太湖梅花节上海说明会，邀请国外主题馆代表领事前往现场体验梅花糕与梅花宴的制作过程，展示太湖及梅花摄影、核雕表演等。向世界全面推介了太湖梅文化。

第23届太湖西山梅花节表演（2019年）

第24届太湖西山梅花节表演（2020年）

2013 年，梅花节主题“太湖之春，赏梅花风韵”。活动亮点为推出一批精彩活动，参与活动得奖者，均可获精美礼品一份。“系梅寄思”，游客将心愿写在小纸条上，放进许愿瓶中，并挂在梅树上。在许愿树四周设置可供涂鸦的祈福墙，供游客随意书画心语。“梅林寻‘宝’”，在梅林里藏有精美福袋，游客在游览梅海时寻得福袋，即可凭该袋至金庭游客中心参与抽奖。“梅雪争春闹元宵”，游客徜徉在梅林中，可参与以“梅”为谜面的猜灯谜活动。“我心中的林屋梅海”，梅花节期间，全国所有中小学生均可参与画稿活动。“我与梅树一起成长”，游客可在梅园中自行挑选一株认养，认养费用每株 180 元，一年中认养者（每家限 3 人）可免费入梅园看认养梅树的生长情况。

2018 年，梅花节主题“畅游林屋梅海，乐享岛居生活”。活动亮点为自我推介和“林屋记忆”。金庭旅游集团公司、大如意圣境、酒店、民宿等相关单位代表上台进行自我推介，欢迎游客光临。“林屋记忆”包括老照片故事、美文、摄影评比等环节，所有获奖者均可获得一份精美礼品。

2020 年，梅花节延续以往“畅游林屋梅海，乐享岛居生活”主题。活动亮点为“新年春联接吉福”“主题场景打卡互动”“梅花仙子梅花妆”“梅好时光抖音大赛”等。活动包括邀请金庭书法家在林屋洞景区撰写赠送春联；在梅园内布置红色场景打卡点，供游客合影留念；游客在园内穿戴梅花仙子服饰，置身梅海留念；开展林屋梅海抖音小视频评奖活动。

青种枇杷采摘节 青种枇杷是金庭果农主要种植果品之一。2011 年 5 月，金庭镇政府在秉常村罗汉坞举办首届青种枇杷采摘节活动。此后，每年举办一届。2017 年 5 月，

青种枇杷采摘节（2015 年）

青种枇杷采摘游（2018 年）

2020 年太湖时令枇杷采摘季（2020 年）

在林屋洞梅花坞举办第七届推介活动。2018 年 5 月，金庭镇人民政府在吴中区万达广场举办第八届采摘节推介会。《新华日报》《苏州日报》等 10 余家媒体出席推介会。采摘节开幕式上，有领导致辞、品种介绍、采摘节启动会、歌舞表演、时令旅游线路推介发布等活动。2020 年 5 月，在苏州观前街举行“好物中国，心上吴中”第十届青种枇杷节推介活动。奥运举重冠军陈艳青做客直播室，为家乡金庭好景好物代言。

杨梅采摘节 杨梅是金庭石公村重要花果品牌之一。2010 年 6 月 25 日，吴中区首届杨梅节在金庭涵园宾馆举办。杨梅节系列活动包括开幕式、品尝采摘、品牌特色旅游线路推介等，活动为期 15 天。

2015 年 6 月 19 日、2016 年 6 月 20 日，在石公村樟坞一村一品杨梅示范基地分别举行第二、第三届杨梅节活动。2017 年 6 月 12 日、2018 年 6 月 6 日，在金庭游客服务中心举办了第四、第五届洞庭西山杨梅节媒体通气会。《新华日报》《苏州日报》《扬子晚报》等媒体以及顺丰速递、苏州好行、旅行社代表等参加通气会，“看苏州” App 对通气会现场、杨梅采摘等进行了现场直播。杨梅采摘节期间，金庭旅游集团联合岛上精品民宿、特色农家乐，为游客推出以“历史”“古村”“亲子”“生态”为主题的多条旅游采摘线路和“品杨梅、赏太湖、游桃花岛”的精品采摘线路。2020 年，第六届杨梅节在金庭涵园召开发布会，介绍当年杨梅产量、价格等情况，并推出“亲子之旅”“清凉避暑之旅”“登高健身之旅”“环岛骑行之旅”4条采摘线路。

太湖龙舟赛 苏州“太湖杯”龙舟赛是金庭庆端午的一个重要活动。2006年为首赛，参赛人数60多人。至2019年端午节，太湖龙舟赛连续成功举办14届。龙舟赛有三个主要仪式：赛前表演、龙舟致辞、龙舟点睛。2019年6月8日，龙舟赛参赛队伍共有45支、540名选手。比赛进行了400米U形航道竞速赛，高安中学苏州校友会队以2分9秒21的成绩夺得冠军，打破了2018年冠军名硕电脑（苏州）有限公司代表队创下的2分11秒79的比赛纪录。2020年，受新冠病毒疫情影响，未举办赛事活动。

太湖龙舟赛参赛队员及岸边啦啦队（2019年）

旅游服务

游客服务中心 位于金庭路东侧，距太湖大桥3号桥南堍约2千米处。占地面积约5.3万平方米，总建筑面积约1万平方米，总投资6000万元，2013年10月24日投入使用。游客中心分为游憩观光区、综合服务配套区。

游憩观光区建筑为苏式园林风格，内有金亭、假山、五湖漪、名人雕塑、含月桥、曲星桥、留月亭、香雨榭等建筑。观光区建筑绕池而筑，相互陪衬，各具神韵。

综合服务区内设金庭缘饭店、金庭旅游公司集团办公区、太湖风情摄影展厅及游客接待大厅。2020年，大厅内设置景区介绍、旅游咨询、游程信息、导游、休息、通信、邮电、便民服务、景区形象展示、投诉处理等功能。同时设置电脑触摸屏和影视设备，介绍景区资源、游览线路、游览活动、游览当日天气情况，配备相关人员开展旅游服务，为游客游览金庭镇提供个性化定制游览线路。停车场有12个大巴车位、117个小车位。

金庭游客中心花园（2018年）

餐饮住宿 金庭农家乐始于2000年。2003年，农家乐开始工商登记管理。明月湾阿旺农家乐、农家乐饮食店（老何记伴月湾前身）为金庭首批登记经营者。2004年，全镇共有106家农家乐。2005年4月，金庭镇成立农家乐协会，会员 50 人。2017 年，兴办民宿。“飞鱼”为首个进驻金庭兴办民宿的投资经营者。香樟小院、安境、玄阳山庄为首批经吴中区批准备案登记的民宿。真味轩是第一户金庭村民自己投资开办的民宿。2020 年年末，全镇共拥有农家乐、民宿 379 家，分布于各村（社区）。其中元山村 3 家、蒋东村 12 家、庭山村 37 家、东河社区 17 家、林屋村 22 家、秉常村 28 家、东蔡村 28 家、缥缈村 34 家、衙角里村 47 家、堂里村 27 家、东村村 41 家、石公村 83 家，具备“苏州市吴中区旅游民宿备案登记证”的 149 家。至 2020 年年末，全镇共有酒店宾馆 31 家。其中，餐位数 100 ~ 199 个的有 15 家，200 个以上的有 10 家；客房数 100 间以上的有 20 家。

媒体智慧服务 通过手机 App，政府网站，微信公众号“今日金庭”“苏州太湖西山岛”等平台，定期推出金庭动态、品牌介绍、旅游专题、旅游知识、出游提示等服务信息。多形式、多渠道创新宣传，让游客多方位、多角度了解金庭，自主、便捷完成景区门票、美食、住宿、购物、娱乐等定制活动，并对远程信息点进行实时监控。

影视剧取景点

电影

《春苗》 由谢晋、颜碧丽、梁廷铎执导，李秀明等人主演。讲述一位农村赤脚医生——田春苗的一幕幕感人故事。主人公原型之一为金庭镇秉汇村赤脚医生王根松，王根松医生的医德和技术被方圆百里内的群众所熟知。60 年代末，张瑞芳为拍一部反映农村赤脚医生的片子来到金庭，听说其事迹后，一头扎进秉汇村，跟随王根松医生体验生活，合作出一部以赤脚医生为题材的影片。

《庭院里的女人》 由中国北京电影制片厂、美国好莱坞环球电影公司摄制，严浩执导，威廉·达福、罗燕主演。2001 年，该影片曾在金庭镇东村敬修堂内取景。

《建军大业》 由中国电影股份有限公司、博纳影业集团股份有限公司、中国人民解放军八一电影制片厂摄制，刘伟强执导，刘烨、朱亚文、黄志忠、王景春、欧豪、刘昊然、马天宇等主演。2017 年，该影片曾在金庭禹王庙取景。

电视剧

《海灯法师》 1987 年由四川电视台摄制，重现了海灯法师的一生。主场景取于石公山。

《橘子红了》 由无锡影视基地股份有限公司摄制，李少红执导，归亚蕾、周迅、黄磊、寇世勋等主演。2000 年，该电视剧曾在金庭古东村取景。

《萧十一郎》 根据古龙原著同名小说改编，由海南周易影视制作有限公司和九洲音像出版公司联合拍摄，黎文彦执导，陈曼玲改编，吴奇隆、朱茵、于波领衔主演。2001 年，该电视剧曾在金庭林屋洞内取景。

《凤穿牡丹》 由浙江华新影视有限责任公司摄制，曾丽珍执导，李小冉、刘恺威、应采儿、李子雄、谭凯联袂主演。2007 年，该电视剧曾在金庭镇古东村取景。

《大明王朝》 由中央纪委监察部电教中心、北京天风海煦影视文化传媒有限公司联合摄制，张黎执导，陈宝国、黄志忠、王庆祥、倪大红等主演。2006 年，该电视剧曾在衙角里、明月湾古村取景。

《风雨雕花楼》 由苏州市亚细亚传媒娱乐有限公司摄制，马鲁剑执导，杜志国、温峥嵘、陈锐、陈创主演。2008 年，该电视剧曾在金庭堂里西山雕花楼、古东村取景。

《余姚四先贤》 电视文学艺术片由中国著名艺术制片人刘郎拍摄。许多场景在金庭镇石公山、明月湾、水月坞等地拍摄。其中，朱舜水由金庭收藏家王仁民扮演，黄宗羲由金庭画家黄晓军扮演。

《何以笙箫默》 改编自顾漫同名小说，由上海剧酷文化传播有限公司摄制，刘俊杰执导，顾漫、墨宝非宝联合编剧，钟汉良、唐嫣领衔主演。2014 年，曾在金庭明月湾取景。

《两生花》 是一部由上影寰亚文化发展（上海）有限公司、九州梦工厂国际文化传播有限公司、上海银润传媒广告有限公司摄制，刘恺威、王丽坤、高仁、马鑫等出演的大型情感偶像剧。2014 年，曾在金庭镇涵园内取景拍摄。

《好妻子》 由罗灿然执导，演员姚芊羽、李威、赵文瑄、申珉熙、李泰、夏力薪领衔主演。2015 年，曾在金庭镇涵园游艇度假酒店取景。

《隐形的翅膀》 由林清振、马华干执导，贾静雯、王艺哲、邱心志、张雨剑领衔主演。2015 年，曾在苏州太湖牛仔风情度假村安住幸福山庄拍摄。

《都挺好》 该剧是由简川訸执导，姚晨、倪大红领衔主演的都市家庭情感剧。2018 年，在金庭镇明月湾、涵园等地取景。

《激荡》 是一部由余丁执导，任重、郭晓冬、李念等主演的都市情感剧。2019 年，曾在金庭镇夏泾村口、石公山等地取景。

《老闺蜜》 是一部由乔梁执导，王馥荔、潘虹、宋晓英等主演的都市情感剧。2019 年，曾在金庭镇缥缈峰、横山岛等地取景。

纪录片

《美丽中国乡村行——橘红西山　古村寻美》 该纪录片中“橘红西山，古村寻美”的片段，记录了金庭镇缥缈峰的美丽风光，果农采摘洞庭红橘的场景，以及东村敬修堂、明月湾民风民俗等故事。

《记住乡愁·明月湾村——讲和修睦》《记住乡愁》是由中宣部、住房和城乡建设部、国家文物局发起，中央电视台中文国际频道摄制的百集大型系列纪录片，其第 1 季第 3 集《明月湾村——讲和修睦》，讲述了千年古村明月湾人与人、人与自然和睦、和谐相处的故事。

洞庭碧螺春

碧螺春是中国十大名茶之一，闻名中外。清龚自珍云“茶以洞庭山之碧螺春为天下第一，古人未知也”(《龚自珍全集·第九辑》，上海古籍出版社)。金庭植茶已有1900多年的历史，是碧螺春茶的发源地。洞庭碧螺春有3个主要特点：皇家推崇——唐宋贡品，康熙赐名；形美色碧——形状似螺，颜色碧绿；花果韵味——植于果树间，饱含花果香。

洞庭碧螺春自唐宋开始，便被列为贡品，为吴人所贵。康熙帝赐名后声誉倍增，位居全国名茶行列，历经300多年风雨不衰。自古，金庭人在制茶、品茶过程中，与地方风俗及传统文化相结合，形成多种独特技艺。

2011年5月，绿茶制作技艺（碧螺春制作技艺）被列入国家级非物质文化遗产名录。2020年1月，“江苏吴中碧螺春茶果复合系统”入选第五批中国重要农业文化遗产。2020年12月，洞庭山碧螺春被农业农村部授予中华人民共和国农产品地理标志登记证书。

茶名渊源

碧螺春发源地 洞庭山是碧螺春茶原产地和主产区，产茶历史悠久。据《洞庭实录》记载，东汉延平元年（106），道士墨佐君在缥缈峰西北麓筑坛求仙，坛上有池广约半亩，池下水分南北，百步外有地名“吃摘”，出茶最佳，谚云：“墨君坛畔水，吃摘小青茶。”缥缈峰西北麓水月坞，为碧螺春茶发源地。水月坞因坞中水月禅寺而得名，寺中僧人所植水月茶，又称小青茶，为碧螺春前身。

金庭产茶早有文献记载见于唐代茶圣陆羽《茶经（卷八）》。唐至德二年（757）三月，经好友皎然和尚介绍，陆羽与诗人刘长卿一起到太湖西山考察茶事，找到包山寺住持维谅和尚，经维谅介绍，前往水月寺，到寺旁墨佐君坛边采茶、品茶。陆羽的好友诗僧皎然也慕名到访，并写下《访陆处士羽》诗。从此，水月坞水月茶（小青茶）逐渐闻名于世，北宋元丰七年（1084）朱长文《吴郡图经续记》记载：“洞庭山出美茶，旧入为贡，近年山僧尤善制茗，谓之水月茶，以院为名也，颇为吴人所贵。”水月寺内刻于明正统十四年（1449）《水月禅寺中兴记》碑，有北宋诗人苏舜钦诗“无碍泉香夸绝品，小青茶熟占魁元”。明人陈继儒《太平清话》记载：“洞庭山小青坞出茶，唐宋入贡。下有水月寺，即贡茶院也。”

康熙帝赐名说 至明末清初，小青茶因香气浓烈，称“吓煞人香”。陆延灿《续茶经》载：“洞庭山有茶，微似岕山而细，味甚甘香，俗呼吓煞人香。”相传清康熙帝南巡至浙江回京，途经苏州，江苏巡抚宋荦以洞庭山“吓煞人香”茶进献，康熙帝饮后大加赞赏，因见其茶“清汤碧绿，外形如螺，采制早春”，赐名为“碧螺春”。从此，碧螺春每年进贡，名扬天下。

原产地保护

依法认证 碧螺春蜚声海内外，品贵价高。四川、贵州、浙江等外地茶叶按碧螺春方法炒制，也名之“碧螺春”。外形虽与洞庭山碧螺春相似，但因土壤及气候条件差异，品质较洞庭山碧螺春相差较远。为保护洞庭山茶农生产和消费者利益，西山、东山两地政府要求实施原产地保护。2001 年，吴中区人民政府明确“同意将苏州洞庭山碧螺春茶原产地域范围划分为东山镇和西山镇”。同时，向国家质量技术监督总局提交《关于苏州洞庭山碧螺春茶申请列为原产地域产品保护的请示》。2002 年 12 月 9 日正式获批。2003 年 2 月 10 日，国家标准委员会批准发布《原产地域产品　洞庭（山）碧螺春茶》（GB 18957—2003），并于 2003 年 4 月 1 日起正式实施。明确了只有产自苏州市吴中区西山镇和东山镇的碧螺春绿茶，才能称为“洞庭（山）碧螺春”，两镇所产茶叶产品包装上贴有“碧螺春原产地域产品保护”标志，并可通过网络验证。2003 年 3 月 22 日，首次贴上原产地域产品专用标志及二维条码销售标识的第一锅洞庭（山）碧螺春茶在古樟园举槌拍卖，20 多家企业参与竞拍。最后，石公山景区以 22 万元高价拍得。

2007 年 3 月，金庭组建苏州太湖西山茶业协会，并成立苏州洞庭西山碧螺春茶叶专业合作联社。苏州太湖西山茶业协会共有西山碧螺春茶厂、庭山、天王坞、洞庭山花果香茶场、明前茶业、涵村茶业、盛茗茶果、天源、水香泾、林果涧等 40 多家专业合作社和企业会员单位，分别注册了“咏萌”“庭山”“碧水缘”“花果香”“明前”“古涵”“天源”“水香泾”“林果涧”等 30 多个商标。2009 年，洞庭山碧螺春获中国驰名商标称号。

创立品牌 金庭注重碧螺春的培植与保护，建立碧螺春苗圃，选育小叶茶种苗，开展碧螺春制作技艺传承活动，提高炒茶技艺，举办一年一度的茶文化旅游节等。“咏萌”牌碧螺春获准成为中国绿色食品发展中心认证产品、中国茶叶博物馆馆藏标准名茶指定供应商。苏州涵村茶业有限公司“古涵”牌碧螺春获苏州市首届地产名特优评比名茶特等奖，并获有机食品证书。“庭山”牌、“碧水缘”牌碧螺春获绿色食品证书。“三岗昌”牌、“衙角里”牌碧螺春获无公害食品证书。“碧水缘”牌碧螺春获中国著名品牌称号。至 2020 年，全镇共有 26 家企业获得洞庭山碧螺春商标使用授权，16 家企业获得洞庭山碧螺春地理标志证明商标使用权。全镇拥有国家农民合作示范社 1 家、江苏省名牌产品 4 个、苏州市名牌产品 11 个。有 9 个绿色食品证书茶叶基地，2 个无公害证书茶叶基地。获省质量信用产品企业称号 5 家，获诚信企业称号 4 家，通过质量体系认证企业 9 家，获企业食品生产许可证 24 家。全镇建立碧螺春苗圃，选育小叶种茶苗种植。

碧螺春荣誉

饮誉海外　碧螺春闻名世界，清宣统二年（1910）在南洋劝业会获优等奖。1915 年，在首届巴拿马太平洋万国博览会上获金奖。1954 年，周恩来总理参加日内瓦会议，带去了“分前”碧螺春，赠予与会者品饮。

屡获殊荣　1918 年，在民国政府工商部举办的中华国货展览会上获一等奖。1959 年，被评为全国十大名茶之一。1983 年，获江苏省经委颁发的优质食品奖。1986、1990 年，两次获商业部优质奖。2005 年、2007 年、2009 年，获“中茶杯”全国名优茶评比一

1910 年，碧螺春获褒奖

1915 年，碧螺春获金奖

CGFE

荣誉证书

苏州市吴中区西山碧螺春茶厂：

你单位参加第十七届中国绿色食品博览会的咏萌牌洞庭山碧螺春茶，荣获金奖。

特颁此证。

第十七届中国绿色食品博览会组委会

二〇一六年九月五日

获奖证书

等奖。2010 年，获“国饮杯”全国茶叶评比特等奖，为参加上海世博会名茶特许商品。2014 年，获“都匀毛尖杯”全国手工卷曲形绿茶金奖。

茶叶生产

栽培 金庭地处亚热带气候区，气候条件独特，日照充足，雨水充沛，利于茶果生长。碧螺春植于花果之间，吸收山花树果之香气，汲取太湖云水之精华，风味独特，成为茶之上品。柳叶条、酱板头、柴茶等小叶茶树为金庭主导茶树品种。培植以种植茶籽为主。茶树一般为春秋两季施肥，肥以菜籽饼等有机肥料为佳。春季采制后，即行修剪、施肥、治虫，以期夏秋发芽窜枝。

新中国成立前，金庭镇茶树成片种植少，产量不多。茶树主要集中在罗汉坞、包山坞、毛公坞、葛家坞、樟坞、涵村坞、水月坞等地。70 年代起，部分大队开办林场，建起坞里、涵村、堂里、绮里、南徐等茶场。随着市场需求量及碧螺春价格、品质等的提

茶花（2018 年）

采摘碧螺春茶（2006 年）

升，种植面积逐年增多。1979 年，全镇有茶园 1446 亩。1994 年，增至 1548 亩。1999 年，全镇茶园增至 6000 亩。2013 年，全镇茶园发展到 1.65 万亩。2020 年年末，全镇有茶园 1.98 万亩，年产碧螺春茶 6.84 万千克，产值 8072.38 万元；炒青茶 9.05 万千克，产值 5949.50 万元。

采摘 采摘时间为春分至谷雨间，谷雨后采制的茶叶不能称为“洞庭（山）碧螺春”。每天最佳采摘时间为上午 9 时至下午 4 时。碧螺春品级与采制时间关系极大，可谓一日一品。采制于春分之前，称“分前”茶，为珍品；清明前，称“明前”茶，为上品；采制于谷雨前，称“雨前”茶，质量略逊于“明前”，仍属佳品；谷雨后，气温高，茶叶生长快，茸毛少，体形粗大，称之为“炒青”。采摘以分批、抢时为要则。高品质茶以嫩、匀、齐为保证。碧螺春根据等级标准分为特级、一级、二级、三级 4 个等级：特级标准为一芽一叶初展＞ 80%，单芽＜ 20%；一级标准为一芽一叶初展，芽长于叶；二级标准为一芽一叶展开＞ 80%，一芽二叶初展＜ 20%；三级标准为一芽一叶展开＞ 65%，一芽二叶初展＜ 35%；特级鲜茶标准为纯芽头，每 500 克要有 7 万 ~ 8 万个芽头，一级鲜茶标准为每 500 克有 5 万 ~ 6 万个芽头。

炒制

作为国家级非物质文化遗产，洞庭碧螺春炒制技艺历史悠久。相传，碧螺春茶卷曲如螺的炒制手法，最早由洞庭山水月寺僧人受佛祖头上螺状发型启发而发明。明代西山人张源的《茶录》记载过炒制方法，碧螺春炒制工艺似传承明代技艺，要点是手不离茶，茶不离锅，揉中带炒，炒中有揉，揉炒结合，连续操作，起锅即成。

拣剔（2010 年）

杀青（2010 年）

绿茶炒制　技术要求高，采摘后还要经拣剔、上锅高温杀青、热捻整形、搓团显毫、文火焙干等步骤。

拣剔。做到一芽一叶，大小整齐，匀称一致，去净硬柄、老叶及杂质。拣好后还要在阴凉处适当摊放，晾去露水，并避免阳光直晒。

杀青。铁锅在炒制前必须洗净，每锅下叶量鲜重以 600 克为宜。高温控制在 180℃以内，杀青时间为 3 ～ 4 分钟，要不停翻抖，避免茶叶泛黄。

搓团（2010 年）

揉捻。用小火，锅温控制在 60℃ ~ 70℃，边揉捻边翻抖，防止茶叶过闷，时间为 13 ～ 15 分钟。

搓团。锅温控制在 55℃ ~ 65℃，时间为 12 ～ 15 分钟。至茸毛显露，条索卷曲，失重七成时，将揉叶置掌中搓团，顺着一个方向，每搓团 4 ～ 5 转，解块团 1 次。轮番清底，边搓团边解块。

干燥（2010 年）

烘焙。锅温在 50℃ ~ 60℃，时间为 6 ～ 7 分钟。将搓团后的茶叶，用手微微翻动或轻团几次，达到有刺手感时，放在锅里再烘焙一下，即可起锅。制成后碧螺春香气浓郁纯正，外形具有“条索纤细，卷曲似螺，茸毛遍体，银绿隐翠”的特点。

成品（2010 年）

茶为饮品，易吸杂味。60 年代，金庭人储存茶叶均以石灰石保干。家电进入万家后，茶以藏入冰箱速冻柜为佳。冰箱储存处需无异味，避免重压。两年内取之泡饮如初。

红茶制作 金庭有制作红茶的传统。清代，西山茶商已将红茶远销河南、河北、天津、新疆等地。最早红茶原料用的是“梅尖”（即春茶采完5月萌发的芽）和“夏茶”（芒种过后萌生的嫩芽）。采下后，摊放在竹箅中蒸发部分水分，然后置于石臼中敲打，将敲打后的茶叶取出至阴凉处发酵。约经24个小时，发酵好的茶叶在木盘中用夹板压成茶饼，然后晒干，最后用油纸包好。新中国成立后，生产队开始使用木制简易揉捻机器代替石臼敲打，同时慢慢摸索发酵时间、温度、湿度等规律，红茶制作技艺日趋成熟。碧螺红茶制作始于21世纪初，该茶材料为春茶，档次最高的碧螺红茶与碧螺春几乎同时进行制作。上等碧螺红茶，汤色明亮，呈琥珀透明状，芽形卷曲带红毫，滋味醇厚甘鲜。红茶暖胃，深受市场青睐。2020年，全镇红茶产量约5.5万千克。红茶的制作工艺分为如下5道。

挑拣。去大叶片及脚片。

阴干。将挑拣好的茶叶置于匾中阴干至瘪，抓一把既柔软又有韧性。约50千克鲜茶摊瘪至32.5千克为宜。

揉捻。置入机器中揉捻。每次揉捻时间约1个小时。

发酵。装入竹篾中发酵。发酵时，以湿干巾覆面，盖上棉布等，25℃约发酵8个小时。发酵结束后，置入机器中进行解块处理，然后烘干。

烘干。烘焙机温度调至110℃，达温即好。若人工烘焙，应在揉捻后进行日晒，然后上炉灶慢慢焙干。红茶烘干后，含水率不超6%，无需冷藏。

红茶成品

茶文化

茶为历代文人墨客所追捧，或文或诗以歌之。如李慈铭的《水调歌头·碧螺春》、梁同书的《碧螺春》、王元辰的《碧螺春歌》、周瘦鹃的《咏洞庭碧螺春三首》、刘修明的《碧螺春与碧螺峰》、张小霖的《西山茶香》和范小青的《茶有西山“一记红”》等。

茶俗

金庭镇男女都有饮茶的习惯，除品饮待客外，茶叶还是金庭人在婚庆、生育、丧事、消灾等仪式中不可或缺的物品。

婚庆 男女新婚，盘担嫁妆中必须用红封袋装上少许上等碧螺春，以吉口彩“龙芽凤鸣”，意男为新芽，女为凤羽，婚后如茶树般枝茂芽多，子孙兴旺。

生育 亲朋好友前往探视新生婴儿，金庭人称“诞庚”。礼品有蹄髈、食糖、云片糕、枣、毛衫等。毛衫上要用红布寄上一个香囊，装上有绒毛的碧螺春，意喻“初出茅庐、茁壮成长”。金庭镇人谓“小毛头”“毛丫头”，由此而来。

丧事 人过世后，东家会在大门口放上一碗茶水，意为顺水而去，直至出殡后才会倒掉茶水。

消灾 金庭树多鸟多，人行走之间，鸟屎会偶然落在身上，当地人将此事视作倒霉事。回家后，须向村里7个姓氏讨一撮茶叶一起煮泡饮下，意为“七星消灾”。

茶馆 全镇昔年茶馆遍及东河、石公、堂里、元山、东蔡等集镇，计有17家。著名的有元山柴茶馆、东河荣茶馆、镇夏长茶馆、东蔡月波茶馆等。茶馆不仅是喝茶听新闻的地方，金庭人还将其作为调解之所，谓“吃讲茶”。里人之间有矛盾，便约请长老、地保、士绅等有威望之人，一起进茶馆“吃讲茶”。最后，理亏心服的人支付当日所有协调人的茶费。

进入21世纪，传统茶馆逐步消失，而新茶庄、茶室不断诞生。2018年，金庭风景区中石公山、缥缈峰、罗汉寺、禹王庙、古樟园、明月湾古村落等均设有茶室。

泡饮

金庭茶饮始于唐宋时期。碧螺春香气浓郁，滋味鲜醇，汤色清流，嫩叶明亮。选用透明玻璃杯泡饮，方法如下：

泡饮

洗杯 将玻璃杯用清水洗净，再用开水冲洗一遍。

注水 饮用水烧开后，冷却至 80℃左右，注入杯中。

投茶 将约 2 克碧螺春茶采用上投法投入杯中。

观赏 茶入杯中，似雪雾纷飞，白浪喷珠。下沉至杯底，如春染人间。随即，清香扑鼻而来，沁人心脾。

品味 端杯先小吮一口，感受碧螺春鲜嫩清香。第二口稍大些，含在嘴里，用舌尖在茶水中打滚，体味碧螺春鲜爽之感。第三口含在嘴里，反复品味其韵味。

茶文化旅游节 2015 年 3 月 28 日，苏州首届“吴中产鲜杯”非物质文化遗产洞庭山碧螺春制作技艺传承活动在金庭游客中心广场举行。活动由金庭茶叶协会策划举办，

“中国古诗词演唱第一人”姜嘉锵（右二）与吴中区非物质文化遗产碧螺春制作技艺代表性传承人沈四宝（右一）在天王坞茶场（2016 年）

邀请吴中区 16 家单位参与。现场安排拜师仪式、师傅现场传授技艺、专家评审等环节，最后进行碧螺春炒制等级评奖。

2016 年 3 月 18 日，金庭镇游客中心广场举行“吴中产鲜杯”第二届非物质文化遗产碧螺春制作技艺传承活动。大屏幕随着主持人介绍，按序播放着碧螺春发源地水月坞内胜景及采茶、拣剔、炒制等镜头。10 位小朋友身背采茶篮子（当地称“只篮”），到现场接受采摘传承指导。同时，还举行了碧螺春知识问答、炒制观摩等活动。

2016 年 3 月 19 日，吴中区农业局联合《姑苏晚报》，推出“吴地优先，优先到家”大型新闻行动——“晚报记者走基层·茶山体验行”。晚报选派的 5 位“碧螺姑娘”走进金庭镇天王坞茶场，体验洞庭山碧螺春原产地保护区最正统的茶叶制作工艺。“中国古诗词演唱第一人”姜嘉锵与采茶姑娘们一起高唱其代表作《挑担茶叶上北京》，并与茶农合影留念。

2017 年 4 月 11 日，上海茶叶学会组织摄制的人文系列纪录片《中国茶·碧螺春茶》，在金庭茶农屠秀荣家承包地拍摄采摘、炒制全过程。

2018 年 3 月 25 日，太湖文化旅游节炒茶大师赛在金庭大如意圣境举行，东山镇、金庭镇各派 10 名炒茶大师代表参赛。最后，金庭洞庭花果香茶场的韩荣云、西山明前茶业公司的王祖发、涵村茶业有限公司的陆小明、西山供销有限公司林果涧茶叶分公司的蒋金成、西山茶厂的朱玉强获得炒茶优胜奖。

炒茶赛（2018 年）

风土民情

金庭土地肥沃，雨水丰沛，物产丰富，除碧螺春外，还盛产青梅、枇杷、杨梅、桃、杏、梨、橘子、橙子、枣、板栗、银杏、石榴、葡萄、草莓、白鱼、白虾、银鱼、莼菜等。其中，青种枇杷、乌梅种杨梅、九家种板栗、洞庭红橘、“太湖三白”等久负盛名。酱爆螺蛳、肉丸桃凝汤、生煸四叶菜、小竹笋炒肉丝雪菜、栗子烧鸡等特色菜肴深受中外游客青睐。

一方山水养育一方人，一方水土积淀一方民俗风情。金庭为北方大宗后裔迁移岛，有着浓厚的南渡文化。民风淳朴，习俗多彩。过节祭祖、喜事挂红棉、舞夹竹龙以及独特方言，蕴含着浓浓的乡俗、乡韵和乡情，表达了金庭人民对吉祥、喜庆以及美好生活的向往与追求。

“非遗”传承

碧螺春炒制技艺　金庭镇是洞庭碧螺春茶的主要产地之一，茶农们在炒制中形成了独特的技艺，有高温杀青、热捻整形、搓团显毫、文火烘干等流程，称“功夫茶”。碧螺春炒制技艺被列入吴中区、苏州市、国家级非物质文化遗产名录。金庭镇茶农在炒制碧螺春茶中涌出现了一批炒茶能手。2010 年，茶农张利忠被列为苏州太湖洞庭山碧螺春制作技艺代表性传承人。2012 年，茶农周永明、蒋林根被列为苏州太湖洞庭山碧螺春制作技艺代表性传承人，马国良被列为吴中区非物质文化遗产碧螺春制作技艺代表性传承人。2018 年，蔡国平、沈四宝被列为吴中区非物质文化遗产碧螺春制作技艺代表性传承人。2020 年，周永明被列为江苏省非物质文化遗产“绿茶制作技艺（苏州洞庭碧螺春制作技艺）”代表性传承人。

碧螺春茶

2015 年、2016 年，苏州市、吴中区碧螺春制作技艺代表性传承人在金庭镇游客中心举行了碧螺春炒制技艺传承活动。2016 年，沈四宝参加全国手工绿茶制作技能大赛，获二等奖。2018 年，周永明获中国制茶大师称号。

舞夹竹龙　相传清咸丰年间（1851—1861），金庭蒋东村东河滩太湖边，被风浪打来了一个竹木结构的龙架，村民捡到后觉得东河滩村子太小，没有能力修复，便将龙架送给了渡渚村。渡渚村百姓收到龙架后高兴异常，认为是天赐神龙，便合力将其整修一

舞夹竹龙（2016 年）

新，开始在新年期间舞龙庆祝，逐渐形成习俗。与其他龙单数节数不同，夹竹龙从头到尾共 16 节，总长约 20 米，直径约 60 厘米，龙头重约 20 千克。龙骨为木质结构，龙身均用竹片编成，外面用纸糊制，每节龙身中间可安放四支点燃的蜡烛，晚间龙身光芒四射、晶莹剔透，如成熟即将吐丝的蚕身，非常漂亮。舞龙时由 16 人操持舞动，前面有宝珠嬉戏引导，还有七八人敲锣打鼓。

1999 年，金庭组建舞龙队，有队员 30 多名。2014 年，舞夹竹龙被列入吴中区非物质文化遗产名录，传承人顾美玉。至 2020 年年底，舞龙队累计演出 300 余场次。

十番锣鼓　十番锣鼓创于清乾隆年间（1736—1795），是一种打击乐器的组合运用，其演奏形式有清锣鼓（俗称素锣鼓）和丝竹锣鼓（俗称荤锣鼓）两大类。西山十番锣鼓属清锣鼓，用的是板鼓、京锣、大钹、小钹、大锡锣、小锡锣、铜鼓 7 种打击乐器演奏，传入西山已有 300 多年历史。

“一番喜得贵子，二番珍珠满堂，三番三元及第，四番子孙满堂，五番五子登科，六番黄金万两，七番仙鹿献瑞，八番吉福呈祥，九番一禾九穗，十番世代团圆”。番番锣鼓，鼓鼓情深，充满着美好的祝愿。

民国初期，西山多处村落都有自己的十番锣鼓队伍，为西山亮丽的民俗文化之一。至今在西山民间还流传着“正月吃过，二月落过，三月看鼓”“锣鼓响，脚底痒”的顺

十番锣鼓走进明月湾（2015 年）

口溜。旧时每年农历三月，西山岛便会举行盛大的庙会，俗称三日头大会。那时菩萨出会，锣鼓喧天，人群流动，摩肩接踵。人们欢天喜地，几乎人人出动，争相观看。随行、围观的人群犹如一条长龙，浩浩荡荡，蔚为壮观。十番锣鼓除了庙会，在丰收喜庆、婚嫁迎娶、迎神赛会等重大风俗喜事活动中也经常演奏。

如今十番锣鼓仅余陈巷一处。2007 年 4 月，洞庭西山陈巷十番锣鼓被列入吴中区非物质文化遗产名录，传承人陆华、郑万春。

西山根艺 西山山林树木多，在项目建设和农业生产劳作中，有大量的树桩、树根被挖出，常见的有榆树、柏树、白栎、槐树、香樟、松树、银杏树、榉树等，为制作根艺提供了原材料。西山有一批盆景、根艺爱好者，他们以审美的眼光，对即将废弃的树根、树桩进行加工造型，制成精美的工艺品，深得游客喜爱。其中，西山石公中学老师秦伟平为主要代表人，他负责的根雕艺术成为学校劳技实践教育特色课程，编有校本课程。1993 年，他编写的电视艺术教育专题片《根艺之花》在中国教育电视台播出。2007 年 4 月，西山根艺被列入吴中区非物质文化遗产名录，传承人秦伟平。

消夏渔歌 消夏渔歌为西山古八景之一，是长期流传于太湖西山岛的一种民歌，因起源于西山消夏湾、传唱者以渔民为主而得名。相传春秋时期，吴王夫差携美女西施在西山岛南部避暑消夏，常令吴国士兵和越国战俘一边打鱼、一边唱歌，供其欣赏，逐步

李时珍采药（1997 年获全国根艺优秀奖）

玉兔

吴中区非物质文化遗产——消夏渔歌

在西山岛形成了消夏渔歌这一独特的地方民歌。

消夏渔歌传唱的内容多以太湖西山的风土人情、历史文化、戏曲故事、时事变迁为主。唱法古朴，意境悠远。演唱形式与打鱼劳作相结合，以演奏二胡，敲击竹板、木板、竹篙、樯、橹、渔具、船板发出声响作为伴奏，极具地方特色。20 世纪 60 年代，太湖消夏湾被围，消夏渔歌面临失传之忧。金庭镇文体中心及时组织人员，抢救、整理出《十二样花名》《消夏采菱》《十把扇子》《明湾村歌》《扛石歌》《送公粮》等 10 余首渔歌。

金旭岐为收集整理的主要负责人，组织消夏湾东蔡村人排练，在吴中区群众文艺演出中获得好评。2013 年 3 月，消夏渔歌被列入吴中区非物质文化遗产名录，传承人金旭岐。

习俗

岁时习俗

清明节 清明，又叫踏青节。金庭人极为重视该节，除祭祖添土、设席祭祀外，还会在门窗上插柳挂蒜，以避“邪气”入侵。金庭旅外游子除了回故乡扫墓祭祖、缅怀先人外，还会踏青春游，探望长辈，访亲会友。

端午节 农历五月初五为端午节，金庭人称“端阳日”。旧时，金庭户户会悬挂神符及钟馗像，在大门挂艾叶、菖蒲、大蒜，以去灾拒魔。到了端午，户户包粽子，喝雄黄酒，并将黄酒喷洒于室内，以驱蛇虫。小孩身穿黄色虎纹衣、老虎鞋等，驱邪避灾。今仅存包粽子馈赠亲友之习俗。

七月半 农历七月十五为中元节，金庭人称“七月半”，十分重视，会摆席祭祖。每户最少设一桌，多至四桌。摆好酒席、点燃香烛后，主人举香（每桌上抽一根）到大门处请祖先。儿孙们跪拜三叩，以求祖先保佑。酒过三巡，上饭（每桌两碗）、焚锡箔。若有新丧过“新七月半”，要单独设桌，与列祖列宗分开。时间则有讲究，第一年为七月初一，第二年为七月初二，第三年为七月初三，至第四年，撤独桌，与列祖列宗同桌祭祀。

中秋节 旧时，金庭人家家在院内设供桌“斋月宫”。供上月饼及红菱、白果等时令鲜果，对月焚香祷告、祈求丰收、孝月神的习俗转为以月饼孝敬长辈、馈赠亲友之习俗。入夜，在父母或爷爷、奶奶的带领下，孩子烧“九四香”，即把香插在苹果、橘子、丝瓜、南瓜等瓜果上并点燃，用线、棒穿系后手持，在路上玩耍，意为广结人缘。烧“九四香”这一习俗相传与纪念张士诚有关。张士诚小名“九四”，在苏州称王时对百姓很好。他死后，人们为其造庙以示怀念。因此，每当中秋节晚上，家家户户都要到庙内烧香纪念。朱元璋知道后，很是嫉妒，下令不准苏州人烧香纪念张士成，并把庙全部拆

过年祀祖（2020 年）

除。人们没有庙可进，就举着香沿街跑着去纪念他。于是，就诞生了烧“九四香”这一习俗。

过大年 旧时，金庭人过大年很隆重。冬至以后，陆续做年庆准备。腊月二十四日夜，要祭灶神。土灶基锅盖上放年糕两块、一杯黄酒、三色蔬菜等，点亮香烛祭拜灶神，祈祷明年更加顺利平安。中堂摆席祭拜祖先。每桌上 24 副盅筷，供荤素菜 10 道及年糕、水果、香烟等。点燃香烛，每桌抽 1 支香到大门外讲吉利话，请列祖列宗等到家。全家开始跪拜，祈祷小孩茁壮成长，聪明、智慧；祈祷大人平安顺当，健健康康，财源广进。斟酒三巡，焚锡箔银纸锭供奉祖先，待香熄收桌。大年夜门上贴春联。祭祀门神、井神、圈神等。夜晚，全家团聚吃年夜饭，守岁至零点，放鞭炮接财神。年初一早晨煮接天丸子，中堂供桌上放三盆水果、六碗圆子等，点燃蜡烛、香，鞭炮齐鸣，接天神。早餐，阖家吃接天丸子。年初五打开大门，放鞭炮，接财神。年初六（称六畜生日）忌扫地、动刀。正月十五（元宵节）家家吃汤圆，祈福一年四季家人身体健康。

生活习俗

婚嫁 21 世纪，青年男女大多为独生子女。相恋后，进入婚嫁议程。男女双方家长见面，谈妥彩礼、大婚日期、姓氏归属等要事。男方在老宅操办喜事，一般为四天。大婚前两日为第一天，请嫡亲兄弟、姐妹，伯父、叔叔辈等主要亲属相帮，布置新房，安排酒席场地，备好年糕及大婚当天所需的进门丸米粉，准备好香烛、鞭炮、糖果、枣、香烟、酒，组织安排接亲队伍等。请婚庆公司在村口大道必经处设盈气环形拱门，上写“贺新郎某某某、新娘某某某，新婚志喜”等字。旧俗当天要请先生按女方提供客目单写帖子，帖面“全福”，落款为男方。大婚前一日为第二天，上午，请育有儿子且父母双全的夫妻铺设婚床。下午，祭拜床公床婆。供品为三荤三素、16 个团子（俗称稳笃定）、16 只元宝、一对香烛、两双酒筷。朋友、姐妹布置婚礼现场，贴喜字、挂红灯笼、铺红地毯等。族人、邻居等负责桌凳摆放、洗菜、洗碗等杂事。大婚正日为第三天，当日要迎娶新娘、祭拜列祖列宗、设账台收取礼金等。新郎吃过早餐，率队出门前往新娘家迎娶。上午，新郎父母及子嗣在家祭拜祖先。中堂设双拼台，四桌分列两边。供品为十道菜肴，六荤四素。桌上摆放年糕、糖、水果、香烟、蜡烛等，每桌放 24 只酒盅、24 双筷子。迎亲队伍至距新郎家约 100 米时鸣炮传讯，到家门口时则鞭炮齐放。新娘入门，新郎父母回避。迎来的子孙桶，内有千年芸、红绵、松柏、花生、喜糖、芝麻、豌豆、大米、枣、红蛋（5 个）等，放至客厅长台。大伙吃进门丸，新娘与新郎一同跪拜祖先。随后，父母端坐中堂，新郎、新娘拜父母，新娘改口称爸妈。父母给新娘

喜庆人家（2020 年）

红包，称“改口费”。同时，宾客到场贺喜，主人设账台登记礼金等。中午，客人到齐开席。席间，父母带着新郎、新娘逐桌敬酒、认亲。晚上，中堂设双拼独桌，八个兄弟或朋友陪伴新郎、新娘、嫡亲娘舅或姑父划拳闹席。宴席一般至晚 8 点 18 分，后鸣放鞭炮，碎膀蹄（将桌上的膀蹄切开，分食），稍后，即送新郎、新娘入洞房。一对童男、童女手持蜡烛引导新郎、新娘回婚房，新郎、新娘发红包给童男、童女，并在房间喝交杯酒。朋友与兄弟姐妹等开始闹新房，直到开心满意为止。第四天，族亲相帮，归还借来的台子、凳子等。

女方大婚同日，亦办出门酒（称花酒）。男方迎亲队距女方家约 100 米时，鸣炮传讯，至大门口时放数十响炮仗，女方也对应放鞭炮。陪堂把喜钱、喜烟送上，守门人满意就大开正门。迎亲人员入堂吃糖水、丸子、瓜果。女方主人、理事检点查收礼物，派喜糖、喜烟。闺房中，新娘穿好婚衣。时辰到，男方陪堂向大伙派喜烟、喜糖，给女方厨师、运妆人员发红包。新娘出门，鞭炮齐鸣。

时代革新，金庭也有不少人家选择在饭店或宾馆办喜酒，在家仅办个回门酒，请乡下主亲或近房亲戚吃一顿，仪式也相应简化。

生育 新生婴儿，有挂红绵的习俗。红绵由丝绵（染红）、柏枝、竹筷、小铜钿、千年芸组成。丝绵，寓意绵绵不断；红色的千年芸，寓意鸿运当头，千年不衰；柏，寓意万年长青，多子多孙，代代如意；竹筷，表示希望孩子快乐无比，快快成长；铜钿，寓意财源滚滚。家中生了婴儿，要在大门顶板上挂红绵为标志，有男女之分，生男孩结成满圆套，生女孩结成半圆套。挂红绵除了对外传递喜讯，也是在提醒亲戚、朋友、邻居晚上不可以直冲入房探望新生婴儿。大门顶板上的红绵挂到小孩 5 岁，称“五子登科到，五路财神来”。二胎换新。少数村落除了挂红绵外，把婴儿从医院接回家时，还会鸣放鞭炮。

新生婴儿挂红绵（2019 年）

孩子满月，要办满月酒。主亲好友之间会先行探视送礼。办酒那天，还要再送上红包。孩子的母亲或奶奶、外婆会抱着孩子在酒席上露面，以示“认认亲”。

寿诞 金庭人做寿一般在60岁以后，60岁以前只称过生日。一般人家每逢10岁做一次寿，但有“做九勿做十”的讲究，因为“九”与“久”同音，有吉祥义，如过“60大寿”则在59岁时庆贺。

旧时，做寿这一天，要在大厅中布置寿堂，墙壁上挂起“寿”字、中堂，或“八仙庆寿”之类的画轴，两旁挂寿幛，并供寿星、王母等神仙，桌上设面蔬等供品。亲友赠送寿糕、寿桃、寿烛、寿面等礼品，统称为“糕桃烛面”，亦在摆供之列。寿糕上还饰以松鹤延年、梅竹对花、老寿星等剪纸图案。寿桃多用米粉做成，呈桃红色。寿糕、寿桃数目与做寿人年龄数相同。寿堂上张灯结彩，喜气洋洋，亲朋后辈依次向寿星拜寿。讲究排场的人家这时还要请吹鼓手吹吹打打，以增加喜庆气氛。望族人家往往会请地方名流写一篇骈体文，颂扬做寿人功绩、道德、人品。并将其贴于门前墙上，叫作“寿序”。有的请戏班演戏助兴，或还会请僧人念《佛说寿生经》。普通人家寿诞只是家人团聚，吃顿寿面，儿女后辈送些寿礼。改革开放后，生活条件好了，祝寿、过生日得到重视。但庆祝仪式比较简单，流行吃蛋糕、吹蜡烛、送贺卡等。上酒店、点歌祝寿成为金庭人一种时尚。

丧葬 人亡过，金庭习俗要举行送终、转殓、做七、回煞、传戒、题主、开吊、出殡、回吉、座台、守制、复三、落葬等仪式。丧葬礼仪视亡者家庭经济条件而定，有简有繁，场面有大有小；死者是长者，还是小辈，区别较大。

人之将死，家属要围着陪夜。气绝后，迅速将小块银子放入死者口中，叫“含口银”。家属号哭，同时焚锡箔，从房间到大门口沿墙壁插蜡烛，并在门边摆放一碗茶水。家属商议报讯等诸多事项。第二天，将死者用门板从房中移至正屋，布置灵堂。亲属朋友前来陪夜。遗体一般停放2~3天出殡。

出殡当天，亲朋好友前往送礼，对遗体行跪拜礼，亡者子女哭泣叩头回礼，发放白布戴孝。同时要备好酒席，款待吊唁者及帮忙人。吃过中饭，遗体入殓，家属主亲们由侄子领路，到附近河边去焚烧死者生前用过的枕头。侄子手拿电筒或桅灯，带着装有折好的纸锭和硬币的篮子去“买水”。回家后，为死者洗脸、擦身、换衣。出殡前燃放鞭炮，前往殡仪馆进行火化，家属主亲等前往相送。另要留人清扫家里，扫掉晦气，并把门口茶碗摔碎。火化回来，临近家门时，要放鞭炮告诉在家的守候人接丧。亡者家设座台，家属、亲朋及送丧者一一叩拜。亲人送菜肴上坟。傍晚，办理事酒款待来宾。

亡者家在客堂中所设座台，供牌位，挂遗像，早晚祭奠，直至喊过“五七”撤座。“五七”当天，亲友都会前来祭拜送礼。当晚过零点后，主亲由侄子领着出门喊“五七”，喊着亡者回家之类的话。过完“五七”，继而过周年等。

物产

青梅　金庭植梅，始于唐代，盛行于明清。明代，植于涵村一带；清代，植于鸡笼山、后堡、镇夏一带，有“鸡笼梅雪”胜景。《太湖备考》云：“梅，诸山皆有，惟西山后堡、镇夏……独盛。”梅为蔷薇科落叶乔木，品种很多，有白梅、青梅、红梅等种类。金庭梅子绝大多数属青梅类。梅子用于制作蜜饯，加工成话梅、露梅、脆梅等10余个品种，其中半成品盐渍梅远销国外。80年代末至90年代中期，青梅是金庭的主产果品，市场价格高至每50千克2000~3000元。全镇有梅树种植面积7000亩，花果蜜饯厂家13家。2000年以后，国内外市场需求发生变化，青梅价格直线下降，市场价每50千克

青梅

青种枇杷

50 元左右。2020 年年末，全镇种植梅树面积 2326 亩，产量 50 万千克，产值 80 万元，收购价格每千克 1.6 元。

枇杷 金庭枇杷始栽于唐代晚期。金庭枇杷品种众多，有青种、照种、荸荠种等 30 多个，栽培最多的是青种。青种枇杷为野生枇杷变异而来，清末由秉场果农谢方友发现并推广流行。果实成熟时蒂部仍呈青绿色，青种之名由此而来。青种枇杷树势强健，果形大（形大的 8 ~ 12 个为 0.5 千克），呈圆球形，果面为淡橙黄色，皮薄、易剥离；果肉为淡橙色，肉质较松，甜多酸少。果实在 5 月中下旬开始成熟，至 6 月初采摘期基本结束。1999 年，青种枇杷被江苏省农林厅评为优质水果。2000 年，获江苏省优质丰产技术推广农业丰收奖二等奖。2017 年，获江苏省优质水果评比金奖。2020 年 5 月，在镇江举办的第三届江苏省精品枇杷评比大会上，获两金一银。2020 年 12 月，西山青种枇杷被农业农村部授予“中华人民共和国农产品地理标志证书”。枇杷营养价值很高，能增进食欲、帮助消化，有止渴、清凉、解暑之功效。枇杷叶、枇杷花均可入药，制成著名中成药枇杷膏，具有润肺、解渴、止咳、润喉、和胃等功效。冬季采酿枇杷花蜜，为蜂蜜中上品，具有显著的止咳功效。2020 年，全镇枇杷种植面积 1.35 万亩。其中，青种枇杷产量 500 万千克，产值 2.2 亿元，市场价每千克 40 ~ 100 元。

杨梅 金庭杨梅种植有 1000 多年历史。最先系野生树种，后经逐代人工培育，变为家生，蔚然成林。清同治《苏州府志·卷十二》称杨梅“为吴中名品，味不减闽之荔

采杨梅

乌梅种杨梅

浪荡子杨梅

枝”。明代徐阶咏杨梅诗云：“若使太真知此味，荔枝焉得到长安。”全镇杨梅品种有早红、石家种、绿荫头、乌梅种、浪荡子等15个以上。其中乌梅种杨梅为主要品种，果形大，深紫黑色，果肉厚而松，汁多、味甜。浪荡子杨梅培植始于90年代，因果柄较长，风一吹，像人在荡秋千那样摇摆而得名。该品种由实生树变异而来，口感佳、色泽好、甜性足、耐贮存。2017年，浪荡子杨梅获“神园杯”江苏优质水果评比金奖。杨梅一般在6月下旬成熟，富含糖类、果酸、维生素等，能生津止渴，帮助消化，有治疗神经炎和预防坏血症的功效。杨梅以食鲜果为主，也可制杨梅干、杨梅露和杨梅酒。金庭镇民间习惯用杨梅浸白酒，以治痢疾。2020年，全镇种植杨梅7082亩，产量350万千克，产值7700万元。其中，乌梅种杨梅产量300万千克，占86%；浪荡子杨梅产量40万千克，占11%；其他品种杨梅产量10万千克，占3%。2020年，乌梅种杨梅市场价每千克20～30元，浪荡子杨梅市场价每千克40～60元。

板栗 金庭板栗栽培始于唐代，有九家种、油毛栗、大毛栗、六月白、白毛栗、早栗、重阳栗等品种。九家种板栗是主要品种，因其十家有九家栽种而得名。九家种树势较强，果形椭圆，果肩浑圆，果顶平，基部钝圆，平均重12.2克，外果皮为暗赤褐色，果面毛茸短，果座较小，射线尚明显，肉质细腻，糯性强，品质优良，最宜熟食。结果时枝上发育球苞常有5～6个，极丰产；球苞小而薄，出果率高，其他品种每50千克球苞可取出栗子15～20千克，九家种则在20千克以上。果实耐贮藏，农家将充分成熟的板栗装入罐中可藏至春节。栗子既能生食，又能熟食。栗子烧鸡是金庭人的一道传

九家种板栗

嫩栗子

统佳肴。2020 年，全镇种植板栗面积 3285 亩，产量 7.4 万千克，产值 1036 万元，市场价每千克 10 ～ 20 元。

梨 金庭植梨约为春秋吴越时期，《山海经》有“洞庭之山，其木多柤、梨……”的记载。明代《果蔬》《农政全书》等书籍上有洞庭山用竹箬包裹幼梨以防虫鸟之害以及利用梨来进行柿子脱涩等内容的记载。清代，甪里遍植梨树，有“甪里梨云”胜景。《太湖备考》云：“梨，甪头山最盛，有‘十里梨云’之称。”金庭梨的品种有蜜梨、林梨、张公梨、白梨、黄梨、消梨、乔梨、鹅梨、大柄金花梨、太师梨等十多个，随着时间的推移，金庭梨树渐渐消失。2000 年以后，金庭农科站从从浙江引进翠冠梨种植。该品种果形大、产量高、成熟早、水分足、口感好、化渣性好，得以大面积推广。2020 年，全镇种植翠冠梨 1230 亩，产量 110 万千克，产值 1322 万元，市场价每千克 10 ～ 16 元。

柑橘 《太湖备考》载：“橘，出东西两山，所谓‘洞庭红’是也。”唐代大诗人白居易任苏州刺史时，每年都亲自挑选“洞庭红”进贡。宋代，苏东坡《洞庭春色赋》有黄柑酿酒，名“洞庭春色”的记载。李时珍《本草纲目》有“橘非洞庭不香”的评述。洞庭红橘品种众多，有早红、了红、朱橘等十余个品种。早红因最先转红成熟，故得名，一般在 10 月上中旬即成熟。果实扁圆形，橙黄色，由于早熟，很受市场欢迎。了红是朱橘中的一个品种，由朱橘实生变异而来，为洞庭山特产。了红为中熟品种，采收期为 10 月下旬至 11 月中旬，比早红迟而早于朱橘。了红树生长强健，果实皮薄、味甜，耐贮运。朱橘，因果实颜色朱红而得名。因成熟最晚，俗称“晚橘子”，古称“洞庭红”。朱橘果实呈扁圆形，成熟最晚，经霜方红，立冬后采摘，耐贮运，春节前后上市，仍鲜如初摘，且味道比初摘时更鲜甜。朱橘树性强健，耐寒，大小年差异明显，寿命较长，单株产量高。明代时，朱橘远销南洋。清代至 20 世纪 80 年代中期，红橘一直为金庭主要果品。1983 年，家庭联产承包责任制实行后，全镇开始大面积推广温州蜜柑（温柑）和黄岩蜜橘，红橘种植面积下降。2013 年，中共苏州市吴中区委、吴中区政府出台洞庭红橘保护措施，建立良种繁育基地。金庭在瓦山苗圃场建红橘良种基地 5 亩，在缥缈村西里和堂里村涵头上各设 30 亩保护区，分别种植 148 株和 257 株红橘，使“橘子红了”成为金庭镇一道旅游风景线。

2018 年 11 月，在江苏省柑橘发展研讨会精品柑橘评比中，金庭东村村选送的朱橘、缥缈村选送的了红荣获金奖。2020 年，全镇种植柑橘 7550 亩，产量 3.94 万千克，产值 1182 万元，市场价每千克 2 ～ 4 元。

红橘银杏（2007年）

银杏

银杏 金庭人工栽培银杏始于唐代，大量种植于清同治、光绪年间，发展最快是二十世纪八九十年代。银杏树生长缓慢，一般须10年后才可嫁接，30～40年后才大量结果。祖父植树，孙子得利，故称“公孙树”。银杏树寿命极长，可达数千年。银杏品种分佛手与梅核两类，主要品种有大佛手、小佛手、洞庭皇、大圆珠、小圆珠、鸭屁股圆珠等，其中以洞庭皇为佳。其种子丰满，核平均重3.53克，为洞庭山银杏中种子最大的一种。银杏春开暗花，花期较短，约15天。中秋前后采收。果皮有毒，收后进行闷堆处理，去皮时不能用手直接接触，须戴防护手套。果核即为成品，可炒可煮，去壳而食。白果肉质糯软，营养价值极高，不宜多吃，10粒左右为宜。90年代，白果曾出口日本和东南亚地区，每50千克达2000～3000元，被称为“摇钱树”。2000年以后，海外市场需求低迷，白果价格一落千丈。2020年，全镇种植银杏606亩，产量31.3万千克，产值250万元，市场价格每千克7～8元。

石榴 金庭石榴培植始于明代，有小种、大红种、小红种、水晶石榴、老油头、铜皮、虎皮、野种等近十个品种。其中植水晶石榴为多，该品种因籽粒色泽透明如水晶而得名。其籽粒大，核小，汁多，味甘，品质优良，深受市场青睐。石榴春末开花，花色艳红似火，形若小钟，因其果实籽粒繁多，历来被看作吉祥之果，有“多子”“顺流”之意。石榴一般在寒露后成熟，民间有“寒露三朝采石榴”的谚语。2020年，全镇种植水晶石榴302亩，产量27.8万千克，产值278万元，市场价格每千克10元。

太湖白鱼 亦称“鲦”，体型扁长，细鳞银白色，头尾俱向上，故民间称为“翘嘴白鱼”，是太湖名贵鱼类。《吴郡志》载“白鱼出太湖者胜”。太湖白鱼，鳞下脂肪多，酷似鲥鱼，肉质细嫩、鲜美。与松江鲈鱼、黄河鲤鱼、松花江鲑鱼并称为中国“四大名鱼”。农历六至七月是产卵期，以入梅十五日为捕鱼旺季。白鱼可采用清蒸、红烧、腌渍等方法烹饪出富有多种营养的美味佳肴。其中，清蒸白鱼是金庭传统名菜，其肉白如玉，细嫩可口，鲜美无比。

清蒸白鱼

太湖白虾 《太湖备考》载：“白虾，色白而壳软薄，梅雨后有子有膏更美。”太湖白虾俗称“水晶虾”，其壳极薄，通体透明，晶莹如玉，略见棕色斑纹，头有须，胸有爪，两眼突出，尾成叉形。农历五至六月是太湖白虾捕捞旺季。太湖白虾肉嫩、味鲜，营养丰富，蛋白质含量高，含有钙、磷、铁和维生素 A 等多种成分，可烹饪成盐水虾、酒醉虾、葱油虾、卤汁虾等，为宴席佳肴。白虾可加工成虾干，能久贮，食用方便。晒干后去皮，即成虾米，其下脚和虾籽又是制作美味虾籽酱油的优质原料。

太湖白虾

太湖银鱼 春秋时期，太湖就盛产银鱼。宋代词人张先有“春后银鱼霜下鲈”名句，把银鱼与鲈鱼并列为鱼中珍品。太湖银鱼体长、略圆，形如玉箸，柔似无骨，细嫩透明。色泽似银，故名银鱼。太湖银鱼有大银鱼、香氏银鱼、太湖短吻银鱼和寡齿短吻银鱼四个种类，

醉白虾

银鱼炒蛋

其中以香氏银鱼和太湖短吻银鱼为上品，产量则以大银鱼和太湖短吻银鱼为高。银鱼为太湖定居性鱼类，太湖银鱼在农历五月中旬至六月中下旬为网捕旺季，此时正处银鱼生殖洄游期间。银鱼营养极其丰富，含钙、磷、铁和维生素、烟酸等多种营养成分，具有低脂肪、高蛋白特点，为鱼中珍品。该鱼肉质细腻，无骨刺、无腥味，可烹制为各种名菜佳肴，如银鱼炒蛋、雪菜炒银鱼、干炸银鱼丸、银鱼煮汤、银鱼馄饨、银鱼春卷、银鱼莼菜羹等，太湖银鱼现有鲜鱼、冰鲜鱼、干鱼三种形式应市。冰鲜银鱼在日本和东南亚等国家及地区久负盛名。

太湖白鱼、白虾、银鱼合称“太湖三白”。

太湖莼菜 莼菜，有水中“碧螺春”之誉。采摘一般从 4 月开始，至 10 月结束。莼菜因西晋张翰“莼鲈之思”而声名远播，唐代被列为御膳贡品。莼菜、菰菜、鲈鱼自古为江南三大名菜。莼菜叶片漂浮在水面，呈椭圆形，正面深绿色，背面绛红色，生长繁殖快。莼菜叶背面分泌出一种类似琼脂的黏液，嫩叶的黏液更多。莼菜的嫩经、嫩叶富含淀粉、蛋白质、脂肪、维生素等成分，营养价值很高。食用莼菜需采摘还未露出水面的嫩叶（简称“莼梭”），或煮或炒，入口滑而不腻、爽口清香，鲜味独特。太湖莼菜作为菜肴，一般有莼菜肉丝汤和莼菜银鱼羹两种做法。莼菜有补血、润肺、健胃、止泻、消炎、解毒等功能。

美食

酱爆螺蛳 金庭传统炒制名菜。“明前螺蛳赛过鹅”，清明前的螺蛳，肉质肥美。首先将螺蛳剪掉螺尾清洗，放养在滴有少量食用油的水盆中约 2 小时，再清洗、沥干。其次在锅中热油，放姜末、干椒段、蒜末、葱白末等，爆出香味后，倒入螺蛳，快速翻炒至大部分螺吸盘脱出后，加黄酒、酱油、盐、糖、水等，继续翻炒收汁。最后起锅装盆，撒上香葱末。此菜肴鲜嫩无比，营养丰富。

肉丸桃凝汤 金庭传统汤汁佳肴。桃凝，又名桃油、桃脂、桃树胶，由桃树枝干上流出的汁水凝结而成。夏、秋季采收，晒干贮存。晒干的桃凝呈琥珀结晶石状。用时，需清水浸泡 10 多个小时，经多次漂、淘，方能洗净被黏住的杂物。把桃凝与虾丸、鱼丸、米粉丸或小肉丸配伍，加适当佐料和香葱末，煮出的桃凝汤清香扑鼻、美味可口。桃凝有降血脂、缓解压力和抗皱嫩肤的功效，含有丰富的碳水化合物、脂肪与蛋白质。

酱爆螺蛳

肉丸桃凝汤

咸菜小竹笋

生煸四叶菜　金庭春、夏特色土菜，因有 4 张叶片而得名。又称“夜晗苜”，因晚上闭合、凌晨开放而得名。烹饪时，洗净的嫩叶、嫩头经旺火热油快速煸炒，看成色加入蒜末、盐、糖、酱油。生煸四叶菜色泽碧绿，柔软鲜嫩，清口解腻，深得游客青睐。四叶菜唐代时为宫廷菜肴，近百年来一直享有盛名。其营养成分丰富，超过菠菜。维生素 K 和胡萝卜素含量高，维生素 C 超过白萝卜的 2 ～ 3 倍。

小竹笋炒肉丝雪菜　金庭农家特色土菜。春末夏初，金庭诸岛山坡上、山坳里长有小竹笋。扒掉笋衣，露出笋肉，青白细嫩，将它与肉丝、雪菜或嫩蚕豆等食材配伍，可炒出不同的美味佳肴。最受游客喜爱是小竹笋炒肉丝雪菜。炒制时，将小竹笋洗净沥干切成段，放在加盐的沸水中烫一下捞起沥干；雪菜洗净控干水分，切下叶柄部分，把它切细剁碎成末；肉丝在油锅里炒至六成熟起锅待用；开锅热油放上辣椒丝、蒜末煸出香味，倒入小竹笋、雪菜末翻炒，加水继续翻炒，看成色倒入肉丝，加盐、糖、黄酒等佐料翻炒，出锅装盆即可。此菜肴色泽柔和、鲜嫩爽口，富含纤维素，蛋白质，氨基酸，胡萝卜素，维生素 B_1、B_2，维生素 C 和微量元素钙、磷、铁等。

凉拌鹅肠草　金庭农家春、夏时令特色菜。鹅肠草，又称“鹅肠菜”，俗称“馄馄头”。炒制时，把洗净的鹅肠草用盐水浸泡 5 分钟后捞起，将红辣椒、生姜洗净后切成细丝。锅中倒入适量清水，烧开后放入适量盐、油，倒入鹅肠草烫熟后捞起放于盆中。把汤再次煮沸，将红辣椒、老姜切丝烫一下，捞起沥干。将烫熟的食材放置在一起，加盐、糖、米醋，滴上麻油拌匀后上桌。此菜柔软嫩滑，鲜美可口。孕妇应少食。

菱油浆 金庭传统小吃佳肴。以嫩菱肉为主食材，配以干莲心、荸荠等，煮成适合不同口味的菱油浆羹。《本草纲目》载，菱角补五脏，除百病，且可轻身（即减肥健美）。制作方法：干莲心清水浸泡透，沥干，适量生粉或面粉加水调稀成薄浆，嫩鲜菱剥壳去皮，清洗切成小块，荸荠去皮清洗切成小块，与莲心一同放在砂锅内，加水，旺火煮沸改文火焖烧至食材烂熟。羹汤有黏稠感，加适量糖或盐等，调出口味，倒入生粉或面粉稀浆水并不停搅拌匀，同时改中火煮沸即成。此羹富含淀粉、蛋白质、葡萄糖、不饱和脂肪酸等多种维生素、胡萝卜素及钙、磷、铁等微量元素。

甏头肉 金庭原始传统储肉方法之一。制作过程：把大块猪肋条肉洗干净，在沸水中焯透，再用清水洗净放入农家土灶铁锅里，加水直至浸没食材，放入老姜，旺火煮 20 分钟，加黄酒，改中火煮至肉六成熟捞起控干，抹上少量食盐，冷却。而后，将一块块肉放入洗净晒干的大口甏里揌实，铺盖上干笋衣，用洗净晒干的稻草填满塞紧甏口，用竹片锁住，倒扣在盛有清水的浅盆中，存放于通风阴凉的室内。食用时，取出肉切成块，锅里加黄豆酱、八角、糖、盐及适量水，旺火煮沸后，放入肉块、黄酒等翻炒均匀，改中火煮 10 分钟，旺火收汁，装盆即可。甏头肉既有咸肉的醇香，又有鲜肉之馥香，爽口而不腻，深受喜爱。

栗子烧鸡 金庭时令传统佳肴。将鸡洗净后剁成长、宽约 3 厘米的方块，板栗去壳洗净滤干。葱切成 2 厘米段，姜切成 1 厘米见方。烧热油锅，放入葱姜煸炒出香味，放入八角、鸡块煸炒至半熟，加入酱油、黄酒，倒入清水。烧开后，放入栗子煮开，加入盐和少许白砂糖，小火烧至汤汁浓稠，淀粉勾芡，淋入香油即可。此肴鸡肉鲜滑，板栗香甜，汁浓醇厚，色泽红亮，令人食欲大开。

栗子烧鸡

冬至团

门印子糕

酒酿饭 金庭端午节与立夏日的传统节庆食品。用纯糯米饭、酒药剂酿成。酿制过程需 3 天时间。传统优质酒酿饭酿制技术要求高，工序讲究。先将糯米淘洗并浸泡 10 个小时左右，而后把米沥干上笼蒸。笼直径约 6 厘米、高约 5 厘米，内有木蒸垫，铺上纱布，把米均匀地摊在上面，旺火蒸煮至上汽 20 分钟，起锅装在篓里，用凉开水不断地冲米饭使其冷却。以 2.5 千克米饭为一胚基，将一块长 2 厘米、宽 15 厘米、厚 1 厘米大小的酒药剂碾成粉末，均匀地拌和在米饭中，做成酒酿胚基。然后将胚基装在洁净、密封的木质或陶瓷器皿中保温发酵，外表用棉絮将其紧紧包裹。经过 24 小时左右，打开器皿，浓浓的酒酿香味会扑鼻而来。酒酿发烫，需冷却 10 小时左右方可食用。

冬至团 因为冬至时节做的团子而得名，馅料有萝卜丝馅、芝麻馅、黄豆馅、赤豆馅、菠菜肉丁馅等。先将米粉以糯粳 1.2∶1 的比例搭配，磨制成粉。如做萝卜丝馅的冬至团，即将萝卜切成丝，晒干，浸泡后加入佐料炒熟。随后进行揉粉，揉粉方式采取传统的两揉法：揉生粉后进行蒸制，再揉熟粉。之后包馅成团，拧一小团熟粉团搓圆，左手捏住粉团，右手用两个指头插进粉团，一圈圈地转动起来，称为“开缸”，然后将馅料放入其中，再将团子搓圆，垫上笋衣、阔竹叶或绿叶片等，稍稍压扁后盖上“福”字章冷却。刚制成的冬至团柔软可口。金庭人有做冬至团赠送亲友的习俗。

门印子糕 金庭春、夏季名糕点。因糕上下两端各用筷子按印如门而得名。不同食材可做成不同颜色的门印子糕。白糕，即按 3∶2 的比例混合糯粳，干米粉中加适量糖用沸水揉成粉团，压制成型，按上筷印，上笼蒸煮至上汽 20 分钟即可。绿糕则是在米粉中加绿料。绿料有丝瓜嫩叶、南瓜嫩叶、蚕豆嫩叶、荆条嫩叶、紫草嫩芽等。黄糕是以煮熟的老南瓜，或少量蜂蜜花粉，或少量松花粉等为食材。其中以蜂蜜花粉糕、松花粉糕为上品。

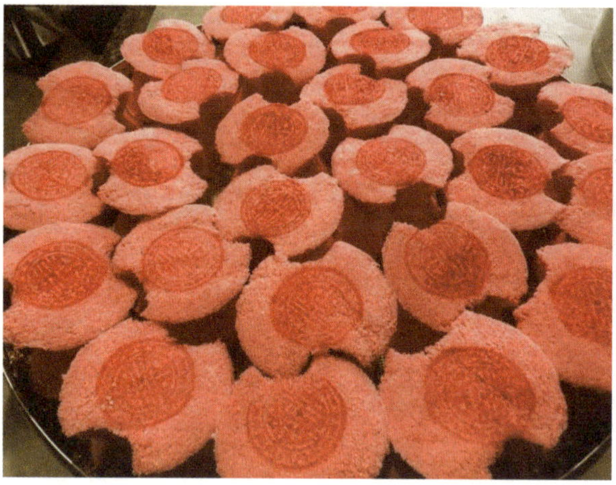

锭升糕

锭升糕 谐音必定高升之意，为金庭吉祥糕、祝福糕点。锭升糕造型有梅花形、仙桃形和锭升形几种。配料为四成糯米、六成粳米，混合轧成粉，越细越好。首先要飞粉。一般按5千克粉、1.5千克白糖比例，加水拌匀。飞出的粉，做到不干不湿，抓一把，团得拢，松得开。粉拌匀后，装入模型，轻拍上笼蒸熟即可。刚出笼的锭升糕糯软香甜。金庭人孩子满月、新房上梁等喜庆大事，才会做此种糕点。

方言俗语

方言 金庭方言与苏州以及其他乡镇有着明显区别，口音与吴侬软语差别较大，听起来特别“硬”和“直”，有浓厚的地方色彩。以下择要述之。

山浪人：洞庭东西山人

夷：他（她）

吾：我

随家：大家、大伙

好婆：奶奶

阿爹：爷爷

牙叔：叔叔

个答：这里、这儿

老答：哪里

春三头：立春后的三个月内

早浪：早上

点心里：中午

场化：地方

横多里：横处

下转：下次

勉强：刚才、刚刚

着末：最后、最终

挨：晚，迟了，过了时间

作速谷：干什么

纳哼：怎么样

老皮秋：泥鳅

沿刮搭：鲇鱼

戟：镰刀

长它雨：下雨时间长

像相：漂亮、美丽

千风道业：花样多

横浜竖牵：花了好多力气才勉强成功

恶督赖底：没有用、一无是处

牵丝攀登：不爽气，慢吞吞

该业勿去：不应该去，去了后悔

过日脚：过日子

传隔：弄错

拎廊挂几：不成形，破旧

一塔刮之：全部在内

石刮铁硬：货真价实，没有水分

米勒：相差远了

家公家婆：丈夫、妻子

沟答：那里、那儿

便家：原本、本来、过去

好日：结婚的日子

上半日：上午

夜快：傍晚

当中湾里：中间

上转：上次

头浪向：开始时

依歇：现在

要紧勿杀：赶紧、匆忙

后收来：后来

老搭起：哪里去，到什么地方

作兴：有可能

曲蟮：蚯蚓

蛳螺：螺蛳

落雾：下雨

缺泥：吃鱼

值钿：欢喜、喜爱

丈路：走路

图有趣：开玩笑、闹着玩

抢忙龟：讲得快，抢着说、做

脱头落攀：不靠谱、不踏实、不牢靠

龟触泥三：装模作样

山清水绿：干干净净

勒杀吊死：气量小，不爽气

黄脱：过了期限没有兑现

眼眼掉：恰好、碰巧

哭出呜拉：哭状

触杀蛮娘：出言不逊，骂人

擦刮蓝新：很新，刚使用

谚语

在长期生产和生活中，金庭人通过观察天气变化，积累劳作经验，形成众多口头谚语。

农活谚语

双春难养蚕，无春莫种田。

春分乱接木，接贴保证活。

三月清明满山青，四月清明不见青。

明前茶眼明清亮，分前茶百病消痒。

谷雨前后，栽瓜种豆。

橘树春芽不撸，秋里就像鸟窝。

立夏采三鲜，樱桃、蚕豆加青梅。

蚕老枇杷黄，夏至杨梅半山红。

芒种芒种样样要种，过了芒种勿要握空。

过了二月二，瓜茄绿蔬要下地。

夏至连起莳，头莳养，二莳抢，三莳再种，低田白种，立秋不打耥，暑处不趴泥，白露白迷迷，秋分稻莠齐，立冬无立稻，霜降一齐倒。

小麦油菜埨要高，三铁耙六道干。

立冬豆三莳，小雪麦三莳。

九月廿六，山茹芋头长足。

冬里树上施肥，好比地上盖被。

秋分要种菜，小雪就好腌。

霜降要拔葱，勿拔就要空。

气候谚语

春雾雨，夏雾热，秋雾凉风，冬雾雪。

东南阵（雷）落不成，西南阵田埂沉。

三朝雾露发西风。

乌云朝上涨，晚上听瓦响。

九里三朝大北风，太湖水面连底冻。

日落西边红，明朝背皮痛。

今日乌云接日，明朝太阳不出。

早西夜东风，晴天老祖宗。

东北风，雨太公。下雨起水泡，一连落几朝。

西南风转北，准备草绳攀屋。

处暑辰光一声雷，四五十日倒黄梅。

小暑一声雷，重做倒黄霉。

小暑不见日头，大暑晒开石头。

九月南风二天半（下雨），十月南风当日转。

九里南风似毒药，上午一吹不到晚。

雨过山景近，连雨跟得紧。

白露秋风夜，一夜冷一夜。

南风暖来北风寒，东风多雨西风干。

立秋下了雨，秋风要碰雨。

天上云头鲤鱼斑，明朝晒谷不用翻。

三九四九，相交不出手；五九六九，沿河看柳。

七九六十三，走路脱衣衫；八九七十二，黄狗歇阴地。

湖鲜谚语

太湖八百里，鱼虾捉不尽。

正月塘鲤肉头细，二月桃花鳜鱼肥，

三月甲鱼补身体，四月鲥鱼加葱须，

五月白鱼吃肚皮，六月鳊鱼鲜如鸡，

七月鳗鲡酱油焖，八月鲃鱼要吃肺，

九月鲫鱼要塞肉，十月草鱼打牙祭，

十一月鲢鱼吃只头，十二月青鱼要吃尾。

歇后语

外甥打灯笼——照舅（旧）

青石板上甩乌龟——硬碰硬

田沟里的泥鳅——滑溜溜

黄鼠狼躲在鸡棚上——不偷也是偷

金庭雪景（2018 年）

望族大姓

金庭地处太湖之中，为望族大姓所青睐。“具区洞庭山，山深水阔，兵火所不及，力耕其中足以免其患”（〔明〕宋濂《宋太史徐公家传》）。宋朝之前，有秉汇诸氏（春秋越国大夫诸稽郢后裔）、甪里周氏（居甪里村周家上，汉初甪里先生之后裔）、慈里夏氏（居黄公井，汉初夏黄公后裔）、涵村孙氏（居孙坞，三国孙坚之后裔）、甪里郑氏、马村马氏等在西山岛定居。

南宋时期，“政和而后，中原云扰，乘舆南播，达人智士入山唯恐不深，于是乎，荒洲僻岛多为名流栖托之地”（〔清〕胡同《洞庭煦巷徐氏宗谱》）。南宋建炎三年（1129），宋高宗赵构渡江南迁，北方望族官员随驾，大部分先居于苏州、杭州一带城郊，生活殷实。后时局不稳，部分迁入西山岛、横山岛。于是，西山岛上大批村落兴建，形成大宗族和村庄，主要有徐、王、蒋、沈、金、陆、黄、蔡、马、秦、郑、吴、曹、李、张、朱、劳、韩、罗、孙、邓、费、屠、葛、仇等20余个，另有北方迁移宗姓苏、邹、殷、苗、柯、堵、倪、柴、濮、钟、孔、凌、柳、胡等。本志以其择居地、现有资料及人口为据，叙16个望族姓氏。

徐氏

徐氏全镇共有 6 支：南徐支、北徐支、东园支、堂里支、煦巷支、徐巷支。2020 年年末，全镇徐氏共计 2806 人，其中东村徐氏 410 人、东河社区（含南徐、北徐）徐氏 538 人、石公村（含煦巷）徐氏 141 人、东蔡村（含徐巷）徐氏 198 人、堂里村徐氏 288 人，其他村落徐氏 1231 人。

姓氏渊源

后埠徐氏　宋高宗南渡时，河北永清府教授（学官）徐汴河携 12 岁孙徐元吉（三子徐揆之子）“义不居伪邦，随帝南渡”，先居于杭州小湖州墅 5 年，再避乱于苏州光福梓里村。因时局不稳，慕洞庭山水之胜和湖山之安宁，徐元吉于南宋淳熙年间（1174—1189）移居西山绿石山麓梅梁里（现称后埠）。徐元吉之后衍分为三支：一支居崦南，定村名为南徐；随后又衍一支居崦北，即北徐支；另一支为汴河公 7 世孙徐万一于南宋宝祐二年（1254）迁居栖贤山麓之东园里（现称东村），为徐氏东园支始祖。

堂里徐氏　始祖为南宋乾道年间（1165—1173）平江府知府徐吉轩。徐吉轩之祖父徐量有子徐徽言、徐潜言。徐吉轩为徐潜言之子。徐吉轩生前慕洞庭山水，嘱死后葬在西山，其次子徐大本（字致中）奉父柩安葬于堂里，并筑庐守墓定居于此。徐大本为堂里徐氏迁山祖。

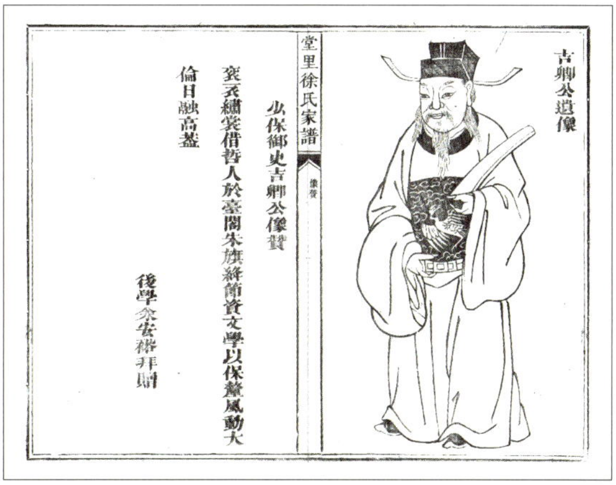

堂里徐氏始祖徐吉卿像

徐巷徐氏　迁山祖为宋理宗时平江府学录徐圻，因爱洞庭山水

《洞庭煦巷徐氏宗谱》

徐素行像

《东园徐氏宗谱》

《具区销夏湾徐氏重辑宗谱》

而迁居消夏湾。徐圻之祖徐徽言为抗金名将，以武举及第，曾任保德知府、岚石路沿边安抚使等职，抗金时被俘，不屈被杀，高宗追赠其晋州观察使，谥“忠壮”。清康熙六十一年（1722）建徐忠壮公祠，清乾隆三年（1738）钱陈群有《徐忠壮公祠堂碑记》。

煦巷徐氏 迁山祖为宋徽宗朝主战派、翰林院侍讲学士徐素行（字逊之，号恒斋），因屡遭投降派排挤，南渡后更不满高宗苟且偷安，辞官不仕，并诫其子孙不仕，举家定居于石公山北可盘湾，继迁居煦巷（现称许巷）。

族谱纂修 金庭徐氏现存宗谱有《南徐徐氏世谱》，六册全，清乾隆四十年（1775）修;《东园徐氏宗谱》，六册全，清嘉庆七年（1802）修;《堂里徐氏家谱》及外编，残存家谱世系总图及世系分册二、外编一，清乾隆四十一年（1776）修;《具区销夏湾徐氏重辑宗谱》，六册全，清嘉庆十四年（1809）修;《洞庭煦巷徐氏宗谱》，四册全，清道光八年（1828）修。

徐氏家训 堂里徐氏家训：孝顺父母、协和兄弟、尊敬长上、亲睦宗族、训诲子孙（自幼以正养之，以义教之）、各安本业、崇尚节俭。

圻村王氏

姓氏渊源 2020年年末，全镇共有王姓2344人，主要分旸坞王氏与圻村王氏。其中，石公村（含旸坞）王氏324人，缥缈村（含圻村）王氏306人。

旸坞王氏是东山王氏的分支，迁居西山的时间约在元初。

圻村王氏，始祖为宋初大名府少司马、景叔公王祐，因曾在庭院种三株槐树，世称三槐王氏。王祐五世孙承奉郎、太常寺太祝王直臣，南宋初期为避战火，举家从大名府迁居圻村，为圻村王氏始祖。子孙多居住在圻村、慈里一带，后繁衍为金庭大族。清乾隆年间（1736—1795）圻村王氏曾建宗祠。

族谱纂修 已知存世《圻村王氏族谱》五卷，清乾隆四十一年（1776）修。

王氏家训 为臣必忠，为子必孝，为兄必爱，为弟必敬，为妻必顺，毋徇私以伤和气，毋因私故以绝恩义，毋惹闲非以扰门庭，毋耽曲蘖以乱德性。

蒋氏

全镇分后埠（又分元山蒋家巷、后堡、辛村三支）和后堡两大宗。2020年年末，全镇共有蒋氏1958人，其中，林屋村（含后堡）蒋氏646人，蒋东村蒋氏340人。

姓氏渊源

后埠蒋氏 为北宋御史、苏州名太守蒋堂（980—1054）直系后裔。蒋堂在北宋景祐四年（1037）和皇祐元年（1049）任平江知府，为吴中蒋氏始祖。居苏州灵芝坊（侍其巷）。南宋理宗时，蒋堂长房八世孙蒋又村（1210—1291）因战乱动荡，“故择宽间之野、寂寞之滨隐遁自全，渡太湖览洞庭胜迹，抵梅梁里，曰此可矣”，遂将全家由苏州灵芝坊迁居后埠。蒋又村被奉为后埠蒋氏迁山祖。

蒋氏不禁出赘，五传蒋彦章出赘元山徐氏，为元山（蒋家巷）蒋氏始祖。六传蒋士源出赘辛村殷氏，为蒋氏辛村支始祖。后埠蒋氏在太平天国运动时均迁出，仅存故宅乌府及蒋氏里门。

后堡蒋氏 南宋建炎初年，靖康之变后，蒋逸民随驾南渡至临安。因爱慕洞庭山的深幽，迁居西山后堡里，为后堡迁山始祖。

族谱纂修 已知存世宗谱《洞庭蒋氏支谱》十一卷，清乾隆五十四年（1789）修。

蒋氏家训 敦孝悌、宜家室、择婚姻、慎交友、虔祭祀、存厚道、勤耕读、守恭俭。

镇夏沈氏

姓氏渊源 2020年年末，全镇有沈氏1744人，其中林屋村（含镇夏）沈氏353人。镇夏沈氏源自南齐隆昌元年（494）梁隐侯沈约任东阳太守，遂定居东阳。南宋时，沈禾（字仲嘉）携其子沈钦（字日逸）游西山，爱山水之胜，在镇夏林屋洞旁营建“沈氏林亭”。沈禾逝后，沈钦遵父愿于南宋隆兴元年（1163）举家定居镇夏，为西山沈氏迁山始祖。沈氏在西山主要分镇夏、汇上、角里、沈家场等几支，均以镇夏为大宗。

族谱纂修 已知存世《洞庭沈氏重修宗谱》全四卷。

沈氏家训 行端心正，孝友勤慎。

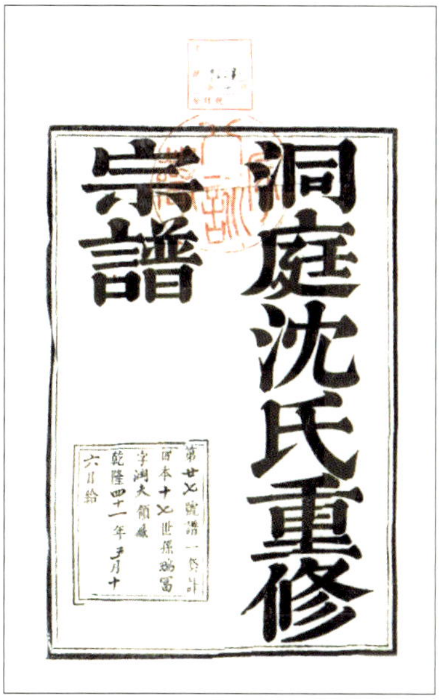

《洞庭沈氏重修宗谱》

夏泾金氏

姓氏渊源 2020年年末，全镇共有金氏1725人，其中，夏泾金氏287人，其他村落金氏1438人。夏泾金氏宋南渡始祖金安节，户部尚书，赠资政殿大学士。子金端臣，南宋绍兴年间（1131—1162）进士，官临安府录事参军。金端臣孙金文刚之子金璹，为吴郡始祖。金安节 11 世孙金极为夏泾迁山始祖。《洞庭夏泾金氏宗谱》载：“（金璹）六传（金）极，避元末兵乱，遁入太湖洞庭西山（又名包山），卜居夏泾里，是为包山始迁祖。”

族谱纂修　《洞庭夏泾金氏宗谱》全八册，清道光十一年（1831）金兰辉修。

金氏家训　尊祖睦族，孝义勤朴。

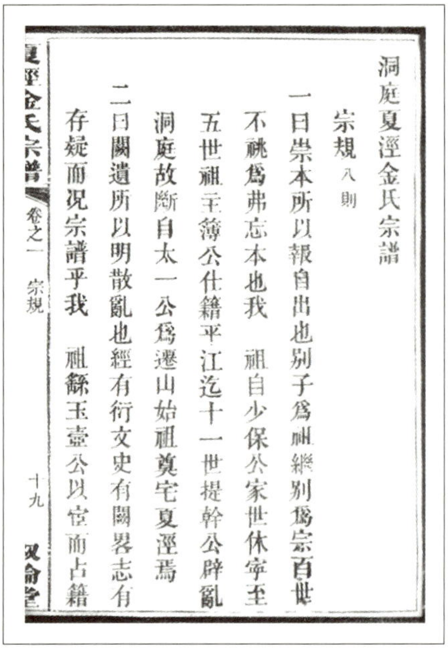
洞庭夏涇金氏宗譜
宗規 八則
一曰崇本所以報自出也別子爲祖繼別爲宗百世
不祧爲弗忘本也我　祖自少保公家世休寧至
五世祖主簿公仕籍平江迄十一世提幹公辟亂
洞庭故斷自太一公爲遷山始祖奠宅夏涇焉
二曰闕遺所以明散亂也經有衍文史有闕畧志有
存疑而況宗譜乎我　祖蘇玉壺公以宦而占籍
夏涇金氏宗譜　卷之一　宗規　十九　叙倫堂

《洞庭夏泾金氏宗谱》

涵村陆氏

姓氏渊源　2020 年年末，全镇共有陆氏 1667 人，其中，堂里村（含涵村）陆氏 521 人，涵村 100 户陆姓人家中大多为陆晃后裔。涵村陆氏与无锡陆世同为晋代中书侍郎陆瓘之后。南宋嘉定十二年（1219），为求安逸，陆元阳、陆元谦兄弟自无锡移居西山，分别住于涵村和后埠，是为陆氏涵村支和后埠支迁山祖。明代中叶，后埠陆氏因后埠人口日多而举族迁居渡渚，仅存陆继费一支。祠在涵村孙坞，有清乾隆年间修的宗谱，费氏谱上有陆氏自晋至明正德年间共 65 世排行字号。陆元阳后人（59 世）陆梦麟以军功授元水军万户，60 世陆智安世袭爵位。陆智安的长子（61 世）陆祖源，有五子：陆嗣隆、陆嗣昂、陆嗣晟、陆嗣暹、陆嗣旻。陆嗣旻曾孙（65 世）为陆晃。

族谱纂修　已知《陆氏世谱》五卷，清同治十二年（1873）修。

陆氏家训　宽厚恭谨，兄弟有爱，勤俭起家，诗书不坠。

秉常黄氏

姓氏渊源 2020年年末，全镇共有黄氏1519人，其中秉常村黄氏802人。秉常黄氏原籍福建邵武，宋朝时因仕居汴梁，南渡至金庭，迁山始祖为黄明善。黄明善在宋徽宗朝为明经博士、著作佐郎，随高宗南渡后辞官退居。“驾一叶之扁舟，访湖山而隐逸”（文天祥赞黄明善语）。先居杭州，后爱梁溪（无锡）山水，拟定居未成，便渡湖定居于西山秉常里。西山黄氏主要居于秉常里、黄家堡、南湾、旸坞、明月湾等地。

黄明善之弟黄潜善为宋高宗朝左仆射，力主议和，不思抗金，南渡后被贬至广东梅州。死后由其兄黄明善将其灵柩运回西山，葬秉常里罗汉坞。黄明善墓在秉常村朴树头。

族谱纂修 存世《梁溪黄氏宗谱》20册。1931年修。

黄氏家训 感祖宗、孝父母、敬尊长、友兄弟、正夫妇、慎婚姻、睦宗亲、择交友、尚耕读、务勤俭、戒争讼、禁赌博。

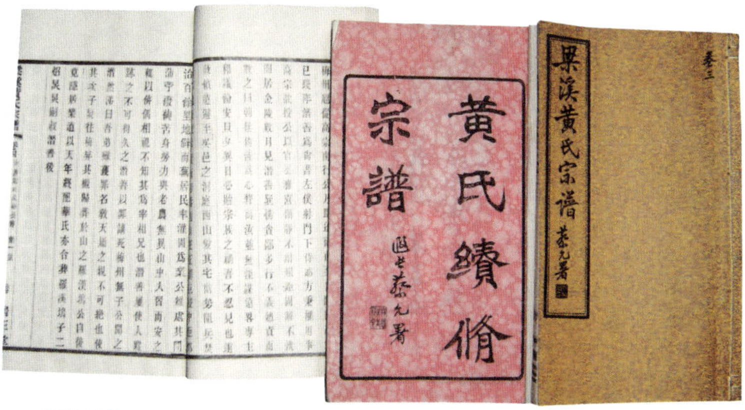

黄氏宗谱

东西蔡蔡氏

姓氏渊源 2020年年末，全镇共有蔡氏1381人，其中，东蔡蔡氏451人，缥缈村（含西蔡）蔡氏268人。蔡氏宋朝南渡氏族，原籍河南汝宁府新蔡县，南渡始祖蔡源（字世洪）为宋徽宗朝进士、焕章阁直学士、秘书郎。蔡源随高宗南渡至杭州，于南宋绍兴二年（1132）病卒。长子蔡维孟、次子蔡继孟、三子蔡承孟以谋葬父为由，于绍兴十二年（1142）自杭州奉母赵氏郡主之意移居消夏湾。长子蔡维孟居西，即西蔡里。次子蔡继孟居东，即东蔡里。东西蔡蔡氏分衍较广，湖州、昆山、无锡、德清等地都有支系。西山阳坞、圻村、蔡巷、角头等地蔡氏子孙，均以西蔡为本宗。

乾隆癸丑重輯
洞庭東蔡宗譜
茲譜取敦倫常睦宗族
六字分六集以便省覽

《洞庭东蔡宗谱》

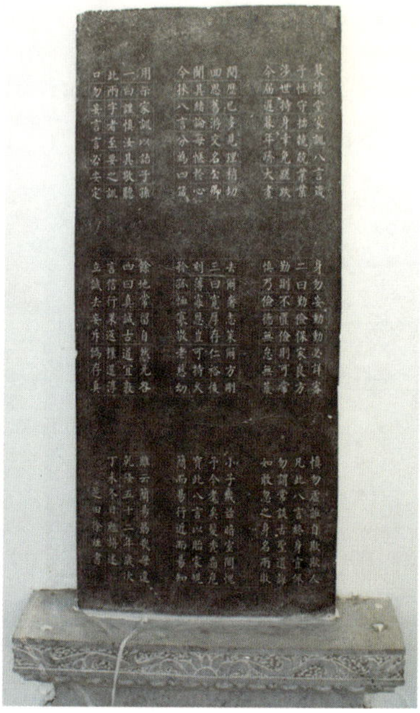

蔡氏蓼怀堂家训八言箴

族谱纂修 有《洞庭蔡氏七六公大宗支谱》，不分卷，清雍正七年（1729）修；《洞庭东蔡宗谱》，全六册，清乾隆五十八年（1793）修；《重修蔡氏小乙公支谱》，全三卷，清嘉庆年间（1796—1820）修（抄本）。

蔡氏家训 谨慎、勤俭、宽厚、真诚。

林屋马氏

姓氏渊源 2020年年末，全镇共有马氏1147人，其中林屋村马氏360人。林屋马氏祖籍陕西茂陵（陕西兴平），东汉伏波将军马援之后。迁山始祖是五代后周平南将军马抗。因陈桥兵变后不愿仕宋，时约后周显德七年（960），弃官隐居洞庭包山马城里（称马村）。其中25～26世生活时代约在清末民国初期。

《洞庭林屋马氏宗谱》（嘉庆版）

族谱纂修 马氏原在洞山下和前堡有祠，清乾隆二十二年（1757）建，2020年无存。宗谱初修于明成化十二年（1476），马抗12世孙马春创修。清嘉庆二十三年（1818），六修残谱四册。清光绪元年（1875），七修湖广版《洞庭林屋马氏宗谱》，八卷全，藏于前坟头马柏松处。

马氏家训 孝友大义。

秦家堡秦氏

姓氏渊源　2020年年末，全镇共有秦氏668人，其中秦家堡秦氏130人。秦家堡秦氏宋代著名词人秦观（字少游，号淮海先生）后裔。秦观5世孙秦宗迈（字益之），为洞庭迁山始祖。约南宋绍定至嘉熙年间（1228—1240），秦宗迈爱洞庭山水之胜，遂建别墅于消夏湾安仁乡，卒葬缥缈峰下飞仙山麓。其长子秦逊（君显公）守墓遂定居于此，并更乡名为秦家堡。秦逊之子秦仪，19岁中进士，赠驸马都尉。秦仪第三子秦孝义随宋帝南逃，一起投海殉国，成为宋朝烈士，府名“咏烈堂”。西山秦氏又分为秦家堡、旸坞、明湾、石公、渡渚、镇夏、涵村等支，其中石公支又分出吴江韭溪支。各支均以秦家堡为大宗。

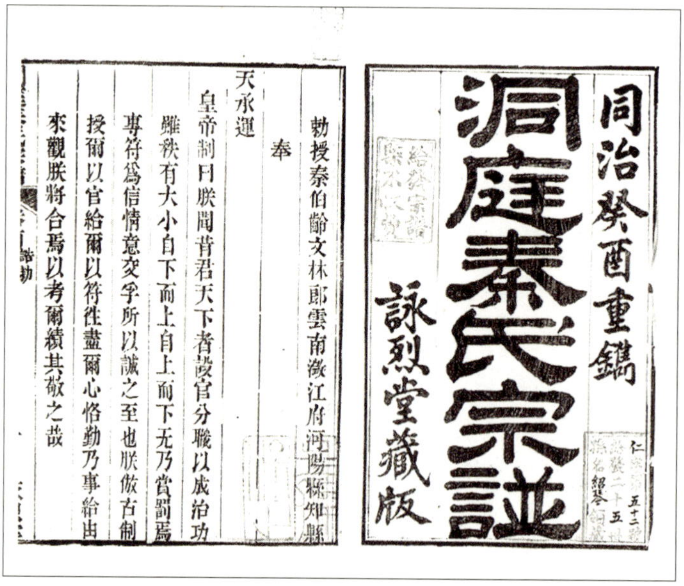
同治癸酉重鐫
洞庭秦氏宗譜
詠烈堂藏版

勅授秦伯齡文林郎雲南徵江府河陽縣知縣
奉
天承運
皇帝制曰朕聞昔君天下者設官分職以底治功
雖秩有大小自下而上自上而下无乃賞罰焉
事符爲信情意交孚所以誠之至也朕倣古制
授爾以官給爾以符使盡爾心恪勤乃事給出
來觀朕將合焉以考爾績其敬之哉
誥勅

《洞庭秦氏宗谱》

族谱纂修　已知现存宗谱有《洞庭秦氏宗谱》，十六册全，清道光五年（1825）修，同治十二年（1873）重印。

秦氏家训　孝顺、勤学、俭朴、和睦、慎言、慎行。

甪里郑氏

姓氏渊源　2020 年年末，全镇共有郑氏 660 人，其中甪里郑氏 362 人。甪里郑氏源自河南郑州。隋末乱世，后魏建威将军郑茂（字南阳）之长子郑白麟（字嘉征）携家南渡到甪里村，为洞庭西山郑氏迁山始祖。清康熙七年（1668）版《包山郑氏族谱》序："隋之末有事中原，吾祖讳白麟者，徙于吴之包山。"郑氏在甪里繁衍为大族。

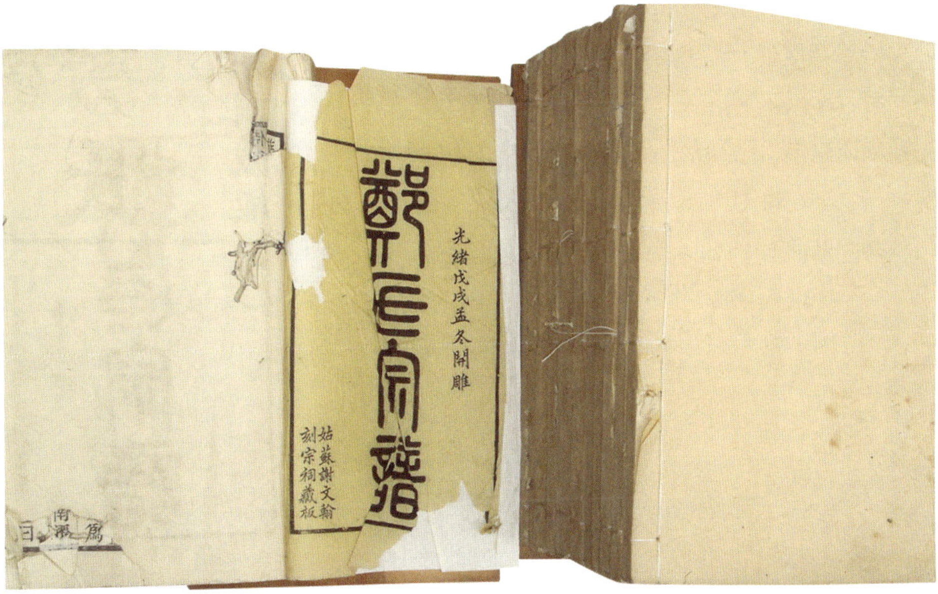

《郑氏宗谱》（光绪版）

族谱纂修 已知存世《郑氏族谱》一部，不分卷，清康熙七年（1668）裔孙郑泰枢修。《包山郑氏宗谱》卷十二，清光绪二十四年（1898）修。

郑氏家训 孝父母、敬长上、和兄弟、慎继立、修世谱、详世系、谨书法、重志铭、葺祠宇、明祭祀、重坟墓、立家业、教子孙、崇冠礼、重婚姻、重丧事、恪忌祭、完国课、勿荒学、劝农业、树桑麻、勿构讼、勿赌博、周里党、严家范、别内外、安清贫、戒童仆、慎祈祷、慎交友。

劳家桥劳氏

姓氏渊源 2020年年末，全镇共有劳氏118人，其中东河社区（含劳家桥）90人。劳氏南迁始祖为宋高宗朝兵部尚书劳修。至元朝初，劳修孙劳福九因不愿仕元而移居西山，为劳氏迁山祖。西山劳氏主要居劳家桥。

族谱纂修 已知存世《洞庭劳氏支谱》，六卷，清道光二十一年（1841）修。

劳氏家训 学以正心，诚意为本。

道光二十一年重修
洞庭勞氏支譜
宗祠藏板

《洞庭劳氏支谱》

其他望族

明月湾吴氏 2020年年末，全镇共有吴氏2268人，其中石公村（含明月湾）吴氏186人。南宋名将吴璘（1102—1167）之子，明月湾迁居西山始祖吴挺（1164—1244），字韫和。南宋开禧年间（1205—1207）从四川成都出走吴下晋陵（今常州），“闻具区境幽地僻，遂渡太湖至明月湾以居”，至明月湾，更名吴咸，为明月湾吴氏始祖。存世《洞庭明月湾吴氏世谱》，1919年修。

甪里曹氏 金庭曹氏主要在甪里、梅益。2020年年末，全镇共有曹氏615人，其中甪里曹氏70人。甪里曹氏原籍甘肃同庆府栗亭（成县）。迁居西山始祖为南宋抗蒙将军曹友闻嫡系后裔。曹友闻（1189—1236），南宋进士，初任绵竹尉，天水教授（教谕），精于武艺，性刚烈忠贞。南宋绍定三年（1230），曹友闻弃政从戎，组织义军抗击入侵军（先金后蒙）于陕、川要塞地带，屡建奇功，三年间迭升任为眉州防御使、左骁骑大将军。南宋端平三年（1236）八月，曹友闻将军奉调到入川关隘——阳平关镇守。蒙古军近20万人进袭，宋军重创蒙古军后，因寡不敌众，在关前全军覆没。曹友闻以身殉国，遗体由挚友安如止陪同其嗣子曹墀在战场匍匐3个日夜寻得。嗣子曹墀奉母韩氏之意奔京都临安报丧，理宗震悼，追赠曹友闻为龙图阁学士，赐谥“毅节”，赐书“世忠”两字，荫嗣曹墀为承务郎，封遗孀韩氏夫人为安阳县君。曹墀泣不受命，求寻隐田园，经郑清之指引，于南宋嘉熙三年（1239）奉母命隐居于太湖包山甪里（现称曹家底下）。

《曹氏宗谱》初修于明洪武六年（1373），二修于明嘉靖三十一年（1552），三修存世谱于清雍正十三年（1735），全两册（曹世镳主修），未见世次字号。

可盘湾李氏 2020年年末，全镇共有李氏1418人，其中秉常村可盘湾李氏54人。迁山始祖为南宋工部尚书、平江知府李弥大。李弥大于南宋绍兴二年（1132）弃官到西山林屋洞隐居，筑道隐园，号无碍居士。李弥大四世孙李肇一于元至正年间（1341—

1368）迁至西山可盘湾（今石公、煦巷、山东等地），故称可盘湾李氏，可盘湾李氏后分出阴山和植里两支，三处均建祠堂。清乾隆时期人李小白曾修《洞庭李氏族谱》。

涵村张氏　2020年年末，全镇共有张氏2334人，其中涵村张氏235人。西山张氏始居于涵村。迁山始祖为张凤枝，于元大德年间（1297—1307）避乱定居西山。清乾隆五十九年（1794）在涵头上建祠并修成谱。张氏在西山分布较广，除涵村外，张家湾、镇夏张家、梅益张家巷、前堡、居山均有张氏集聚。

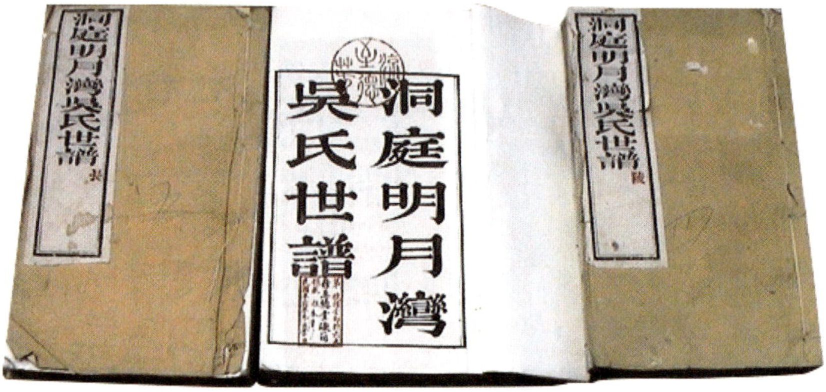

《洞庭明月湾吴氏世谱》

名人与名镇

金庭自隋唐后，村兴族旺，人文荟萃，才俊辈出。自唐贞观元年至清同治年间（627—1874），共出进士 13 人，举人、贡生 55 人。这些才俊，走出金庭，四海为家，在国内外政治、文学、理学、医学、军事、教育、实业等方面都卓有建树与贡献，是金庭人的骄傲。金庭风光如画，古迹众多，诸多名人纷纷驻足，为金庭历史增添了浓墨重彩。

人物传略

邓肃（1091—1132） 字志宏，号栟榈，邓氏迁居西山始祖。《宋史》载："邓肃，字志宏，南剑沙县人。少警敏能文，美风仪，善谈论。李纲见而奇之，相倡和，为忘年交。"邓肃26岁入太学，拜闽学鼻祖杨时为师，尽得其理学精华。宋徽宗当政时，在开封大建艮岳，办花石纲，令各地进贡奇花怪石供其赏玩。北宋宣和六年（1124），邓肃呈《花石纲诗十一章并序》，批评那些借献花石纲以营私利的阿谀奉承之徒。权臣见诗大怒，将邓肃逐出太学，贬回故里。北宋靖康元年（1126），在宰相李纲举荐下，宋钦宗召见邓肃，赐以进士，补承务郎，授鸿胪寺主簿。同年十二月，邓肃奉命押送金兵勒索的道释经印版前往金营，被扣为人质50余天。他气节凛然，镇定自若，并借机察看敌营，了解军情。靖康二年（1127）三月，金兵灭北宋，立伪楚。邓肃被俘，"不食楚粟，饥饿殆不能行，万死一生"，逃出后奔赴宋高宗赵构行营，被擢为左正言。邓肃身为谏官，忠于职守，三月之内上二十余道奏议。宋高宗嘉奖他"论事正当，甚可取"，赐五品官服。南宋建炎元年（1127）八月，高宗听信谗言，罢免李纲。邓肃因上奏《论留李纲疏》而触怒高宗，被免职，渡太湖到西山绮里定居。著有《栟榈文集》二十五卷传世。

徐素行（生卒年不详） 字逊之，号恒斋。煦巷徐氏始祖。北宋大观年间（1107—1110）以八行举人入大学，赐进士，官至翰林院侍讲。为宋徽宗朝的主战派，后因上谏抗金被斥，贬颍州。宋高宗金陵正位后，官复原职。南宋建炎三年（1129）随驾南迁，他游历太湖西山，认为这里山深水阔，兵火所不及，力耕其中足以避祸安息，嘱咐子孙他死后安葬于此。他的儿子遵父命将其葬在西山可盘湾屏风坞，夫人赵氏同穴安葬。子孙遂守墓安居于煦巷。

马国珍（1188—1251） 字均石。宋代理学家。林屋洞山下人。师从理学大家陈淳。三年学成，回归故里，在林屋洞山下创办林屋书院，传授理学之道。宋隐士俞琰有

《宋静逸处士马国珍传》云：“年二十一悠然有求道之志，闻龙溪陈北溪先生淳得考亭正传，遂往受业。北溪一见，大加器重，尽教以古圣贤为学之要。处士笃信师说，耳聆心追，精进靡懈，居三年辞归，聚徒讲学，一遵白鹿洞条规。”南宋理宗崇奉理学，于绍定元年（1228）正月诏率天下理学名家，马国珍征召到临安。二月初，召见于集英殿，深受理宗赞赏。但马国珍不愿为官，乞归故里。理宗知其不可夺志，遂同意，玺书曰：“儒人马国珍，禀性刚明，持身雅正，读书学道，志操逸于古人。乐善安闲简静，宜为君子不为禄士，甘分山林，可赐号静逸处士。”马国珍回西山后，俊髦满堂，弦歌四徹。

马国珍像

秦仪（1229—1273） 字元德。秦家堡人。著名词人秦观七世孙。南宋淳祐七年（1247）进士，年 19 岁，授翰林院编修。后尚亲王之女娥明郡主（晋封公主），授驸马都尉及金书铁券。历授金紫光禄大夫、宝文阁直学士。40 岁时与娥明公主定居西山秦家堡。卒于南宋咸淳九年（1273）二月初三，享年 45 岁。秦仪去世后，朝廷赐祭、赐隧，与娥明公主合葬于缥缈峰南飞仙山麓秦氏祖坟旁。1986 年，秦仪墓被列为吴县文物保护单位。

秦仪像

蒋腾芳（1232—1318） 名棣，号云峰。原为宋末将军，后应元朝之召，仕为义兵千户，诰授武德将军。70 岁后归后埠西山故里，建乌府宅邸及村中巷门，建双井井亭并铺设石板道路。2020 年，尚存巷门、石板路等遗迹。

秦孝义（1260—1279） 秦家堡人。秦仪第三子，平生倜傥有大节。以国戚随军从征，护驾南移。南宋祥兴二年（1279）二月，宋军大败，秦孝义随南宋朝末代皇帝赵昺在广东崖山一起跳海，壮烈殉国，年仅 20 岁。秦家堡族人为纪念秦孝义，遂将府名定为“咏烈堂”。

蔡升（1408—1475）　字景东，号西岩，东蔡人。明代文学家。博涉书史，尤工诗赋，为人规言矩行，以名教自任。精于地理，曾修编《太湖志》。工于书法，亦长于绘画，著有《西岩集》《具区百咏》等。蔡升生有子五人：蔡濛、蔡溟、蔡淮、蔡洋、蔡滂。四子蔡洋编《震泽编》续篇。

蔡羽（1471—1541）　字九逵，自号林屋山人，又称左虚子。东蔡人。明代文学家、书法家、书法理论家，“吴门十才子”之一。为蔡升之孙，自小丧父，由母亲吴氏教学书文。12 岁时就能操笔作文，有奇气。稍长，便把家中书读完，师从王鏊。工诗词，好古文，自负甚高，别人说他的诗如唐代“诗鬼”李贺。他却说：“吾诗求出魏晋上，今乃李贺耶？吾愧杀也！”亦精于《易经》。蔡羽为文高超，不囿于八股文字，因此应试 40 年不售。明嘉靖十三年（1534）64 岁时，才以贡生得选，授南京翰林院孔目。赴任 3 年后，致仕回西山。卒于东蔡故居，葬于谷堆山祖茔。文徵明作墓志铭。蔡羽诗文极多，有《林屋集》《南馆集》《太薮外史》等。苏州沧浪亭内 500 名贤祠中有蔡羽像赞。

徐缙（1482—1548）　字子容，号崦西，俗呼“徐天官”。明代东宅河人。自少“姿干瑰玮，警敏异常，生有异禀，天才出众”，闻名于乡里。时宰相王鏊在朝，探亲回乡到西山游玩，闻徐缙名，以联偈试探他，果然才识出众。王鏊遂以长女许之。携徐缙至京师，悉心培植并委教于经学大家靳贵，得其传。徐缙以留守成籍补顺天府学生，于弘治十一年（1498）中举人，但旋因父丧回籍。后于明弘治十八年（1505）中进士，选翰

蔡羽像

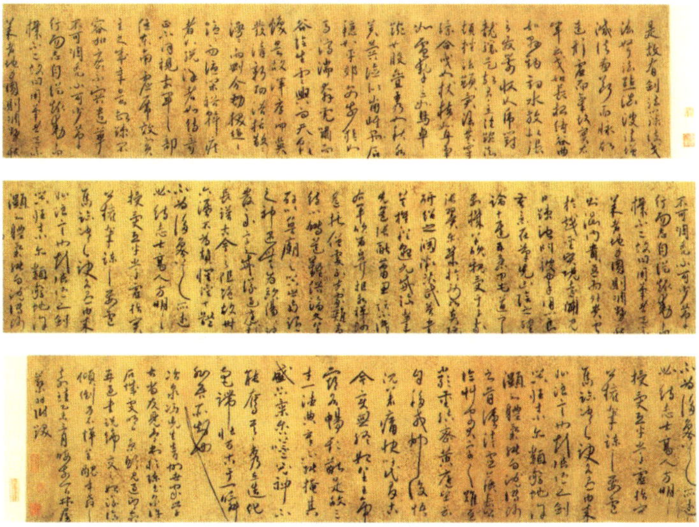
〔明〕蔡羽《论书法语卷》

林院庶吉士，授编修。历讲读，擢少詹事、礼部右侍郎，改吏部右侍郎，充经筵讲官。徐缙侍帝讲读精湛，明世宗“改容听受，至为信任”，取先帝所制“和顺从容”四字赐之，后归筑介福堂奉母王氏，从此口不言时事、足不入城府，后随岳父王鏊寄情于山水中。著有《经筵讲义》《禹贡注解》《徐文敏公集》等。卒赠礼部尚书，谥文敏。卒于明嘉靖二十七年（1548），与继配郁氏夫人合葬于藏书彭家山。

陆治（1496—1576） 字叔平，号包山子。堂里涵村人，世称陆包山。师从文徵明，明代著名画家。以山水、花鸟见长，其山水画深受宋元画法和文徵明影响，又能创立自己的风格，以尖利折棱之笔、鲜明而轻淡的青绿，描绘出一系列巍峨峻峭、奇伟儒雅的山水形象，如《花溪渔隐图》《三峰春色图》等。他的花鸟画笔墨秀劲，设色艳雅，并且注重对象的客观真实描写，如《榴花小景图》画石榴花、百合、菖蒲一束，真实且有情致。陆治为明嘉靖年间（1522—1566）贡生，后因科举不利，隐居西山和光福支硎山，潜心写生作画。为人倜傥好义，以孝友称于当世，与名相申时行交好。陆治晚年居光福支硎山不出，逝于该处，归葬西山涵村祖茔。

陆治画作《踏雪》

郑准（1531—1576） 字正衡。角里人。明嘉靖四十三年（1564）举人，明隆庆二年（1568）进士。任浙江东阳知府，清正廉洁，政绩显著。明万历二年（1574），擢山东道监察御史，并获准假回西山探亲半年，在村里建御史牌坊。清康熙年间（1662—

1722），入祀东阳名宦祠。

劳逊志（1535—1599） 字惟敏，号岱舆。劳家桥人。明嘉靖三十一年（1552）举人。明隆庆五年（1571）进士。任浙江安吉州知州，后转任南京刑部广东清吏司员外郎，晋升中郎。又任广东潮州知府，有政绩，“剔厘奸弊，不阿上官”。有《山居杂咏诗》1卷。

叶初春（1541—1620） 字元处，号吴西主人。西山绮里人。明末名臣。明万历八年（1580）进士，任广东顺德县知县，廉直干练，深受百姓爱戴，离任后当地为其建生祠。因政绩提升为兵科给事中，后转任礼科为谏官。四年间，谏言数万。万历二十年（1592），都给事李献可因直谏被斥问罪，叶初春与昆山张栋、长洲吴之佳上书救之，时称“吴中三谏”，谏者被斥，叶初春削职回原籍。明天启年间（1621—1627），明熹宗为其平反，追赠光禄少卿。

蔡人龙（1583—1628） 明代旸坞人。明天启二年（1622）武进士。任广西浔州守备。天启六年（1626）镇压瑶民起义被杀，归葬故居旸坞，诏赠游击将军，祀为吴郡名贤。清光绪十二年（1886），由俞樾题写、暴式昭出资重立墓碑。墓在“文化大革命”期间被毁，墓碑尚存。

蔡人龙像

劳澂（生卒年不详） 字在兹，号林屋山人。明末清初劳家桥人。工诗，善画山水、花卉，亦通医术。清顺治七年（1650）曾于湖广长沙坡子街开药铺，子楫承业，更名劳九芝堂。历游湖湘、巴蜀、黔滇20余年，晚年归乡授徒。绘有《双桂九芝图》，著有《劳在兹诗选》。

蔡旅平（生卒年不详） 字文若，号随安道者、天际主人。明末清初东蔡人。明代诸生。家有天际楼、春草堂。博涉经史，文学柳宗元，诗学温庭筠、李商隐。喜与友乘舟遨游太湖名胜，著有《洞庭纪胜集》。

秦嘉铨（生卒年不详） 字存古。明末清初秦家堡人。明代诸生，后弃职，隐居教授，孝友笃诚，被时人称为君子。曾修护越大夫诸稽郢之墓。好学，喜藏书，工古文辞，诗名在陆龟蒙、司空图之间。清康熙二十八年（1689）与潘耒订忘年交，次年作《三修宗谱序》。与洞庭东山吴时德友善，并称洞庭风雅士，有合集《两山风雅》，著有《尺牍蒙诂》《既耕堂诗集》《既耕堂杂著》等。

凤翕如（生卒年不详） 字邻凡。明末清初梧巷村人。明代贡生。明崇祯四年（1631）任云南右卫经历，迁湖广汉阳通判，摄汉阳县事，有惠政。16年独守孤城抗张献忠农民军，民为其立碑。后转任长沙府同知，升衡州知府，参加南明抗清，卒于任。

王维德（1669—1749） 字洪绪，又字林洪、澹然，别号林屋散人。清代慈里人。博学多识，继承家传医学，旁涉阴阳、术数之学。行医民间40年，通晓内、外、妇、儿各科，专擅外科，所创阳和汤、醒消丸等至今为临床治阴疽疮疡代表方剂。晚年撰成《外科证治全生集》（又名《外科全生集》），为近代外科学主张外症内治一派代表作。还著有《永宁通书》《卜筮正宗》等阴阳易学著作。清康熙五十二年（1713），王维德编成《林屋民风》十二卷，详述西山地理、历史、名胜古迹、人物、物产、风俗等，由王氏凤梧楼刻印，五册装。1989年，该书由扬州江苏广陵古籍刻印社据原刻本影印重版发行。

王维德像

秦敏树（1828—1915），字林屋，改字散之，号稚梅、冬木老人、林屋山人、林屋散叟等。清末民国初期秦家堡人。清代诸生。历官浙江天目山巡检、库大使、候补县丞。清光绪十七年（1891）作《林屋山民送米图》赠予暴式昭。画工山水、善篆刻。诗善五律近晚唐，为俞樾称赏。著有《散叟倦稿》《小睡足寮诗存》等。

蔡际云（1871—1952） 西蔡里人，近代实业家。幼年在家攻读诗书，因父早逝，遂弃学从商，曾到湖南常德、沅陵等地。1901年春，携家眷到日本大阪，初时与人合伙经营出口业务。一年后，自设进出口业务商号于大阪市西区本田一町目，商号名称初为“华盛祥”，后改称“泰记麻号”“鼎记合资会社”。经营国内物资出口兼营进口，出口物资有猪鬃、生丝、茶叶、苎麻等，进口物资有海参、鱼翅、海带、干贝等，兼营雨伞、玩具等日常用品。

蔡际云秉性忠厚，恪守信用，被推选为大阪华侨商会会长。辛亥革命成功后，蔡际云马上剪掉辫子以示响应。孙中山两次赴日时，蔡际云奔走于大阪、东京、神户间募集捐资，先后捐出数千银圆资助孙中山。蔡锷将军病中，蔡际云多次到东京探望慰问，操尽心力。蔡锷病逝后，蔡际云协助办理后事。蔡际云亲聆孙中山谈及中国革命的重要意义后，决心发展中国民族实业，于 1921 年全家回国。1923 年 3 月，华盛造纸股份有限公司正式开工，生产出中国自制纸板。注册商标为凤凰牌。蔡际云任董事长兼总经理。产品畅销全国，供不应求。

费延珍（1874—1936） 字镇庭，号怀芝。后埠村人。早年在湖北汉口茶商唐吉轩处当学徒，精小楷、珠算。后经营参与岳父徐海珊所办春兴裕茶庄。第一次世界大战期间，在汉口羊楼洞办忠信昌砖茶厂，复于上海创办忠信号茶庄，所产砖茶畅销全国与苏俄，销售量最高时达 150 万担。1927 年与苏俄协助会贸易机构签约出口砖茶。后曾在安徽芜湖创办骏丰明矾公司。1931 年，筹办中国农商银行汉口分行，任行长。又同程干卿创办中国红十字会吴县分会，淞沪抗战期间在其宅敬德堂办伤兵医院。多有善举，在家乡后埠置办义田，资助罗焕章创建成金煤矿公司、水泥厂，捐建渡渚穿心港、新丰桥、法华寺地藏王殿等。

蔡承新

蔡承新（1899—1978） 字鼎人。西蔡里人。1919 年南洋中学毕业后，考取北京清华学校高等科 3 年级插班生，1921 年毕业。次年考取留美预备部庚子款留学美国专攻银行学，获威斯康星大学学士学位。1926 年，当选留美经济学社第二副社长，兼任费城博览会中国教育品展览筹备委员。1928 年，获哥伦比亚大学银行硕士学位，在芝加哥、纽约银行实习，回国后被南京特别市政府任命为市民银行筹备委员会主席、常务委员，首任行长，次年兼任首都市民消费合作社候补理事。1930 年起，历任中国银行上海分行襄理、中国工商管理协会理财组委员，并以中国经济学社基金会计的身份被推荐为无锡年会筹备委员会委员、上海分社筹备员，被工商部聘为国际贸易筹备委员会委员。次年当选为中国经济学社上海分社首届理事。1945 年抗战胜利后，参与发起成立中国民主建国会。次年，任中国西南实业协会上海分会复会总干事，兼任苏州乐益女子中学校董。1950 年，任华东军政委员会委员。

曾当选为上海市政协委员。

郑伟业（1906—1963） 字仲琪，号梨村。角里村人。自幼家贫，刻苦读书，师承吴昌硕，精研书法和古文，书法追汉魏，特精于金石治印。后拜李根源、章太炎为师。1935年前后，在苏州章太炎文学院任职，参与章太炎主编《制言》半月刊编辑及事务工作。抗日战争前任吴县公安局西山分局局长，后任吴县县参议员，参加中国民主社会党。1926年、1929年，李根源两次吴县访古都由他安排陪同，并助李根源编成《吴郡西山访古记》《洞庭山金石》。任吴县县参议员期间，对金庭鹿村小学地下革命斗争给予掩护和支持。国民党元老于右任十分看重他的书法和为人，1929年赠联曰“梨邨（村）仁弟，岂是池中物，由来席上珍”。苏州、上海解放后，郑伟业到上海以治印为生。1957年回苏州，在金阊区工艺美术厂任画工。

严绍唐（1912—1979） 原名家驯。东湾村人。少年喜绘连环画，1925年上海书局出版他所绘的《西游记》。1931年开始专业创作。上海宏泰书局为其出版《女子剑侠》《关公走麦城》《麒麟豹》《珍珠塔》等绘作。中华人民共和国成立以后，曾于新美术出版社、上海人民美术出版社工作。一生创作连环画300余部。画风形象饱满，行笔流畅，自编自绘，人称“老牌严绍唐”。代表作有《珍珠塔》《全本三国志》《六国拜相》《嘉定三屠》《荆州豪侠传》《秦二世》《三国演义》等20余部。

孙信孚（1915—2017） 横山岛人。中国著名眼科医学专家，曾任第5～7届全国政协委员、湖北省政协常委。孙信孚幼年在横山罗家祠堂小学读书。11岁时家道中落，只身跟随同族长辈到上海打工求学。1941年毕业于上海震旦大学医学院，获医学博士学位。毕业后，先后在河北邢台公教眼科医院、苏州博习医院（苏州大学附属第一医院）、中央医院（北京大学人民医院）、河南郑州公教医院工作。历任广州岭南大学医学院（中山大学医学院）眼科副教授、孙逸仙纪念医院眼科副主任、北京友谊医院眼科副主任。1958年起，孙信孚到武汉工作，任湖北医科大学附属第一医院眼科教授、主任。他擅长诊断治疗眼底病，在国内首创白内障硅胶摘除术。

孙信孚

1951年，孙信孚担任中华医学会眼科学会广州分会主任委员，后又历任北京市眼科学会主任委员和武汉分会眼科学会委员。1958 年，出版译著《视网膜病》，成为中国当时视网膜疾病诊疗权威书籍之一。1985 年，出版《临床眼科肿瘤学》。先后参加历届高等医药院校统编教材《眼科学》编写，任编委、副主编。1991—1994 年，被卫生部聘为视听教材“眼科学”专家组组长。

蔡承祖（1917—2000） 西蔡里人。高中就读于苏州中学，1935 年考取清华大学化学系，后转经济系。1937 年春，加入中国共产党组织。抗日战争爆发后，南下就读于长沙临时大学法商学院，赴河南参加第 13 军工作，任长江埠抗日宣传队领队。1938 年春，任湖北应城汤池临时学校教员，后历任该校副校长、中国共产党鄂中特别支部书记、应城抗日游击队第二大队政治指导员、中共鄂中特委组织部部长、应城县委书记、长江地委组织部部长、新四军第 5 师政治部民运部部长等职。1946 年奉命到上海设办事处，后到香港等地从事财经及上层统战工作。中华人民共和国成立后，先后任纺织工业部业务司副司长兼财务司司长、办公厅副主任，中国科学院广州分院副院长、党组副书记，中国科学院合肥分院副院长、党组书记，中国科学院顾问等。曾当选广东省政协委员。1985 年离休。

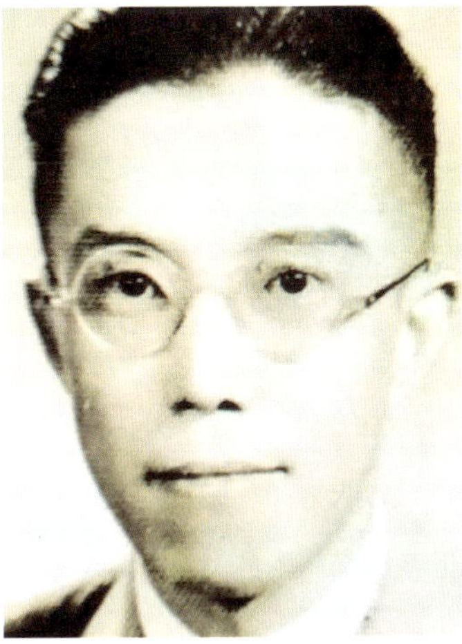
蔡承祖

胡铁锋（1924—1991） 鹿村人。1940 年 10 月参加新四军。1941 年 4 月加入中国共产党。抗日战争时期，历任浦东支队战士、副排长、排长，浙东支队副中队长、中队长等职。解放战争时期，历任华东野战军一纵三旅连长、副营长、营长等职。先后参加过泰安、宿北、鲁南、莱芜、孟良崮、豫东、淮海、渡江、解放上海等战役。中华人民共和国成立后，任某师团参谋长。1950 年 11 月赴朝参战，参加第一、第二次战役。回国后，历任某团参谋长、副团长、团长等职。1955 年 9 月，被授予中校军衔，并获三级独立自由勋章、三级解放勋章。1956 年 8 月，入南京军事学院学习。1960 年 9 月毕业后，历任南京军区司令部军训处科长、守备团团长，浙江省温州军分区参谋长、副司令员、装甲兵某师副师长，镇江军分区副司令员等职。1988 年 7 月，获独立功勋荣誉章。生前为南京第二干休所正师职离休干部。

王昭仁

王昭仁（1928—2020）　又名王启明。堂里人。中国艺术研究院音乐研究所音乐学术情报研究室原主任、资料室原主任，译审，中国音乐家协会会员，中国德国史研究会会员。中国共产党党员。1948 年至 1949 年就读上海国立同济大学中文系。1949 年至 1951 年就读上海复旦大学中文系。1951 年至 1952 年就读并毕业于北京外国语学院德语系。1952 年至 1966 年就职于对外文化联络局（后改为对外文化联络委员会），从事对外文化交流工作。1975 年调入中国艺术研究院音乐研究所从事音乐文献翻译工作。1985 年，王昭仁创办《音乐学术情报通讯》（后改名为《音乐学术信息》），并任该刊主编至 1989 年。其翻译、编写、校订有关文化、音乐、美术、歌剧脚本以及历史、辞书等专著、论文、资料共 800 余万字。王昭仁在国外文献资料的整理翻译，以及外国音乐史研究、德国历史研究、德语研究等方面作出了重要贡献。

蔡家骅

蔡家骅（1929—2000）　西蔡里人。1947 年 8 月至 1952 年 7 月，在清华大学工学院机械工程系学习。1948 年 4 月，参加党的秘密外围组织“中国新民主主义青年联盟”。1948 年 11 月，加入中国共产党组织。1952 年 8 月至 1982 年，在北京理工大学任讲师、教研组副主任、副系主任、校科研处处长等职。其间，1980—1981 年，赴美国哈佛大学进修学习。1982 年，任兵器工业部教育司副司长、高级工程师。1987 年，任北方工业公司顾问、研究院级高级工程师。1991 年离休。

黄联华

黄联华（1932—2019）　石公旸坞村人。1949 年参加革命工作，入中央公安学院学习。1950 年底调入中央公安部。1950—1953 年，参加湖南土地改革和剿匪工作。1953 年加入中国共产党。1954 年 4 月，随代表团参加日内瓦会议。1955 年 4 月，随代表团参加印度尼西亚万隆会议。1963 年—1964 年，随代表团出访埃及、阿尔及利亚、摩洛哥、突尼斯、加纳、马里、巴基斯坦、锡兰等 14 个国家。1973 年，调入南京警备区工作。1982 年转业调入国家体委工作。1989 年，担任台湾省体育工作联络处办公室主任。1990 年，担任台胞体育服务中心总经理。1992 年，于国家体育总局对外交流中心退休。

严艺林（1933—2019） 又名严艺琳，字墨缘，号妙天居士。东湾人。上海市知名书画家。1956 年拜厉国香为师，为张大千再传弟子。1958 年毕业于上海中国画院首届国画班。擅长山水、花卉，尤以墨竹著称于国内外。作品多次在《解放日报》《文汇报》《劳动报》《新民晚报》《中国老年报》等报刊发表。曾多次参加国内外书画展览并获奖，并入选《中日国画合同展》画册，多次为上海市南市区集邮协会发行高级首日封、癸酉（鸡年）封、甲戌（狗年）封、丙子（鼠年）封等提供画作。1999 年出版《严艺琳书法二种》。曾任中国美协上海分会海墨社常务委员、江苏淮海书画院名誉院长、上海海天书画院副院长等职。家乡金庭堂里水月坞、涵园等地均留有其书法。曾出资修缮东湾三官殿照墙。

赵文欣（1934—2020） 植里村人。1951 年 5 月参加革命工作，1954 年 5 月加入中国共产党。1951 年 5 月至 1956 年 2 月在上海邑庙区委宣传部、市轻工局工作。1956 年 2 月至 1959 年 8 月在解放军二十二军服役。1959 年 3 月，复员回上海市轻工局工作。1959 年 8 月至 1964 年 8 月在中国人民大学学习。1964 年 8 月至 1969 年 5 月在中央马列主义研究院工作。1969 年 5 月至 1975 年 7 月在四川省革委会办事组、省委办公厅工作。1975 年 7 月至 1981 年 10 月，任金堂县委副书记、李大章秘书、省委办公厅干事。1981 年 10 月至 1983 年 1 月，任省委研究室副处级研究员。1983 年 1 月至 1986 年 11 月，任省委研究室副厅级研究员、省委农研室副主任。1986 年 11 月至 1990 年 3 月，任省委农研室主任、省农经委副主任。1990 年 3 月至 1995 年 8 月，任省委、省政府农村工作委员会主任。1995 年 8 月至 2001 年 6 月，任四川省人民政府顾问。参与起草了多个中央 1 号文件，为四川乃至全国农业农村改革发展及四川农业农村经济社会建设做出了卓越贡献。2001 年 6 月退休。

吴汇荣（1938—2014） 曾用名吴玉林。秉常村人。1963 年毕业于南京大学生物系。曾先后任南京航海仪器厂技术员、南京生物化工制药厂工程师、南京生物化学制药研究所第一研究室主任等职。在中国研制低分子量肝素、肝素钠、肝素钙等实验中做出贡献。

吴汇荣

名人与金庭

凤福清安境保岛民 凤福清（？—1176），名韬，字济，号福清，北方望族出身，任北宋汴京马步军副统制。北宋靖康元年（1126），金兵大举犯汴梁。凤福清随童贯（一说随梁方平）出城御敌，兵败黎阳渡，被谪贬为西山角头司巡检。

凤福清任西山角头司巡检后，加强守备，巩固治安，为当时太湖地区百姓安定做出贡献。元代史学家欧阳玄在《宋史》中作《凤韬传》："先是包山村落散布，无亭、鄣、障、堡。韬则为循湖循崦置戍，五里而燧，十里而烽，每一燧发，诸方戍卒即执锋而至。又置战舟监十余艘巡湖中，东至松陵，西至梁溪，南至苕上，北至姑苏，昼夜更代。号令森严，隐然一重镇。故靖康、建炎之间，盗贼所在骚动，独震泽附近居民率安堵如平常。""具区绛巾贼起，所至焚掠，势张甚，山民惧，咸思远窜。景炎元年三月甲午，济率乡民击贼于长厍山而亡。"

凤福清殉职后，被安葬于石公山旁。凤氏一族，即凤福清后裔。

王蒙游西山作《具区林屋图》 王蒙（1308—1385），字叔明，吴兴（浙江湖州）人，与黄公望、吴镇、倪瓒合称"元四家"。王蒙是赵孟頫的外孙。赵孟頫的姑妈嫁到西山秦家堡，因此赵孟頫常到西山探望姑妈，王蒙也随其到西山游玩。林屋洞美丽的景致吸引了王蒙，并刻在了他的脑海里，赵孟頫也希望外孙为姑妈家乡留下一幅精妙的画作，《具区林屋图》就此诞生。画面玲珑的洞壑、层叠的山石、繁密的树林、错落的村舍和粼粼水波，笔法变化多端，细腻丰富。墨色层层点染，浓淡分明。图中山石用"牛毛皴"与"解索皴"干笔皴擦而成，多曲折旋转之笔，以凸显出林屋洞山石特有的质感；树叶则用墨色直接点染而成，丹崖碧树，一派秋日山水景象。1985 年，台湾发行王蒙《具区林屋图》邮票明信片一套 5 张。

《具区林屋图》纸本设色，纵 68.7 厘米，横 42.5 厘米，现藏于台北故宫博物院。

王鏊书碑咏西山　王鏊（1450—1524），字济之，号守溪，吴县东山人，明朝户部尚书，加少傅兼太子太傅。王鏊与西山渊源颇深，女婿徐缙、门生蔡羽都是西山人。出仕后，常到西山游玩，留下不少诗文游记，有《归省过太湖》《登西山缥缈峰绝顶》《宿法华寺》《消夏湾》《隐泉》《石记》《七十二峰记》《归自西洞庭山阻风登鼋山绝顶》《饮横山吴氏醒酣亭》等。游花山寺后，书写游记“洞庭诸寺之景，花山最胜。游者至暮而不能归也”。并请人勒石刻碑，立花山寺内。碑高 1.183 米、宽 63 厘米。2020 年年末，碑存西山中心小学。

唐寅居西山作《震泽烟树图》　唐寅（1470—1524）字伯虎，小字子畏，号六如居士。明代苏州著名书画家。唐寅科举受牵连入狱后，心灰意冷，丧失科场进取之心，游荡江湖，曾隐居在西山涵村一位旧识耿敬斋家里。涵村藏坞临湖，树密房疏，晨雾迷蒙，轻舟入湾，湖光山色，风光无限。朋友耿敬斋放浪江湖，耕读为乐，令唐寅感慨无比，于是即兴作《震泽烟树图》。并题诗图卷上：“大江之东水为国，其间巨浸称震泽。泽中有山七十二，夫椒最大居其一。夫椒山人耿敬斋，与我十年为旧识。画耕夜读古人书，青天仰面无愍色，令我图其所居景，烟树茫茫浑水墨。我也奔驰名利人，老来静扫尘埃迹。相期与君老湖上，香饮鱼羹首同白。”《震泽烟树图》烟树茫茫，构图简约，却透出了宛山水秀、葱葱郁郁的太湖风光之灵气。该传世之作绢本设色，纵 46 厘米、横 37.8 厘米，珍藏于台北故宫博物院。

吴太子太傅阚公之墓

俞樾西山书墓碑　俞樾（1821—1907），字荫甫，自号曲园居士，浙江德清人。清末著名学者、文学家、经学家、古文字学家、书法家。与甪头巡检司巡检暴式昭一起，为保护西山古墓作出贡献。

“越大夫诸稽郢之墓”。书于清光绪十一年（1885）仲冬月。碑高 1.46 米、宽 52 厘米。碑位秉汇村诸家河头。

“乌乎此昭代父忠子孝蔡将军之墓”。清光绪十二年（1886）春正月书。碑高 2.2 米、宽 58 厘米。

碑位于旸坞。

“吴太子太傅阚公之墓”。书于清光绪十一年（1885）仲冬月，碑高1.9米、宽54厘米。墓碑存于古樟园。

“珠还剑合杨朱同穴”。上记“暴方子重其才悲其遇，求余表其墓。昆陵女士朱瑛，字如渼，先归杨，后适周。卒归骨于杨，葬太湖西山林屋之阳，光绪十二年九月德清俞樾记”。碑高1.3米、宽55厘米。碑位于镇夏方渡村。

费荣筑道造福岛民　费荣（1790—1860），字玉堂，号韵初，清代后埠人，长洲学庠生。工诗，平生慷慨尚义，热心公益，被誉为“大善人”。昔时，东河、后堡、镇夏集市之间没有大道，都是崎岖小路，每逢雨天，泥泞不堪。费荣见状，于清嘉庆二十二年（1817）独资修建从鹿村（香花桥）经东河巉边直至马村大木桥和从后堡至镇夏的花岗石道路，筑桥建亭，并在后埠村中铺设石板路面，计约白银1.36万两。清道光三年至咸丰七年（1823—1857），西山五次遇到水灾，费荣首捐集资，救济百姓。贝信三有《韵初费君传》云:“先生行，万口传”，并述其临终情形“易箦之夕，远近闻者哭失声，谓乡里失一大善人”。

罗饴创办求忠小学堂　罗饴（1869—1947），字焕章，号甘尝，横山人，少小好学，成年后随父经商致富。回乡探亲，见西山没有学校，慷慨解囊，在东村、植里、东宅河、鹿村、后堡、镇夏、汇上、东蔡、慈里、堂里等地出资创办求忠小学堂，计11所，并亲写《求忠小学堂义》。西山大多贫苦孩子得以读书识字。罗诒被当地人誉为“西山新文化教育创始人”。

暴式昭与《林屋山民送米图卷子》　暴式昭（1847—1895），河南滑县人，清光绪十一年（1885），任苏州太湖厅角头巡检司巡检。为官清廉，兴利除弊，空暇常徜徉于山水之间，遇先贤祠墓，多刻石识之，修复不少古迹；又访求山中遗老诗文，集而刻印以广传播，为西山百姓所爱戴。暴式昭好读文史，性格孤傲，不肯媚上。清光绪十六年（1890）十一月被撤职。

暴式昭撤职后没钱回家，被困在西山角头。时值隆冬，天寒大雪，不久便无米做饭。村民见状，十分同情。十二月初十，陈巷耆民张洽泉等集米一石，送至暴式昭住处。一唱众随，山民群起四应，“蔓延至八十余村，约七八千家”。一个月中送米140石8斗，柴1000多担，鸡、鸭、鱼、肉、酒、糕、果蔬之类也有许多。东蔡村民蔡剑门将自家菱荡卖掉作路费，敲梆走遍西山，动员地方人士到苏州城里请求为暴式昭复职，此事一直被传为佳话。清光绪十七年（1891）二月，秦家堡诗人秦敏树画《林屋山民送米图卷子》并作诗，俞樾为图作篆字题额，名士郑叔问又为此事作《雪篷载米图》，绘西山民众冒雪用船载米送暴式昭之事。此图在抗日战争时期被珍藏地下，以致笔迹不清。1948 年 6 月，暴式昭孙子暴春霆请著名画家徐悲鸿将这张《雪篷载米图》重绘，并与胡适、俞平伯、朱自清等名流联系，为彰其祖德名，用节衣缩食之资印《林屋山民送米图卷子》100 册。徐悲鸿和胡适题写书名，胡适、俞平伯、朱自清、张大千、朱光潜、冯友兰等均为序。其中有许多名家手迹，还有洞庭西山各村民众送柴米食物清单，上司训斥暴式昭公文，暴式昭答复上司禀稿及俞平伯书写暴式昭墓志铭等。1997 年，河南省滑县政协文史委重印《林屋山民送米图卷子（题咏标注本）》，使众多名家手迹、文章广为流传。

李根源西山访古 李根源（1879—1965），字印泉，云南腾冲人。中国国民党元老。1929 年 5 月 29 日，李根源结束东山访古，在甪里郑伟业等人陪同下，乘船自东山经大山至石公山，对西山访古。李根源此次畅游西山十一日，全程由郑伟业陪同和引导接待。是年 10 月 12—18 日，李根源又至西山访古七天，对西山名胜古迹作全面调查。其间，李根源还阅览了西山各家族谱共 14 种，对各处题额、对联等作详细记录，特别是对金石碑刻，也作详细存录，得唐代 2 种、宋 14 种、元 2 种、明 82 种、清 136 种，共 236 种。访古后，李根源撰成《吴郡西山访古记》一书，由上海泰东书局出版，其中第五卷为《洞庭两山游记》，述游东山、西山事。编辑成《洞庭山金石》二卷，留下摩崖石刻、碑记等遗迹。

“甪头寨”三字直书，高 1.3 米、宽 45 厘米，落款“民国十八年李根源书”，石碑位于衙里马王山山腰处。“游赏岭”三字直书，高 1.7 米、宽 55 厘米，落款“民国十八年李根源”，位于甪里牛场岭。“缥缈峰”三字直书，高 7 厘米、宽 2 厘米，落款“根源”。位于缥缈峰顶。“金铎山”三字直书，高 62 厘米、宽 27 厘米，落款“李根源”，位于金铎山。“海眼池”三字直书，黄石高 85 厘米、宽 1.05 米，落款“唐白居易题有诗民国己巳夏李根源来游书”，位于劳村西湖顶。“横山一名甲山，民国十八年来游，登绝顶，殆李白所谓别有天地非人间者也”，竖书，四行，碑高 1.08 米、宽 58 厘米，落款“腾冲李根源书”，碑存于古樟园。

海灯法师迁住石公山 海灯法师（1902—1989），又名范无病。少小习武，相继拜武林高手汝峰上人、朱智涵等人为师，学得一身功夫。

游赏岭（2016 年）

海眼池（2018 年）

1958 年，海灯经吴县人隆生介绍到苏州吴县统战部，统战部早闻海灯法师大名，便介绍他到石公寺。1963 年，吴县寺院人员登记表中表明“海灯，1959 年 3 月从上海榆林路 442 弄到石公山，任吴县政协委员，有武术，口粮供应标准为每月 27 斤”。

闻知海灯法师有武功，一些青年便拜他为师，海灯法师根据资质收下 30 多位徒弟。在石公山，他一边授徒弘扬武术，一边研究医学，周围群众曾受过他不少恩惠。有一日，一名村民不小心摔伤了，向海灯法师求助。海灯立即命徒弟为其针灸敷药；没多久便痊愈了。村人还清楚地记得，有时他们上山（石公山）干活，歇息时，海灯还会下些面条给他们充饥。有时，法师还会表演二指禅功夫给大家看。

1966 年，“文化大革命”开始，法师被赶出石公禅寺，住进村人周功生家里，并被勒令参加生产队劳动。1969 年，海灯法师告别石公山，回老家四川。

1987 年 11 月 29 日，应吴县市政协和西山镇政府邀请，海灯法师以 85 岁高龄重上石公山数日，与徒弟、朋友等相叙。1989 年 1 月 9 日，海灯法师圆寂于四川成都医院。石公山为海灯法师造灵骨塔，安放其一部分骨灰，并在石公山辟建“海灯法师陈列馆”。

钱绍武力保林屋洞、石公山 1968 年，西山建立采矿区。1971—1978 年，“大打矿山之仗”。林屋山东侧齐物观，石公山上剑楼、飞来峰、一线天、联云障、蟠龙洞等胜景被毁，云梯被炸裂，石公庵被拆。1978 年夏天，中央美术学院雕塑系主任钱绍武教授到西山，目睹此景，心痛不已。回京后，他马上写信向全国政协和文化部反映，建议立即停止开山。不久，信转到省文化局。文物处处长蔡述传携函到吴县，县文管办主任张志新陪同蔡述传作详细现状调查，并拟写《关于西山林屋山、石公山风景名胜破坏情况的报告》呈省文化局和县革会。报告引起县委重视。1979 年下半年，省政府下达文件要求西山开山采石全面停止。石公山映月廊、归云洞、夕光洞、云梯、隐身岩、明月坡、花冠洞、翠屏、贞节坊等遗迹得以整理修复，来鹤亭、断山亭、移影桥等观光景点得以落成。

沈连庆西山办农中 沈连庆（1936—2012），吴中区东山镇人。中学高级教师。历任吴县西山建设中学校长、书记，吴县职业高级中学校长、书记等职。1958 年 2 月，招聘为农中教师，派往西山创办爱国农业中学。办学事迹被记者程育智以《农村青年大有前途》为标题刊登在 1958 年 5 月 20 日的《青年报》上。8 月，沈连庆出席江苏省农村教师代表会。1958 年 9 月，学校易名建设农业中学。学校拥有果园 360 亩，养殖猪羊 180 头（只）、蜜蜂 200 箱，当年收入 3.3 万元。教师工资、学生书杂费、伙食费、办公费自给。1958 年 10 月，沈连庆赴京参加国庆观礼。11 月，出席第二次全国青年建设社会主义积极分子代表大会，当选为主席团成员，受到中央主要领导接见。会上，他获全国青年建设社会主义积极分子奖章和奖状。1959 年，学校被评为江苏省和全国农业先进单位。12 月，沈连庆当选为江苏省政协第二届委员。1960 年，出席全国教育和文化、卫生、体育、新闻方面社会主义建设先进单位先进工作者代表大会，获“全国劳动模范”称号。沈连庆办学事迹被载入《中国当代教育名人辞典》。

吴冠中在西山写生创作 吴冠中（1919—2010），江苏宜兴人，当代画家、油画家、美术教育家。他酷爱西山的古韵风情，曾数次行走西山。著名编导刘郎在电视系列片《江南》之四《老房子》片子中载：“自五十年代起，东洞庭山、西洞庭山一带，早就留下了吴冠中写生的足迹。那时交通不便，两山隔水，吴先生总是要乘渔船的。”金庭画家黄晓军在《古树沧桑》一文中写道：“1973 年的时候，著名画家吴冠中带着他的几位学生来西山写生……”黄晓军陪他到范鹏志老师家画古宅，在镇夏上街画古银杏和古井。

2000 年，刘郎开拍艺术片《江南》，其中一集为《老房子》。吴冠中提出要在西山岛拍摄，于是便选中东村敬修堂。拍摄期间，吴冠中曾赠送房东签到册 1 本，上写：“戚延龄老先生留念　守艺之家　吴冠中　2000 年 4 月 30 日”。签到册现为西山收藏家堵贤军收藏。

艾煊务农明月湾 艾煊（1922—2001），安徽人，著名作家，曾任江苏省文联副主席、秘书长。1958年夏，艾煊被下放到明月湾务农，户口、粮食等关系也转到西山明月湾村，住在礼耕堂吴根泉家，接受农村生活教育。艾煊在明月湾很快就适应了农村生活，还学会炒制碧螺春和果树嫁接、修剪等农业技术。劳动之余，艾煊还教村民读书、写字，画“大跃进”宣传画。2018年，在礼耕堂大厅墙壁上还留有当时的画和两首题诗，分别为“青山高高出云霄，青山只及金山腰。若问金山何处来，公社粱囤如山高”“金洞庭山花果山，万舟满载扬白帆。橙橘漂洋又过海，抽回建设好钢材”。1961年，艾煊出版的散文集《碧螺春讯》就是根据他在明月湾写的笔记整理而成。

柯灵住进东蔡春熙堂写作 柯灵（1909—2000），中国电影理论家、剧作家、评论家。1979年，他为了将20年来发表的散文整理成书并构思巨著《上海一百年》，经人介绍，离开喧闹的城市来到西山，住进了东蔡春熙堂。柯灵在春熙堂写作了数月，在他出版的散文集《香雪海·序一》中写道“来到洞庭西山，转瞬三个月了。初来时霜橘正丹，现在早开的寒梅已经着花……春节那一天，到村子里走走，泥泞的小街上喜气洋洋，农民们穿红着绿，焕然一新，远处还有零星的爆竹声在空中发出钝响。想到今年是建国三十周年，又是我党工作重点向现代化建设转移的历史时刻，决心在春节期间，把二十年来所写各种形式的短文梳栉排比，编成一集，并给它一个表示迎春的书名，叫《香雪海》。”柯灵在春熙堂写作期间得到了村民秦南雄夫妇的热情相待。《香雪海》出版后，他随即赠送了1本给他们，并在扉页上写道“在西山写作期间，得到南雄、范新伉俪无微不至的照顾，无以为谢，谨以此书奉赠。南雄、范新同志留念。柯灵1980年6月8日”。

钱穆安息石皮山 钱穆（1895—1990），字宾四，晚号七房桥人，江苏无锡人，一代国学大师。1949年迁居香港，创办新亚书院。1967年10月，移居台湾台北市，在“中国文化书院”任职。他自学成才，卓然成家，被学术界称为“博通四部，著作等身”的一代宗师。

石皮山坐落于金庭秉常村俞家渡四龙山东南侧。山体不高，海拔60多米，四周青山一片，唯独这里有一片很大的石块山体，光秃秃的，没有什么泥土，也没有树木。国学大师钱穆就安息在这里。

1990年8月30日，钱穆在台北逝世。1990年11月24日，其夫人一行到西山。在当地政府领导陪同下，察看了俞家渡石皮山。此地四周青翠，俯瞰山脚绿色涌动延至湖边。放眼远望，农田、房屋掩映，湖中小岛两三，白鹭翻飞，波光潋滟，近山青翠，远山如烟，间或有驶过的小船，更增湖光山色。此情此景，与钱穆夫妇在香港沙田旧居颇有相似之处，令其夫人一见如故。1992 年 1 月 9 日，按照钱穆生前“在太湖边安度晚年”“不破坏百姓树木”的想法，落葬俞家渡石皮山。落葬时，钱穆侄子钱伟长参加葬礼，吴县相关单位及镇领导和石公中小学单位派代表同时参加。

黄永生义演包山寺 黄永生（1934—2013），国家一级演员，上海广播电视艺术团曲艺队队长、上海曲协上海说唱专业委员会主任。2002 年 3 月 1 日（农历正月十八），是包山寺庙会日。当天，寺内人头攒动，热闹非凡。全国说唱名家黄永生率团进行了一场义演。黄永生怎么会率团到包山寺义演呢？原来，金庭镇夏有上海总工会休养院，黄永生曾到西山度过假，并拜访包山寺主持贯澈法师。法师向他提出助会活动要求，黄永生便爽快地答应了。于是，就有了这次义演。黄永生表演了《人》的一段说唱，越剧名家金彩凤演唱《红楼梦》中王熙凤的几段唱词。名家的表演，赢得听众阵阵掌声。事后，贯澈有诗赞道：“艺术永为高雅堂，精神升华意气扬。众生欢喜石点头，心中有佛风范长。”

日落西山（2012 年）

艺文杂记

金庭是一幅画，一首诗，一曲歌，一阕词，一块福地，一方仙境。林屋洞的幽，石公山的怪，缥缈峰的高，大龙山的巉，明月湾的隐，镇夏的梅，包山坞的茶，甪里的梨，东村的橘……湖光山色，洞天福地，时令鲜果，无不令人痴恋迷离，乐而忘返。自唐以来，历代文人墨客在太湖金庭这座风景如画的宝岛上生息或游览，慕山爱水，钟情物产，访古探幽，无论是外地人，还是本土人，都留赠了大量优美的诗文佳作，令人百读不厌，回味无穷。

金庭自古被誉为桃源胜地，不仅有花果之胜，还有湖石之胜，出产过瑞云峰等太湖名石。优美的湖光山色，幽静的山谷村落，迷住了许多墨客隐士。他们在这里踏勘、安居、长眠，留下许多传闻轶事。大自然的鬼斧神工，金庭百姓对美好事物的向往，产生了诸多神话般的故事，并广泛流传。

诗选

夜泛阳坞入明月湾即事寄崔湖州

〔唐〕白居易

湖山处处好淹留，最爱东湾北坞头。
掩映橘林千点火，泓澄潭水一盆油。
龙头画舸衔明月，鹊脚红旗照碧流。
为报茶山崔太守，与君各是一家游。

赠故人重九日求橘

〔唐〕韦应物

怜君卧病思新橘，试摘犹酸色未黄。
书后欲题三百颗，洞庭须待满园霜。

太湖秋夕

〔唐〕王昌龄

水宿烟雨寒，洞庭霜落微。
月明移舟去，夜静魂梦归。
暗觉海风度，萧萧闻雁飞。

太湖

〔宋〕范仲淹

有浪即山高，无风还练静。
秋宵谁与期，月华三万顷。

缥缈峰（2020 年）

缥缈峰

〔宋〕范成大

满载清闲一棹孤，长风相送入仙都。
莫愁怀抱无消豁，缥缈峰头望太湖。

过洞庭西山

〔元〕王鹏

玄洲不复见，缥缈即芙蓉。
玉洞连三岛，金庭第一峰。
芝香云气暖，竹色露华浓。
我亦寻真者，行探虎豹踪。

次韵谢天镜上人送柑二首（选一）

〔元〕张雨

肚能紧束三条篾，手亦亲栽两颗梨。
尚忆黄甘三百颗，好山多在洞庭西。

放歌林屋

〔明〕文徵明

裹粮怀炬探幽玄，稍即谽谺复旷然。
荡潏微闻头上浪，光晶别有地中天。

千年何物扃丹刻，一勺怜君负紫泉。
莫叹虚酬十年愿，只应凡骨未能仙。

登西山缥缈峰绝顶

〔明〕王鏊

仄径盘空艰复艰，快哉七十二孱颜。
星辰可摘九天上，吴越平分一水间。
日转林梢看鸟背，烟横谷口辨人寰。
居然自可小天下，谁道吴中无泰山。

月夜游太湖

〔明〕高启

欲寻林屋隐，还过洞庭游。
远水初涵夜，长天尽作秋。
湖如青草阔，月似白莲浮。
万壑风传笛，三更斗挂舟。
叶应随鸟散，山欲趁波流。
浩荡吾何适，鸱夷不可求。

咏具区

〔明〕申时行

具区不及大江深，缥缈高无几万寻。
却笑人思游五岳，洞庭犹未一登临。

石公山

〔明〕徐缙

云障天门次第开，千年埋没半苍苔。
一从太傅题名时，赢得游人日日来。

太湖远眺

〔明〕沈玄

芙蓉缥缈隔烟霞，水国茫茫去路赊。
一望河光三万顷，两重山色几千家。
角头有地唯栽橘，洞口无树不见花。
范蠡何须重吊问，且寻渔艇作生涯。

泛舟太湖

〔清〕王鼎

双帆剪破碧玻璃，秋色空濛望欲迷。
七十二峰何处好，夕阳一角洞庭西。

洞庭西山纪游（选二）

〔清〕凌如焕

水抱青山山抱花，花光深处有人家。
桑麻郁郁纷鸡犬，惹得渔郎问路赊。

湖上人家（2016 年）

渔郎问路蹑云根，折筒还逢倒屣人。
不信山居少尘事，行厨嘉旨足留宾。

横山

〔清〕吴庄

东村唤渡入横山，游遍盘龙与两湾。
欲问醒酣亭上事，短犁耕绿夕阳间。

阴山

〔清〕吴庄

长生丹灶委荒烟，太傅诗碑却未眠。
舞鹤峰头无鹤语，千年古柏自参天。

甪里梨花

〔清〕吴时德

时逢风雨中，花发高士境。
游人倚棹看，湖光增一顷。

文选

西洞庭

〔明〕袁宏道

西洞庭之山，高为缥缈，怪为石公，巉为大小龙，幽为林屋，此山之胜也。石公之石，丹梯翠屏；林屋之石，怒虎伏犀；龙山之石，吞波吐浪；此石之胜也。隐卜龙洞，市居消夏，此居之胜也。涵村梅，后堡樱，东村橘，天王寺橙，杨梅早熟，枇杷再接，桃有半斤之号，梨著大柄之称，此花果之胜也。杜圻传范蠡之宅，角里有先生之村，龙洞筑易老之室，此幽隐之胜也。洞天第九，一穴三门，金庭玉柱之灵，石室银户之迹，此仙迹之胜也。山色七十二，湖光三万六，层峦叠嶂，出没翠涛，弥天放白，拔地插青，此山水相得之胜也。纪包山者，虽云灿霞铺，大约不出此七胜外。

余居山凡两日，篮舆行绿树中，碧萝垂幄，苍枝掩径，坐则青山列屏，立则湖水献玉。一峦一壑，可列名山，败址残石，可入图画，天下之观止此矣。陶周望曰："余登包山，始知西湖之小也。六桥如房中单条画，飞来峰盆景耳。"余亦谓楚中虽多名胜，然山水不相遇，湘君、洞庭遇矣。而荒寂绝人烟，竹树空疏，石枯土赪，博观载籍，与洞庭为配者，或者圆峤、方壶乎？若方内则故居然第一矣。

——袁宏道《袁中郎全集》

洞庭七十二峰

〔清〕王维德

太湖三万六千顷，中有峰七十二。洞庭周八十里，其为峰亦如之，然前人之记述缺焉。予生长兹土，又性有山水之癖，则洞庭七十二峰，非我其谁志之？峰之最高者曰缥缈，群山环拱，俨若植璧秉圭，践其巅，三万六千顷之胜可以俯而有也。缥缈之南紫云峰、万羊岗，入圻村为大龙、小龙。龙山之阳有石，广二十余步，七十二峰具焉，曰小洞庭。紫云峰折而东五里为飞仙、五峰、上方、下方、罗汉诸山。其南接壤于缫车、白茆、庙山以入南湖，与大龙、小龙二山相峙，会脉于消夏湾焉。缥缈之北，有扶舆磅礴独当西湖一面者，西湖山也。其巅有池，溶漾纡余不过数武，而大滂不溢，大旱不涸，湖之波浪欲兴，池先为之兆，故谓之曰小西湖。其山与东湖山对峙，而两山之间有曰涵峰。南去则秘心山、凌云峰而至蛇头山，东去则东湾山、南阳山而至夹墩界，接迹于天王山、贝锦峰、凤凰、苦竹、七贤、张家、金铎、棹塘诸峰，重山叠嶂，缭绕盘旋于东村，不可具状。缥缈之西有塔头山、冯王山，又西至绮里，有扇子山、木壁峰蜿蜒而至慈里湾，陡起高峰曰霄峰。峰之北为华山，萦青缭白，忽断忽续，又有形如牛者曰牛场山。牛场之西为角头、雷头、龟头、龙舌、西嶋、寿山、小步诸山，皆由华山发脉，迤逦至大步山而止。缥缈之东，有重岗回抱者曰包山，攒云峰、父子山峙其前，北望而至崦里，椒山、中腰山、栖贤山在其东，东石、西石峙其北。崦里东去五里为渡渚、老鹳渚、鸿鹤、黄渡、唐介、乌峰，再东禹期、囤山诸峰直至鼋山焉。鼋山又与石公南北离立。石公之北更有淀紫山、屏风山，石公之西更有梭山、黄家山。而包山之东南即石公之西北为大萧、小萧、一博、鸡笼、天帝坛诸山焉，其环绕于前为众山之宗者曰洞山。洞名林屋，铭曰隔凡，中有金庭玉柱之胜，所谓洞天福地者也。因金庭而名，则人兼其称曰洞庭山云。夫由其巨而言，则洞庭不过七十二峰之一，由其小而言，则洞庭亦有七十二峰焉。余童习于兹，平生尚有未历处，矧名人胜流登兹山者，不过一览而去，而记述之士又弗深考，此洞庭七十二峰之名所以不传也。若夫龙山一石亦具七十二峰，则天作地生之奇，殆有微意存焉？然不可解矣，因备列之以缥缈始。

——王维德《林屋民风》

西洞庭山风土记

〔清〕沈德潜

西洞庭去郡城百里，山之奇者石公，邃者包山，灵秀者林屋，高者缥缈峰，险而幽者大小龙渚、石蛇，总名西洞庭云。风俗淳朴，居民傍山，村落连缀，无堡坞廛市，耕稼外杂植花果，人烟鸡犬在花林中。四时果实成熟，倚具衣食，濒河者业渔。民多聚族，家有宗祠。敬耉长，老者出，子弟追随扶掖。茕独者，众扶掖之。路无妇人，无舆

大干山风光（2020 年）

马，无丐者。无奇邪，无勃溪色、诟谇声。秀者诵习，不专干禄；废诵习者服贾。子弟蔑弃先矩，虽富贵，众鄙之。婚嫁择对轻财，家饶裕者为媒氏，两姓或遭故，愆嫁娶期，媒氏佽助之。人虽贫，无为仆妾者。办赋税早，经年无催租吏。岁时亲朋觞酌，物俭情厚。里有逸民故老，畏荣耽寂者，常津津道之，琐细莫详，其大都如此。予慕洞天名，偶践其地，居人竞来相要，摘园蔬，网湖鱼，淹留款浃，数日别去，因得悉其风俗。从来游洞庭者，辄谈幽虚左神、金庭玉柱，夸神仙踪迹；记风土之异者，又谓境无蛇、虎、雉、兔，别于他山。而俗之淳朴，近古概未之及，予表而志之以俟世有采风者。

——沈德潜《归愚文钞》

游包山记

〔清〕沈彤

太湖之峰七十二，名者八九，包山最著。包山之胜数十，名者六七，石公最著。石公之山在包山东南隅，少土多石。周可二里，三面湖水环之，有小庵负其西壁。庵之北为归云洞，洞高广可二十尺，相传旧有石垂洞口，如云之方归，故名。又北为蟠龙洞，在水厓，洞旁石悉嵌空多窍穴，或逶迤数丈作龙鳞状，有名为石梁石琴者，俱倚崖跨水。上崖折而东为山之阴，多小松乱石，上有石，方而平，如台，宜观落照。自台东下为山之左崖，崖北有十三折，类曲屏斜围，每折异状。崖南有巨石伛偻似老父，为石公，山受名焉。旁有石姥稍高。石公之上有剑楼，高四五丈，广十之，中间五弄，体断势接，廉隅斗竦，望之夹楼刺天，弄壁俱锐别若攒剑峰，其名者曰风弄、曰穿云涧。剑楼之下有明月坡，广容数百人，月夜可啸歌其上。自坡而下，西折为山之阳，有联云嶂、云梯，双峰竞举，杰然干霄。又折而北为山之右，有夕光洞，中有石如浮图之倒垂，日夕返照，光熊熊然。石堂、花冠洞在崖下，水方出没其中。又北即小庵也。予以康熙五十九年孟春，来舍于庵，得周览山之体势与山石怪奇之状，而知其名不妄传。故详记之，以示世之好游者。

石公之胜既穷，将以来朝至林屋山，探洞天之胜。因焚膏披图，悉识其名迹。夜半梦乘风往林屋，遂入洞。见银房间厕深林，阴沉窈窕，幽光四耀。乃步金庭，拊玉柱，戏珊瑚之床，击鼓考钟，舞燕吟龙，洋洋融融，忽惊以觉，天亦已旦。而风雨满山，霰集雪飞，悄然端居者数日。及晴，复办装召侣，望山以趋，直走洞门。山之峰崖岩嶂，峻嵛嶙峿，悉不注视。短衣草屦秉烛而入，门内殊高广，可容数十人，通日光，有浅水。再进，又有小口窅然以黑，高三尺许，而积潦没膝，曲行二三十步，石益下，水益深。又烛多堕潦，无以前，遂出，慊慊久之。乃绕山周折登峰，扳崖穿岩倚嶂，观所谓卧龙伏象、仙嶂曲岩诸名胜，目行心开，俯彻徘徊，吟啸相和，以适以嬉，至于日落烟生，四山渐冥，然后相与拔足而去。是游也，虽未得深探洞穴，而极山之诸胜，亦足以偿所愿焉。古人尝谓："进止之节，得失之数，愁欢之时，莫之可强。"吾于此游益信。

自林屋山东北水行数里，见有峰拔层峦之中，色苍翠而旋上者，碧螺峰也。稍近而峰巅众石若翔若集，若昂若俯，若蹲若跳，皆争出奇势来效目前。登陆至其趾，多方石，相倚壁立，中有罅，可往复周玩。西北面无石，石皆在东南，周不及二里，高可三十丈。升巅以瞻，则高殿缨冈，曲涧带阜，松柏竹木交荫于上，绵延数里，荟蔚蓊郁。湖风宁静，波伏不兴，扁舟数叶，若凫浮鸥眠，夷犹自如，旷然以乐。将返乎舟，忽有白云红霞来游峰巅，丹素青碧，下上相映，仰瞩流连，不能遂去。

碧螺峰顶已获眺望之乐，又自北而西行。四五里曰历涵霄二峰，而至缥缈峰南麓。峰高可数里，峥嵘插汉，心快之。遂取道秦家岭，策杖以上，直造巅末。于时，云淡天开，风轻日明，环湖之南，东折而北，山层岭覆，如黛如云，林木攒茂，郁郁苍苍，通二三十里，缭绕弗绝。湖吞吐百渎，嘘吸三江，少输广受，滮潏渺茫，波澜散合，云日俱荡。七十二峰或直而耸，或斜而倚，或横而背，或曲而向，皆破水投波，如沉如浮。纵览既久，藉茅仰卧，天宇穹隆，浩然长空。心目益旷，肢体皆适。起而俯视，支山丛罗若儿孙之拱立，村坞绣错，洞壑萦回，修竹长林，蒙茏茂密。高堂巨殿，杂厕其中，赤白隐见。兹峰所观与碧螺登望之胜，远近大小，真夐然其不侔矣。夫登高则见远以大，登愈高则远者近，大者小，而其见又殊。昔人所以欲至其所不至，而不肯仅得其半也。日昃，踟蹰叹息而下。

缥缈峰之南数里，有支山二：东曰梭山，西曰龙头山。梭山大而多土，无可游。龙头山多石，石之奇与石公等，有三峰，周可三里，南面岸太湖，水啮其趾，尤多奇势。中有一巨石类龙头，故山纳其称。予自缥缈来游，登高降深，环麓二三日，凡石之奇者，既熟观以悉其状，而为上为下咸可品。目龙头之石，昂首张口，扬睛奋鬣，风涛来迎，矫焉若乘之以飞，雄杰而轩举，最为怪奇。自龙头而外，其奇之最者，东则有龙门、小洞庭石，西则有小龙门、蜂房石、石鼎。龙门高敞如门，有宇有柱，环立四垂，纵广三四丈，多弹窝。小洞庭石，屹立水中，峰峦森耸，隐然有七十二峰之形。小龙门，高广减龙门之半，而其状惟肖蜂房，石色黄黑，嵚岩若具孔穴，倒垂崖上密如栉。

石鼎凡数枚，形方而铁色，各有足相倚峙立。其奇之次者，万羊冈之石则色白，起伏蹲卧，远望羊群。幽谷则石势翻腾，如波如云，并当龙头之比。其他诸石，有若板倚者、屋穹者、冰裂者、树根朽者、虎踞狮坐而熊罴立者，不可胜数，亦各擅其奇，然其品亦稍下矣。龙头与石公皆以石著，而石公之石，奇者辄有名号。龙头之石虽甚奇，而少佳名。故予于诸名者外，略以前人所形容者名之，若小龙门、蜂房石、石鼎是也。

游龙头山毕，遂放舟入销夏湾。湾纳涧吞湖，周二十里。其北临以缥缈峰，梭山、龙头分抱左右，豁处有若门阙，中浮小洲可数亩。上有古庙，其下枯苇被之，渔艇多泊焉。水禽山鸟，饮啄成群。回舟而南望，见门阙外数里有山嶂之如屏。波涛赑怒，层翻叠涌。其内渊渟平晏，水纹绮縠而已。缘崖岸行，多良田沃壤，青树素英，参错摇飏，四面如一。顷之，则洲下渔艇鼓枻四散，歌咏相答，声响绵邈，令人意移。舟子谓余："此湾旧传吴王避暑处。夏月蒹葭荫水，芙蕖翻风，清香满湾，曦景不到，于时盖尤胜云。"

石公庵，在石公山西壁下，因石结宇，负山面湖，左偏有阁，阁后有亭，皆高敞轩豁。守庵僧三人，咸朴以愿。有啸岩者，多结禅侣，识山路。予寓是庵月余二旬。出游，辄邀啸岩相导，故历奥区僻境而未尝问途。饥而倦，则就其旁寺院而食息焉，亦不及惫。居庵十余日，多在亭阁。阴晴昏晓，雨风雪月，湖山之象。变换万千，触目移情。予亦有取焉，故于去之日而并记之。

——《吴中小志丛刊》

甪头巡检司衙署序

〔宋〕朱俊民

甪头山据太湖，湖之广三万六千顷，周五百里，径二三百里，唐白乐天诗云："十只画船何处宿，洞庭山脚太湖心。"盖太湖山若洞庭者七十二，甪头山又据其心，乃山之胜境，汉四皓甪里先生家焉，甪山之名始此。山回百余里，谷邃川广，盗徒剽掠往往有之，民遭患者数。元祐八年，有司请罢吕山巡检徙甪头，与马迹、香兰事例同，立酬奖。经百八十余载，两山之民咸受其惠。营寨兵级固壮，善于水势，长于勇敢，虽有盗徒，无所施其暴。噫！朝廷之置寨者，为民御盗患也。人民之获安生者，赖朝廷之有营寨也。甪头自创建迄今，几数百载，四境寂然，不复聆剽掠。若然，则寨之有益于民岂浅浅哉？寨级柯瑫等具始末求序，且刻石焉。乾道七年中秋后三日，福州进士朱俊民撰。

——王维德《林屋民风》

消夏湾记

〔明〕蔡羽

山以水袭为奇，水以山袭尤奇也。载袭之以水，又袭之以山，中涵池沼，宽周二十里，举天下之所无，奇之又奇，消夏湾是也。湾去郡城且百二十里，春秋时吴子尝从避暑，因名消夏。自吴迄今垂二千年，游而显者不过三五辈，其不为凡俗所有可知已。湖之峰莫大于包山，山之峰莫大于缥缈。峰高不知其几里，足袤五十里有畸也。峰之南，水道三十里，为苕溪。其弗能与苕溪参者，诸峦抱其外也。苕之舟北行三十里以求缥缈峰，其弗能与峰直者，亦诸峦为之拒也。四面峰峦交萃，独以一面受太湖，中虚如抱瓮。其南列门阙焉，由门阙东西眄，西为龙头山，其次为小洞庭、为石蛇、为舍、为芜、为鼠斗之石，不得而名焉，东为大小明月湾、为石公、为泽、为厥、为三山，不得而名焉。明月之湾，其背为梭山，厥土坟垆，厥产林檎、鸭脚、樱、蒳、柚、柿、梨、枣。龙头之背为圻峰，厥土白砾，厥产玉石、卢橘。中消夏之腹，印浮其上，乍有乍无，为众安之洲。帆落洲上，则四面环合，为屏为翰，耸妍效谲，以与缥缈朝拱。峰之巅有草无木，其麓多木无草，丹宫梵室蒙蔽林霭，钟鸣鼓应然后知仙释之庐。鱼行鸟过，形影交彻，帆翔其上而莫之知避也。夫地既异而处甚僻，信乎游者之难至矣。向使移而置之附郭，则撰壶觞、秣车马者，日不暇给。苟日不暇给，岂独凡吾湾哉？人将僬僬乎剑负以趋，万物失所矣。夫造化无意者也，设是湾如有意，鬼神之能，不得而与？非冥契其事，孰能乐之？于戏！非惟世之人不得而乐，湾之人亦莫得而乐也。余世居湾上，有所独得，私志之。

——王维德《林屋民风》

记游洞庭西山

叶圣陶

……二十五日，我们就离开苏州，往太湖中的洞庭西山。

洞庭西山周围一百二十里，山峰重叠。我们的目的地是南面沿湖的石公山。最近看到报上的广告，石公山开了旅馆，我们才决定到那里去。如果没有旅馆，又没有住在山上的熟人，那就食宿都成问题，洞庭西山是去不成的。

上午八点，我们出胥门，到苏福路长途汽车站候车。……我们买西山镇夏乡的票，每张五毛。轮行半点钟出胥口，进太湖。以前在无锡鼋头渚，在邓尉还元阁，只是望望太湖罢了，现在可亲身在太湖的波面，左右看望，混黄的湖波似乎尽量在那里涨起来，远处水接着天，间或界着一线的远岸或是断断续续的远树。晴光照着远近的岛屿，淡蓝，深翠，嫩绿，色彩不一，眼界中就不觉得单调，寂寞。

十二点一刻到达西山镇夏乡，我们跟着一批西山人登岸。这里有码头，不像先前经过的站头，登岸得用船摆渡。码头上有人力车，我们不认识去石公山的路，就坐上人力车，每辆六毛。和车夫闲谈，才知道西山只有十辆人力车，一般人往来难得坐的。车在山径中前进，两旁尽是桑树、茶树和果木，满眼的苍翠，不常遇到行人，真像到了世外。果木是柿、橘、梅、杨梅、枇杷。梅花开的时候，这里该比邓尉还要出色。杨梅干枝高大，屈伸有姿态，最多画意。下了几回车，翻过了几座不很高的岭，路就围在山腰间，我们差不多可以抚摩左边山坡上那些树木的顶枝。树木以外就是湖面，行到枝叶茂密的地方，湖面给遮没了，但是一会儿又露出来了。

十二点三刻，我们到了石公饭店。这是节烈祠的房子，五间带厢房，我们选定靠西的一间地板房，有三张床铺，价两元。节烈祠供奉全西山的节烈妇女，门前一座很大的石牌坊，密密麻麻刻着她们的姓氏。隔壁石公寺，石公山归该寺管领。除开一祠一寺，石公山再没有房屋，唯有树木和山石而已。这里的山石特别玲珑，从前人有评石三字诀

太湖晨曲（2007 年）

叫做“皱、瘦、透”，用来品评这里的山石，大部分可以适用。人家园林中有了几块太湖石，游人就徘徊不忍去，这里却满山的太湖石，而且是生着根的，而且有高和宽都达几十丈的，真可以称大观了。

……

吃罢午饭，我们出饭店，向左边走，大约百步，到夕光洞。洞中有倒挂的大石，俗名倒挂塔。洞左右壁上刻着明朝人王鏊所写的寿字，笔力雄健。再走百多步，石壁绵延很宽广，题着“联云嶂”三个篆字。高头又有“缥缈云联”四字，清道光间人罗绮的手笔。从这里向下到岸滩，大石平铺，湖波激荡，发出汩汩的声音。对面青青的一带是洞庭东山，看来似乎不很远，但是相距十八里呢。这里叫做明月坡，月明的时候来这里坐坐，确是不错。我们照了相，回到山上，从所谓一线天的裂缝中爬到山顶，转向南往下走，到来鹤亭。下望节烈祠和石公寺的房屋，整齐，小巧，好像展览会中的建筑模型。再往下有翠屏轩。出石公寺向右，经过节烈祠门首，到归云洞。洞中供奉山石雕成的观音像，比人高两尺光景，气度很不坏，可惜装了金，看不出雕凿的手法。石公全山面积一百八十多亩，高七十多丈，不过一座小山罢了，可是山石好，树木多，就见得丘壑幽深，引人入胜。

……

二十六日早上六时起身。东南风很大，出门望湖面，皱而暗，随处涌起白浪花。吃过早餐，昨天约定的人力车来了，就离开饭店，食宿小账共计六块多钱。沿昨天来此的原路，我们向镇夏乡而去。淡淡的阳光渐渐透出来，风吹树木，满眼是舞动的新绿。路旁遇见采茶妇女，身上各挂一只篾篓，满盛采来的茶芽。据说这是今年第二回采摘，一年里头，不过采摘四五回罢了。在镇夏乡寄了信，走不多路，到林屋洞，洞口题“天下第九洞天”六个大字，据说这个洞像房屋那样有三进，第一进人可以直立，第二三进比较低，须得曲身而行。再往里去，直通到湖广。凡有山洞处，往往有类似的传说，当然不足凭信。

——《叶圣陶散文集选》（节选，百花文艺出版社，2004 年 8 月第 2 版）

影事追忆录

田汉

一九三七年春某月，在南京演出我改编的托尔斯泰的《复活》以后，我和在上海的张曙、冼星海、金山、王莹诸同志相约会师于苏州火车站，由此同到太湖洞庭山，作了整整一天的畅游。

在洞庭西山游览中，我们无意中发现了一位美丽的樵女，乱头粗服，风致嫣然，王莹问她的名字叫“谢黛娥”，和她一起照了个相。我在上面题了一首绝句，还记得两句是“摩登儿女夸颜色，不及西山谢黛娥。”这照片至今还有人保存着也未可知。《忆江南》里搬用了这个名字，只是把樵女改成了茶娘罢了。

——《田汉文集》（1984年，中央戏剧出版社）

游洞庭西山记

熊召政

二千五百度的春花秋月，二千五百度的风刀霜剑，给苏州留下的温馨与痛苦，坚挺与剥蚀，都不无鲜活地存在于今天世人的眼中。

榴花似火，枇杷如金，虽是初夏却全无暑气。此时置身江南，在江南的苏州，在苏州的太湖，在太湖中的洞庭西山上，我感受到“春寒泽国隐鱼龙”的寥廓，更陶醉于“不尽春山叠翠螺”的美景。

自苏州至太湖，即胥江入湖处，约20公里。于此分道，右去东山，左往西山。东山为半岛，西山则孤悬水中。两山合称洞庭山，与湖南的洞庭湖，称名虽一而毫无关涉。

昔日游洞庭西山，只可舟楫往还。数年前，苏州相关单位斥资建桥，一连三座，如卧波的长虹跨越连接的螺屿，历十几公里而入西山。轿车水鸟般掠过湖面，为游人节省了不少时间，但是少了荡漾波心，与鸥凫共浮沉，与帆影共进退的情趣。

未来之前，我以为浪花簇拥的这一座西山，只是一只小岛，却没有想到，它有82平方公里之大。山间古树，坡上茶圃，岸畔稻田，村头花坞，不但向我诉说鸡犬桑麻的往事，更向我展示盛世农家的风情。

我来西山，原是为寻找2500多年前的吴王夫差的遗迹，这位将父王阖闾创立的诸侯霸业丧失殆尽的亡国之君，曾在西山筑消暑宫。每到夏日，夫差就会带着越国献来的美女西施，乘着金笼玉饰的箫鼓楼船，自姑苏而木渎，自木渎而胥口，自胥口而西山。在新筑的层台累榭的消暑宫里，把长长的夏日，过成转瞬即逝的美人养眼、美酒醉心的花朝。美则美矣，畅亦畅也，只是代价太大。难怪唐代诗人皮日休写诗讥道：“绮阁飘香下太湖，乱兵侵晓上姑苏。越王大有堪羞处，只把西施赚得吴。”

……

消夏湾一片空阔，回首看西山的最高点缥缈峰，林木葱茏，倒真像是耸向青空的碧螺了。与消夏湾毗邻的，是明月湾，亦是吴王赏月处。这里除了苍茫的湖水，古渡头前，还有一座名叫明月湾的古村落。我停车走进去，村中多明清建筑。村民半数姓吴，虽是农人，却都彬彬有礼。我走进村头第一家，主人用自家的特产碧螺春茶招待我……

品饮三杯，抚今思昔，不觉技痒，便吟了八句五言：

夫差赏月处，我品碧螺春。

耳幻吴越曲，胸藏梁父吟。

鸟啼山入梦，花放路迷津。

盛世人间好，悠悠沧浪情。

——《人民日报》（节选，2006 年 1 月 7 日版）

西山的梅花

王稼句

苏州四季，花事纷繁，所谓春来有二十四番花信，早春探梅，就是第一桩赏心乐事。古人哪有如今方便，坐着船，骑着驴，乘着轿，从城里迤逦到光福，就至少半天，看到那里的梅花一片烂然，就以为是天下的盛观，康熙时巡抚宋荦即题名“香雪海”，至与南京龙蟠、杭州西溪、塘栖超山并称江南观梅胜地。每当花时，也就游人杂沓，舆马相望，文人好事，诗文丹青又不知多少，名声自然越来越响了。

西山的梅花，自古繁盛，相传始植于唐，至明清而渐成大观，“鸡笼梅雪”就是有名的一景。但不要以为这是山民的风雅传统，个个仿佛林和靖似的，这实在是他们赖以养家糊口的生计，王维德《林屋民风》就说，梅特盛于涵村、后堡、镇下诸处，“粪多而力勤者，亩可得二三千钱，甚者至万钱”。这当然是指果梅，结出的梅子，就用来做成话梅、露梅、脆梅、青梅等蜜饯，也用来做成腌制桂花的佐料。万千梅树，就像是稻田菜畦一样，乃是民生经济的依托。当年宋荦题镌“香雪海”，也正是含着对百姓丰衣足食的喜悦。

近日又去了一趟西山，倒有点特地为梅花去的。因为天气暖和，花开得正盛，那林屋洞近处的梅园里一片烂漫，沿着小径，慢慢看来，玉蝶梅、绿萼梅、江梅、朱砂红梅、胭脂红梅、淡红梅，墨梅、真是目不暇接，花影也映上眉梢，暗香也熏染衣袂，况且得人指点，识得种种名目，总是件愉快的事。嫁接技术是变化品种的一法，一株梅上竟点缀着红的、绿的、白的花来，艳丽媚人，实在也算奇观。但却让我想起龚自珍的《病梅馆记》，两者虽有不同，意思却差不多，不见了清高孤寂，也成了变态的病梅了。

走在小径里，只见“生态鸡”在花下踱步，树杈上晾着衣裤，竟然还有牵着马来，吆喝着让你骑上一圈的。我不由得笑出声来，世上乃真有其事。李商隐《杂纂》说的“煞风景”，就有“花架下养鸡鸭”“花下晒裩”，“走马观花”这句成语也总算落到了实处。

山巅的驾浮阁，乃取凌空蹑虚之意，至少南宋时就有了，不过当时只是小亭，四周仅有梅花数十株。如今山坡上下一片花海，花香弥漫，蒸腾而上，那小亭如何消受得起，故重建时改为三级八面的高阁，也是相得益彰。可惜这次未曾登阁而望，大概另有一番景象吧。

——《姑苏晚报》（2008 年 3 月 19 日版）

金庭镇看炒碧螺春

辛纳

徒弟姚益林点火升温，师傅李骏伸手量着锅温，突然，李骏将青叶倒入锅中，双手猛炒起来。苏州吴中区茶叶协会副会长沈四宝介绍这是“炒制碧螺春第一道工序”——高温杀青。当锅温 150℃ ~160℃时，投入茶青，反复旋转抖炒为主，至茶青略失光泽，手感柔软，稍有黏性，始发清香。

清明前，碧螺春新茶上市时节，我来到洞庭山碧螺春主产区苏州市金庭镇，正赶上镇里举办茶制作技艺百人传承活动。在炒茶现场，20 口茶锅成方阵排开，碧螺春炒茶大师们带着新收的 60 位徒弟，全神贯注地忙碌着。西山国家现代农业示范园区的周永珍告诉我“炒制碧螺春为高温杀青、热揉成形、搓团显毫、文火干燥 4 个步骤。炒制时，手不离茶，揉中带炒，炒中有揉，炒揉结合，连续操作，整个过程全凭经验和手感”。

据吴中区洞庭山碧螺春茶业协会统计显示，目前吴中区东、西山共有茶农 17458 户，而懂得炒制碧螺春的却多是家中爷爷辈、爸爸辈，当地炒茶师傅的平均年龄超过 40 岁。

这次技艺传承活动面向社会招募报名后，选定的 60 位徒弟来自苏州各个地方，年龄都在 35 岁以下，就是希望碧螺春炒茶技艺能在年轻人中发扬光大。27 岁的小伙子葛尧杰被选为 60 名学徒之一后，激动地说：“虽然只做一天徒弟，但我一定要多学点。”

来自南京的乌丝栏艺术馆馆长张茜茜说：“我们是自媒体团，三五好友结伴访问茶山，赶上炒茶，让我们大开眼界。以前喝碧螺春，只知碧螺春条索纤细，卷曲如螺，白毫显露，银白隐翠，冲泡之时，恰似白云翻浪，香气浓郁，滋味鲜醇，汤色清绿，有‘一嫩（芽叶）、三鲜（色、香、味）’的赞誉。到了产地，我们发现碧螺春之所以优异，除了得天独厚的生长环境和精细的采摘、拣剔原则，也和精巧的炒制工艺密不可分。炒好的碧螺春正如茶农所言：铜丝条，螺旋形，浑身毛，花香果味，鲜爽生津。”

——《人民日报》(海外版)(2015年4月10日第15版)

茶有西山“一记红”

范小青

前不久我写了一篇西山的文章，题目是《家在西山湖水间》，西山是我们经常会去走走看看的地方，就像是自己的老家、故乡。也曾经几次在早春的日子里，去西山看茶农采茶，茶农四散在茶树中，大多是些妇女，年轻的，也有年纪稍长的，穿着随意的衣服，在绿的茶树丛中，点缀出许多色彩。

看过采茶，通常就去看炒茶了。

先看看炒茶前的拣剔，然后看茶农的那一双神奇的手，怎么在180度的热锅里将茶叶搓揉成形，搓团显毫。

再然后，我们品茶，品的就是刚刚产出的碧螺春，鲜嫩欲滴的绿茶。

所以在很长的一段时间里，我一直误以为西山碧螺茶就是碧螺春，也一直误以为，西山是专产碧螺春而闻名。

真是孤陋寡闻。

一直到近几年，才听说了碧螺红茶。

其实是颇有些奇怪的，碧螺春，就是茶的嫩芽，就是每年开春时最早的茶叶，赶的就是时间，比的就是早晚。一个“早”字，让碧螺春的身份倍加高贵，明前茶和明后茶，价格也会相差一大截——这说的都是绿茶，都是我们一直以来所了解、所喜爱并且年年品尝的碧螺春。

而红茶，不是要经过萎凋、发酵等缓慢的过程，感觉好像是要“捂”出来的，难道红茶也要讲究一个“早”吗?

一个“早”字，暗藏的是对严寒的全方位的抗争，一个“早”字，谈何容易。

在一个激烈竞争抢上位的社会环境中，谁不想比别人抢先一步，拔得头筹。

可是，谁也都知道，这个“先”字，可不是那么容易抢容易占的。

就这样，碧螺红茶和碧螺春一起，抢先登场，并肩战斗。

碧螺春的前身是产于西山水月坞的水月茶，水月茶分两支，一支绿茶，一支红茶。水月绿茶在明清演进到了碧螺春，而水月红茶，到今天有了个很现代的名字：碧螺红。碧螺春和碧螺红，都因它们卷曲似螺的形状始得名，而“碧螺”两字的灵感，来自西山碧螺峰。

好了，现在该说到我们的主角，西山“一记红”碧螺红茶了。

有了它的前世今生，有了它的来龙去脉，并且找到了它所在的位置，西山衙角里村。这里原本是一个空守好山好水的贫困村，确立了“碧螺红茶品质提升和品牌重塑”的思路后，专注打造优质碧螺红茶，短短两年多时间，“一记红”已经清气满溢，四处飘香了。

就像碧螺春对于洞庭西山作出的贡献一样，“一记红”碧螺红茶，对于曾经贫困如今已经脱贫致富开始腾飞的衙角里村，也一定会为它助力扬名。

我曾经用过一个比喻，如果说东山是美丽大方的姐姐，那么与她隔水相峙、遥遥相望的西山，更像是一个深藏闺中的妹妹。

而如今，这个深藏闺中的妹妹，也已经出落得和姐姐一样大方，一样的五彩缤纷。

在西山的某一个安静而又精彩的角落，衙角里村和它的“一记红”，正在为越来越多的人所知晓，正在走出家门，走向广阔的世界。

香浓似蜜，水活灵动，味纯留甘，看到这十二个字，我早已经满口生津、馋涎欲滴了。

我在想，有机会，无论是早春还是晚秋，无论是晴天还是雨中，我们要再到西山，到衙角里村，在那里面朝太湖背靠青山，喝“一记红”。

其实，在写作这篇文章的过程中，“一记红”早已经一记头刻记在我的心里了。

——《苏州杂志》（2018 年 2 期）

著述书目

金庭的文化积淀始自唐宋，至明清时颇有建树。著名的文学家有蔡升、蔡羽等，书画家有陆治、金铎等。宋至清代，有散文、诗歌、小说、志书等近 200 多本专著。中华人民共和国成立后，金庭人在各个领域内勤奋努力，著书立说，下列计有部分著作，参与编写各类书籍的无以累计。

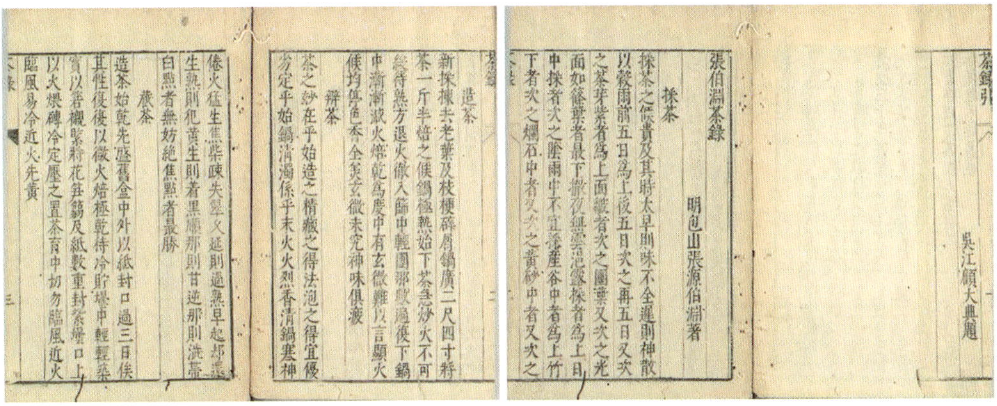
茶錄引
吳江顧大典題

張伯淵茶錄
明包山張源伯淵著
採茶
採茶之候貴及其時太早則味不全遲則神散
以穀雨前五日為上後五日次之再五日又次
之茶芽紫者為上面皺者次之團葉又次之光
面如篠葉者最下徹夜無雲浥露採者為上日
中採者次之陰雨中不宜採產谷中者為上竹
下者次之爛石中者又次之黃砂中者又次之

造茶
新採揀去老葉及枝梗碎屑鍋廣二尺四寸將
茶一斤半焙之候鍋極熱始下茶急炒火不可
緩待熟方退火徹入篩中輕團那數遍復下鍋
中漸漸減火焙乾為度中有玄微難以言顯火
候均停色香全美玄微未究神味俱疲
辨茶
茶之妙在乎始造之精藏之得法泡之得宜優
劣定乎始鍋清濁係乎末火火烈香清鍋寒神

倦火猛生焦柴疏失翠久延則過熟早起却還
生熟則犯黃生則着黑順那則甘逆那則澁帶
白點者無妨絕焦點者最勝
藏茶
造茶始乾先盛舊盒中外以紙封口過三日俟
其性復復以微火焙極乾待冷貯壜中輕輕築
實以箬襯緊將花笋箬及紙數重封紮壜口上
以火煨磚冷定壓之置茶育中切勿臨風近火
臨風易冷近火先黃

〔明〕张源《茶录》

金庭镇历代人士主要著述书目一览表

表 8

年代	姓名	籍贯	著述书目
宋代	邓　肃	明月湾人	《栟榈先生文集》
元代	俞　琰	小埠里人	《周易集说·阴符经注》
明代	俞贞木	小埠里人	《立庵集》
	蔡　旭	东蔡村人	《归怡集》
	蔡　升	东蔡村人	《西岩集》《太湖志》
	蔡　羽	东蔡村人	《林屋集》《南馆集》《太薮外史》
	徐　缙	东河人	《徐文敏公文集》《经筵讲义》
	张　源	涵头上人	《茶录》
	蔡云程	东蔡村人	《包山集》
	郑　坤	角里村人	《洞庭记》
清代	王维德	慈里村人	《外科症治全生集》、《永宁通书》、《卜巫正宗》、《林屋民风》12 卷
	张　镛	涵头上人	《四诚堂集》
	孙孟嘉	横山岛人	《甲山志》
中华人民共和国	金伯弢	东蔡秉汇村人	《双喜嫂》《金绣娘》《张衡》《曙光》《慈禧》《江海诗汇》《独步花径》
	费成康	后埠村人	《薛福成》《邹容和陈天华》《澳门四百年》《中国租界史》《中国的家法族规》
	费修梅	后埠村人	《银行业务基础》
	孙信浮	横山岛人	《临床眼科肿瘤学》
	王昭仁	堂里村人	《德汉词典》

续表 8

年代	姓名	籍贯	著述书目
中华人民共和国	郑姚铭	小埠里人	《钱钟韩教授文集》
	劳秋元	劳家桥人	《大陆边缘地质构造演化》
	邹永明	甪里村人	《太湖西山名胜诗文选》《西山镇志》《苏州大观音禅寺》
	严艺琳	东湾村人	《严艺琳书法二种》
	金培德	东蔡秉汇村人	《西闲小作》《阅读西山》《名人与西山》《悠悠西山》《品味西山》《消夏闲话》《又读西山》
	徐立刚	东河集镇人	《笔耕屐痕》《自在书简》《红尘流霞》《珍藏年华》
	徐允权	堂里村人	《苏州西山雕花楼集萃》《姑苏见——小桥流水人家》
	罗上庚	植里村人	《放射性废物概论》《走近核科学技术》《放射性废物处理与处置》
	蔡金星	东蔡村人	《知心道行》《课题实践效益初论》
	马安沧	林屋村人	《诗画西山》《悠悠西山》《行走太湖》
	戚福康	马村人	《中国古代书坊研究》
	黄晓军	林屋村人	《黄晓军书画选》
	徐允上	堂里村人	《春暖花开》
	邵演弘	鹿村人	《邵演弘画集》
	蒋伟忠	前湾村人	《太湖恋歌》
	陆志伟	仇巷村人	《竹苞春晖》
	周先荣	后堡村人	《走向多元成功：初中“双分制”素质评价的理论与实践》《研学吴中》
	秦伟平	明月湾人	《石公村志》
	徐伟法	煦巷村人	《人民艺术》

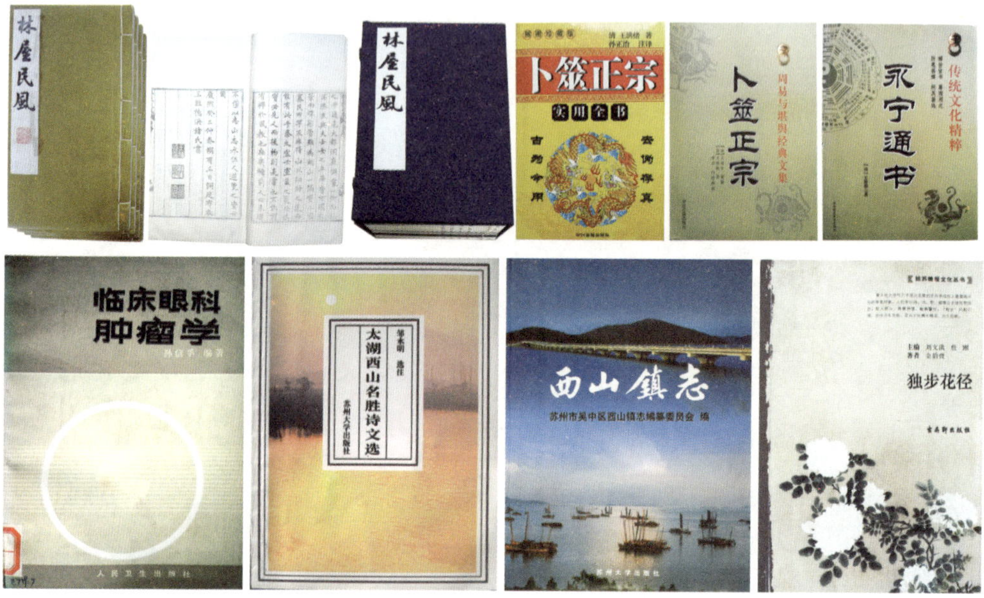

图书展示（一）

中国历史最悠久的观音道场
苏州大观音禅寺
金培德著
宁夏人民出版社
金培德 著
阅读西山
名人与西山
品味西山
金培德 著
大众文艺出版社
消夏闲话
珍藏年华
行走太湖
马安漁 著
吴中文库
行走西山
太湖恋歌
春暖花开
石公村志
明月湾
人民藝術
2019/04/16
徐伟法
明月湾村
金庭览胜
堂
心适堂
仁本堂
容德堂

图书展示（二）

洞庭红橘（2018 年）

珍闻逸事

灵威丈人得大禹素书处

大禹治水有遗踪 相传大禹治水，足迹遍及太湖地区。金庭是他治水时重要的踏勘地之一，禹期山则为大禹治水时会集群僚的地方。唐代诗人白居易《禹期山》诗云："万代分明见禹心，五湖傍注太湖深。龙舟坐会群僚处，徒想沧波见古今。"清代诗人吴庄《禹期山》诗曰："疏决功施集众材，乘舟至此拯沉灾。赞襄都为民生计，哪有闲情消夏来。"林屋洞传为大禹藏素书的地方。《吴地记》载："在县西一百三十里中有洞庭，深远世莫能测。吴王使灵威丈人入洞穴，十七日不能尽，因得禹书。"林屋洞洞口石壁上刻有"灵威丈人得大禹素书处"10个大字。

因大禹治水福泽万民，故太湖百姓建庙以纪其功绩。金庭现存两座禹王庙，分别在秉汇村和衙角里村。

越大夫诸稽郢传姓诸家河 诸稽郢（生卒年代不详），越国五大夫之一，善言辞。吴越之争，诸稽郢立下赫赫功勋。但"勾践不行灭吴之赏，无尺土寸地分授，与旧臣疏远，相见益稀""狡兔死，走狗烹"，越国重臣范蠡远走避祸，文种被赐自刎，诸稽郢则不为世人知所终。清代王维德《林屋民风》揭开谜底——"村民秦存古开掘池塘时得一石碣，上有'越大夫诸稽郢之墓'八字，似秦汉人书。即于该处封土树碣，请诸姓人家守之。"

诸稽郢墓（2018 年）

墓碑道出诸稽郢隐居之地在金庭消夏湾诸家河头。墓前有 2 块碑。其一，表明墓主——“越大夫诸稽郢之墓”。其二，表明信息来源于清王维德《林屋民风》，并说明由清光绪十七年（1792）甪头巡检司巡检暴式昭重修，俞曲园重书墓碣。为吴县人民政府所立，时间为 1986 年 3 月，该墓被授予吴县文物保护单位称号。

汉朝道士刘根修道毛公坞　刘根，字君安，西汉成帝时人。入嵩山学道，有弟子七十二人。相传，刘根云游天下至金庭梅益包山坞修道。因其“冬夏不衣，身生绿毛，故号毛公”。其修炼处得名毛公坞。

唐贞元年间（785—804），道士周隐遥在毛公坛得异石一方，上刻有虫篆，即毛公镇地符，坛旁有炼丹井、毛公泉。宋范成大《吴郡志》载：“毛公坛，即毛公坛福地，在洞庭山中。汉刘根得道处也。根既仙，身生绿毛，人或见之，故名毛公。今有石坛在观旁，犹汉物也。”

三国太傅阚泽留下“将军墓”　金庭前湾山下昔有文化寺（又称普济寺），寺前有一墓，人称“将军墓”。这位被称“将军”的就是东吴的太子太傅阚泽（字德润），三国东吴会稽山阴（浙江绍兴）人。《三国志 · 吴书 · 阚泽传》载：“家世农夫，至泽好学，居贫无资，常为人佣书，以供纸笔，所写既毕，诵读亦遍。”阚泽学识渊博，有勇有为，深受孙权器重，官至太子太傅。阚泽年迈退隐，相传住在前湾山下，即今文化寺址。明兵部尚书申用懋（1560—1638）在《普济寺碑记》中写道“太傅阚泽宅即普济寺基”。清光绪十一年（1885）甪头巡检司巡检暴式昭归复墓地，俞樾题碣。2018 年，碑存古樟园内。

商山四皓西山传承四村落 甪里先生、东园公、绮里季、夏黄公，四人以才学任秦朝博士，掌管史事典籍，德高望重。后因不满秦朝暴政，一起弃官隐居商山，又都白发皓首，故并称为“商山四皓”。后相传四人因助太子刘盈得罪戚妃，遂远走避祸，隐居于西山岛。

甪里先生，姓周名术，字元道。为吴太伯之后，京师号曰霸上先生，一曰甪里先生。甪里先生隐居于西山最西南处。该地得名“甪里”。周家上头的周氏一脉即甪里先生后人。明万历年间（1573—1620）《甪氏义松之碑记》云：“禄里（甪里）之村两山夹峙，各高数十仞，其逾北而东之路则为金家岭，其下则周氏宅之，里之有周氏也。云自甪里先生始。”

东园公姓唐名秉，字宣明。因住东园，故号东园公。隐居于金庭北端凤凰山东侧。其地因东园公居住而得名东村。

绮里季姓吴名实，字子衡，号用禄，后号绮里季。隐于金庭西南部山坞里。绮里之地名由此而来。

夏黄公姓崔名广，字少通。曾隐于夏里修道，故号夏黄公。其与绮里公隔村而居，居地为慈里，留有黄公泉等遗迹。元代张雨有《黄公泉诗》云：“黄公炼药处，遗井兹丘上。何年一泓碧，褒博照容状。不意樵者歌，犹闻紫芝唱。”泉旁有夏姓、黄氏，传为夏黄公后人。

甪里先生像

东园公像

绮里季像

夏黄公像

西山太湖石与北宋花石纲　太湖石产于太湖诸岛，是石灰岩经风化溶蚀和波浪冲击逐渐形成。白居易《太湖石记》云“石有族聚，太湖为甲”。西山所产太湖石，洞多质轻，形态各异，颜色有深浅变化，具有皱、漏、瘦、透等特点，是太湖石中上上品。西山谢姑山、石公山、元山等地所产太湖石，名重天下。

北宋末年，吴人朱勔善于堆山造园，号称“花园子”。政和中期，苏州设应奉局，专门搜罗江南异花、珍木、奇石，俗称“花石纲”。朱勔在西山大小谢姑山各采得巨型太湖石峰一块。“大谢姑”石先运往汴京，称“昭功神运石”，并被封为“盘固侯”。而运载“小谢姑”石的船则沉于太湖，当时只捞得石峰，底座却未捞得。“小谢姑”石峰被弃于荒野。明弘治年间（1488—1505），该石归吴县王鏊，置于东山陆巷宋文恪公祠堂。明嘉靖年间（1522—1566），被乌程（吴兴）富豪、尚书董份购得，移至南浔。后董氏与苏州徐泰时联姻，徐泰时在苏州阊门外筑有东、西二园（东为留园，西为西园），且性爱石。董份遂以“小谢姑”石峰作为女儿陪嫁。联舟运石时，风狂浪涌，船被浸毁，石峰再次沉入太湖。徐氏广募渔人，编巨筏，设绞车，纤夫竞曳，终于捞回石峰，运至苏州，置于其东园土阜上，改名“瑞云峰”。清代吴庄有诗记其事：“闻说凌波大谢姑，妆成艮岳一峰孤。瑞云飞入西园去，谁写浔阳载石图。”

仁本堂天井太湖石（2018 年）

谢姑山花石纲遗址（2018 年）

民间故事

西施与太湖银鱼　春秋时期，吴国与越国是敌国。为了打败吴国，越国谋臣使出了一条美人计，把美若天仙、能歌善舞的西施送给了吴王做妃子。传说西施日夜陪伴着吴王，表面上春风满面，笑靥如花，但心底里却度日如年，暗自悲伤。在游玩消夏湾、石公山、明月湾的日子里，她遥望着一衣带水的家乡越国，常常泪流满面。泪水顺着脸颊，流入太湖，久而久之，美人的泪水在太湖中吸取了日月精华，变化成一条条冰清玉洁的太湖银鱼。还有一个传说，说越国打败吴国后，越王霸占了西施。越王夫人心生妒忌，乘越王不在的时候将西施沉入湖底。西施死后，身体化作千千万万条银鱼，在太湖中获得新生。

西山的由来　茫茫太湖有山峰 72 座。东山和西山是太湖中最大的两座山。那么，太湖中怎么会有这么两座大山呢？在西山老百姓中流传着这样两句话："东山、西山，烂泥一担；大山、小山，蒲鞋拍拍。"这两句话是说东、西两山是挑了一担烂泥堆成的，大山、小山是鞋子里倒出的泥屑形成的。

这里有一段神话传说。远古时代，太湖白茫茫一片。什么西山、东山、叶山、三山、大山、小山，一个岛都没有。目之所及，除了长兴山之外，就是滔滔的太湖水。

有一天，观音菩萨、移山老母等众位仙子到玉皇大帝那儿请安，路过太湖，观音对大家说："这太湖上面好像缺了些点缀。"仙子们附和着说："是呀，好像缺少些山。"观音笑着对移山老母说："这种点缀是你的拿手好戏，你办这件事吧。"移山老母笑着说："好。"

第二天，移山老母驾云在全国巡视一圈，看到泰山高大、雄伟、壮丽，心想就在这里采土吧。于是，她拿了两副畚箕，到达泰山顶端，铲铲挖挖，两个畚箕很快就装满了，然后直奔太湖。茫茫太湖，畚箕中的泥倒在哪儿呢？她看了看地形，相中了太湖北端，倒了下去。太湖从此就有了东山、西山这两座大山。

太湖七十二峰的来历 中国五大淡水湖中，要算太湖里的山峰最多。为什么太湖中有这么多的山峰？这要从秦始皇南巡说起了。秦始皇统一六国之后，知道自己的国土很广阔，但不知道究竟山有多少、水有多少、田有多少，就派出大臣到全国各地去丈量。丈量后，大臣们回来报告说“是三山六水一分田”。秦始皇一听，觉得山太多，水也太多，就是田太少了。怎么办呢？秦始皇想：“我有一根赶山鞭，何不把山赶到水里去，这样一来，不就山也少了，水也少了，田就多了么！”

于是，秦始皇带着赶山宝鞭，到天下巡游。他巡游到太湖边上，只见湖水望不到边沿，他一问当地官员，说有 36 万顷。看看太湖边上，山峰一个连着一个，再一问当地官员，说有 3600 个。秦始皇一边看，一边想：“这里湖大山多，正好把山赶到湖里去。”于是，举起赶山鞭，东一挥，西一打，一座座山峰便被赶下湖去了，把太湖闹翻了。

太湖接近东海，属东海龙王管辖，虾兵蟹将立即将秦始皇赶山的事报告东海龙王。龙王一听，心里急了：“把山头全赶到湖里，我的子孙没有地方啦，我的地盘也缩小啦，倘若让他再继续赶下去，湖海都填平了，我住到什么地方去？”龙王急得团团转，想来想去没有办法。这时，他的小女儿来了。小女儿聪明伶俐，一见父王这个样子，便问道：“父王，你为何这般模样？”龙王把秦始皇赶山填湖的情况说了一遍。小女儿想了想说：“父王不必着急，女儿自有办法。”接着，便附在龙王耳边说了几句，龙王听了大喜道：“好！好！就这样办！”

再说，秦始皇在湖边赶山，每天赶下 9 座，一连 8 天，一共赶下了 72 座山。这天，秦始皇拿着鞭子，来到一座高山下，正要举鞭，忽见山脚下有间草屋，屋里有个姑娘在纺纱。秦始皇走近一看，不禁感叹姑娘的美貌，心想：“我见过天下多少美女，哪一个比得上她！”秦始皇顾不上赶山，立即叫人把姑娘抢进了皇宫。晚上，姑娘和秦始皇一起喝酒，秦始皇烂醉如泥，睡了过去。这时，姑娘偷偷找到赶山鞭，一阵风似的离开了皇宫，回到东海龙宫里去了。

原来，这位姑娘就是东海龙王的小女儿。她知道秦始皇好色，便变成一位漂亮的姑娘，故意让秦始皇抢去，好拿走他的赶山鞭。

天下第九洞的传说 相传东海龙王有十个儿子，在分封水国的时候，只有他的第九个儿子九龙王肯离开东海。因此，龙王把太湖水域封给了他。九龙王带着他的虾兵蟹将到了太湖。但太湖湖底朝天，干裂严重，沿湖的庄稼全部枯死了。路无行人，村无炊烟，处处是一片破败的凄惨景象。九龙王见此，当即张开大嘴，喷出水来。

这时，湖面上突然奔来一位美丽的姑娘，对着九龙王拜谢道：“感谢大王救命之恩！”“你是谁？”九龙王问。姑娘道：“我是太湖碧波仙子。因我不肯和夏妖成婚，他便放火要活活烧死我，我躲进深井里避难，幸亏大王降雨，才救得我一命。”碧波仙子说完，便翩翩起舞，舒展翠绿色长袖，嘴里唱着动听的歌曲，踏着水波飘然而去。

碧波仙子还活着，居然还在唱歌、跳舞，这使夏妖非常愤怒。他张开血盆大口，对着太湖恶狠狠地连喷三口大火。茫茫太湖八百里，浩瀚水面三十六万顷，竟然经不起夏妖的三口火。一口火，太湖滚滚煎；二口火，太湖乌黑黑；三口火，太湖底朝天。九龙王也差点被突然而来的袭击烧伤，碧波仙子则不知生死。

九龙王见况，急忙张开大嘴，连连喷水。转眼间，太湖又白浪滚滚、水天相接，碧波仙子又奇迹般出现在眼前。

为了保护好碧波仙子，九龙王在林屋山间凿了无比宽大的洞殿。洞里有金庭玉柱，有拔地而起的石笋，有参差不齐的倒悬塔林，有展翅欲飞的石燕，有雅致的石床……碧波仙子就住在这座神秘的别宫里。

俗话说，没有不透风的墙。不久，夏妖得知此事，便找上门来，与九龙王算账。三句话不合，夏妖就喷起了大火。九龙王见状，急忙喷水。两人一个喷火，一个喷水，连斗了七天七夜，不分胜负。碧波仙子在旁边，找准机会，对着夏妖的大嘴巴掷了一大把湖里的黄沙。夏妖呛了一嘴，顿时火焰熄灭，直冒黑烟。九龙王乘机把夏妖打死。灭了夏妖，太湖就再也没有干过。九龙王把王府安在了林屋洞里，因他排行老九，所以，大家就把这个洞称为“天下第九洞”。

元山石鼋的传说 相传远古时代，天下为水龙所害，年年发大水，太湖的水流不出去，淹掉了周围许许多多的村庄和田地，老百姓苦不堪言。后来，好不容易盼来大禹，劈开了独山门，疏通了吴淞江，湖水才渐渐退下去。大禹治水成功后，打算凿一只石鼋作为镇妖石，永远镇住太湖水龙。一天，他看到一块一丈多高、腰可十围的大青石，石色晶莹，十分好看，用开山巨斧敲敲，声音悦耳动听。大禹高兴极了，立即用神斧向下劈去，石花飞溅，不一会儿一只石鼋便凿成了。石鼋伸颈展爪，神气活现地立在山顶。禹王又用他身边带着的女娲补天的五色宝石，在石鼋身上划上许多花纹，石鼋身上就长出了甲壳。从那以后，这座小山头便被人们称为鼋山。那些在劈石时飞溅出来的石块，经过湖水的冲刷，也就变成了玲珑剔透的太湖石。

到了北宋宣和年间（1119—1125），苏州出了个浪荡公子，名叫朱勔。他平日吃喝浪荡，一心想做官，但苦于无人推荐。若说考科举，他连个“人之初，性本善”都念不清楚，闲着没事，小花园里的太湖石倒摆设了不少。一天，朱勔一边喝酒，一边寻思当官的门道：听说当今皇上喜欢奇珍异石，这太湖石名扬天下，何不装运些奇异太湖石进京？他拿定鬼主意，派人造了一艘大船，这艘船又平又阔，船不像船，筏不像筏。船造好后，朱勔便选了一块玲珑剔透的大型太湖石，雇了千名纤夫、扛脚，向京都进发。这块太湖石一到京都，皇帝见了大喜，他从来没见过这么大、这么好看的石头，便传旨命朱勔回江南专门搜集奇花异石，组织花石纲进贡。朱勔这下子可真是威风透了，他手捧圣旨，头戴乌纱，身穿官服，高高兴兴地乘船返乡。一回到苏州，便派人四处搜罗太湖石。无论是摆在花园内的，还是放在书房里的，都要抢走。石头太大，门框里扛不出的，就命人拆毁围墙，掀翻房屋，闹得鸡犬不宁。

一日，他听说鼋山上有一只石鼋，还是大禹凿成的，就寻思：“鼋又称团鱼，象征团圆有余，鼋又能长寿，皇帝一定十分喜爱。我要是把这只石鼋运到京城，不知要连升几级呢！”他越想心里越高兴，便急急忙忙乘了船，来到鼋山。鼋山顶上的那只石鼋，昂起头，眼睛直望着太湖，四只脚像马上要从山上冲下来一样，活灵活现。朱勔围着石鼋兜了一圈又一圈，得意扬扬地指使下人要把石鼋装走。数百名老百姓，被凶恶的衙役、差人用鞭子赶来搬石鼋。朱勔派人在石鼋四只脚和头颈上结了五根又粗又大的麻绳，把那艘船不像船、筏不像筏的“四不像”停泊在山脚下湖面上，又撑了几丈宽的跳板。老百姓含着眼泪抬起杠子，但十来根杠子压弯了，石鼋却动也不动。这时有人说，这鼋是神物，怎么扛得动呀，再要硬扛，它一发怒就不得了了！朱勔听了，勃然大怒，说自己是皇帝派来的，什么神物不神物，石鼋抬不走，就把鼋头敲掉！下人举起铁锤便朝鼋头打去，忽听得轰隆一声巨响，金光四射，断了的鼋头顺着山势滚下湖去。鼋头一滚到湖里，顿时狂风呼啸，浊浪四起，浪头像小山一样向山上涌来。一个巨浪卷过，把朱勔和他的下人都卷到了太湖里，连他造的“四不像”也被打得粉碎，一点踪影都没有了。

风浪平息后，在鼋头滚下去的湖面上，又出现了一座小山，活像伸起的鼋头，于是后人把原来的鼋山称为“鼋背山”，把旁边的小山称为“鼋头山”。

林屋洞顶旗杆石的故事　林屋洞驾浮阁下有块旗杆石，相传岳飞手下大将牛皋曾被太湖强盗头子杨虎绑在那里过，险些丧命。

话说南宋初年，太湖强盗猖獗。朝廷虽然在西山甪里设了游击衙门，但也无可奈何。为首的强盗叫杨虎，杨虎的哥哥叫做杨幺。兄弟俩人，一个在东洞庭湖，一个在西洞庭湖，为非作歹，过湖客商、殷实人家都成了抢劫的对象。有时，他们连普通百姓也不放过，致使民怨四起，朝廷遂下令派岳家军到太湖剿匪。

一听说剿匪，岳飞手下大将牛皋便自告奋勇当了急先锋。牛皋作战勇猛，人称常胜将军。岳飞嘱咐牛皋："此去太湖，莫要大意轻敌。"牛皋认为，消灭一帮湖匪，乃区区小事。

西山地处太湖之中，到西山，必须经过水面。太湖三万六千顷，水域面积十分宽阔。风高浪急、大雪冰冻的时候，根本无法过去。那时候，没有什么大的军舰铁船，就连大的船也是少见。况且，太湖强盗熟悉水性，以湖为家，要想围剿他们，绝非易事。但牛皋不信，他身经百战，什么样的场面没有经历过？他认为，生擒杨虎，小菜一碟。岳飞再三告诫："你不熟水性，千万不要大意。"牛皋连连保证没有问题。

牛皋辞别岳飞，登上木船，带着手下200余人，往西山进发。此时的杨虎早已得到密报，说岳家军要来围剿，派牛皋为主将。杨虎嘿嘿地笑了笑，心想："太湖是我的天地，包叫你有来无回。"

那天，风平浪静。牛皋带着200余人，直往西山岛而来。杨虎带着人马驻扎在林屋洞。当牛皋船队接近的时候，杨虎的手下早已潜到他们的船底凿洞了。牛皋不会水性，发现船在漏水便慌了神，众多手下也都是"旱鸭子"，此时纷纷成了落汤鸡。就这样，牛皋连林屋洞的边也没有摸到，便成了俘虏。

牛皋被擒，逃回去的手下急报岳元帅。岳飞一听大惊，连忙召集手下商量对策。众将激愤，但大都不熟水性，一时面面相觑。看来要想擒住杨虎绝非易事，需要招募一些熟悉水性之人，方可进攻。于是，岳飞派人一边招兵，一边做进攻准备。

杨虎知牛皋是条好汉，又闻岳飞是位忠义之人，因此没有立即加害牛皋，只是想让牛皋吃点苦头。他吩咐手下，将牛皋绑在了林屋洞顶的旗杆上，任其日晒雨打。牛皋被绑，开始还有力气破口大骂，及至后来，没有了精神，只能狠狠地干瞪眼。

过了三天，岳飞吩咐大将岳云再次进攻西山，杨虎他们还想故伎重演，不料岳云已经派人潜在水底，这次杨虎没有成功。船很快驶近林屋洞。但杨虎组织了弓弩手，万箭齐发。结果，岳家军根本上不了岸，无功而回。

又过了两天，岳飞终于想到了破敌之策。他决定兵分两路，一路往林屋洞进发，一路往元山进发。往元山方向的全部是木船，往林屋洞方向的是木船加夜壶。夜壶派什么用场呢？原来，夜壶是用来挡剑的。岳飞到宜兴买了几万只夜壶，吩咐熟悉水性的人接近西山岛时推入水中。

当杨虎看到水面上出现黑乎乎的东西时，还以为全是人在游泳过来，就吩咐手下乱箭齐发。当杨虎的箭射得差不多的时候，岳家军从湖里一跃而起，纷纷杀上岸来。此时，探子又飞报杨虎，说元山已有大批岳家军登岸，正冲杀而来。杨虎一听，慌得乱了方寸，他知道大势已去，此时他哪里还顾得上牛皋，慌忙往缥缈峰山岭里窜去。岳家军向缥缈峰进行了再次围剿，杨虎吓得乘黑逃到了长兴山，随后，又逃到了哥哥杨幺那里。

牛皋被绑在旗杆上几天，已十分虚弱，听得岳家军鼓声阵阵，知道自己得救了，精神一振。他见到了岳元帅，羞愧地低下了头。

陈维德上山遇仙人 缥缈峰山脚下有个巷子，叫陈巷。相传陈巷里有个人叫陈维德。有一天，他上山砍柴，看见两人在石头上下棋，于是走了过去。下棋人给了他一颗枣，陈维德高兴地吃了。看着，看着，居然忘了时间。待回过神来，他的镰刀绳子竟已烂掉。没了镰刀绳子，陈维德只得下山回巷子，只听见有人在骂：“是谁偷了我的鸡，就和陈维德一样，一去不回来。”陈维德想：“我没做什么错事，干吗这样诅咒我？”他气冲冲地上前质问。村人说：“陈维德上缥缈峰砍柴去了60多年，没有回来过啊。”陈维德大声地回道：“我这不是回来了吗？怎么就60多年啦？”村人吃惊地跑走了。陈维德想回家看看，结果陈巷的模样全变了，没有一个认识的人了。陈维德如梦方醒，山中方一日，世上已百年。原来那两个下棋人是陈抟老祖与吕洞宾。因陈维德与仙有缘，特意来度他的。陈维德站在陈巷里，眼见世事全非，无人相识，觉得这个世界已经不属于他了。于是，就按照吕洞宾的指点，离开家乡，踏上求仙之路。

唐伯虎庙壁画兰花 一日，唐伯虎游玩缥缈峰，他爬到山腰处，见有一庙，便走进庙内，烧了一炷香。此庙虽小，但庙祝却是个不凡的人。他见唐伯虎气宇轩昂，手拿一把扇子，一派风流倜傥，便主动搭话。几句话下来，俩人一见如故，大有相见恨晚之意。唐伯虎向庙祝报了姓名。庙祝大吃一惊，方知是大名鼎鼎的江南才子唐伯虎。于是，请求他留下墨宝。唐伯虎遇到知音，慨然答应。于是，便在庙内墙上画了一幅兰花图。名家之笔果然不同凡响。墙上兰花翠绿欲滴，含苞怒放，顷刻似乎有一股兰花的清幽之香弥漫开来。庙祝惊呆了，好久才回过神来。

从此，每逢兰花飘香的季节里，庙的四周便会有一股幽香飘出……可惜该庙在“文化大革命”期间被拆，唐寅的壁画也荡然无存。

九缸十三瓮财宝 缥缈峰藏宝的故事已传了很久，相传有九缸十三瓮金银财宝藏在那儿。故事有两个版本。其一说是杨虎藏宝。相传南宋初年，太湖中有个强盗头目，叫杨虎。他在太湖里抢劫商船和湖州、无锡等地的豪富，足足攒了九缸十三瓮的金银财宝，埋在了缥缈峰间。后来，岳家军剿匪，击杀了杨虎，但宝藏在哪，至今还是个谜。其二说是张士诚藏宝。说元末张士诚为了与朱元璋争夺天下，将其九缸十三瓮财宝藏进了太湖中的缥缈峰上。梁羽生《萍踪侠影》第十六回记载：“这时张丹枫已是一叶轻舟，逍遥在太湖之上，他右手划桨，左手拿着一把金光闪闪钥匙，放目湖山，高声吟道‘太湖三万六千顷，难洗英雄今古愁！’……金锁之上刻有两行小字：‘太湖之中，西洞庭山，有此锁匙，可探宝藏。’”张丹枫是元末张士诚的后裔，他为寻宝而来。缥缈峰上守宝之人，是张士诚手下大将澹台归真一家……据说张丹枫成功地取走了宝藏，山上仅留下了其藏宝的石室。但石室遗迹在哪儿，却是个谜，无人知晓。

苏东坡与来鹤亭 来鹤亭位于石公山，檐翼凌空。站在亭内眺望水阔天高，远山如黛，湖鸟翻飞，帆船出没，让人心旷神怡。亭背后山顶古松如伞，亭松互衬，天造地设。

相传来鹤亭是为了纪念苏东坡而建造的。苏东坡是“唐宋八大家”之一，他的书法俊逸跌宕，得天真烂漫之趣，与黄庭坚、米芾、蔡襄并称“宋四家”。有一年，他到湖州当知府，被美丽的太湖吸引住了。一有空，就带着家人游玩太湖。当年，哲宗皇帝的孟皇后有个兄弟叫孟忠厚，他在绍兴任职时常到西山游玩。他非常喜欢西山的花果，尤其爱西山的橘子。苏东坡、孟忠厚有着共同的爱好和兴趣，遂成为朋友。有一天，孟忠厚约苏东坡在石公山赏月饮酒。孟忠厚带着他新酿制的橘子酒，两人观皓月当空，洁白如银，太湖微波，远处渔火点点，如此良辰美景，引得苏东坡诗兴大发，当场吟作《洞庭春色赋》。孟忠厚读后，赞不绝口。那天，两人就在石公山的寺庙里谈诗论文，直到天明。

苏东坡是个兴趣广泛的人，他喜欢文墨，也喜欢宠物。晚年，他特别钟爱养鹤。由于政治上的不如意，便把全部心思放在了养鹤上，人称“鹤公”。他到石公山游览，常常带着几只鹤来。鹤通灵性，他走到哪儿，就盘旋飞到哪儿。在石公山一块大石头上，他坐着欣赏风景，鹤就停在他背后的松树上。孟忠厚见鹤如此乖巧，不禁叹道：“真灵物也。”苏东坡听了满心喜悦。孟忠厚见石块宽阔、光秃，建议造个亭子赏景。苏东坡说：

“好！这个主意不错。”

下山后，他们来到石公寺，对住持说了想法，并说钱由孟忠厚出，住持满口答应。亭造好了，苏东坡竟生起病来。孟忠厚知道后前去探望，看着朋友消瘦的脸庞，久久说不出话来。不久，传来苏东坡在常州逝世的消息，那几只陪伴苏东坡的鹤也因绝食而死。说来也怪，亭造好不久，就见一群仙鹤从远处飞来，领头的两只居然和苏东坡养过的一模一样。它们围着亭子盘旋低飞，久久不肯离去。之后每逢苏东坡忌日，就会有群鹤从太湖中飞来，绕着亭子哀哀而行，然后慢慢离去。

千年古樟两故事 明月湾村口那棵古樟，流传着两个故事。其一：相传很久很久以前，明月湾港湾里有艘来往湖州的客船，船主姓蒋。有一天，来了位颤巍巍的老人，说要到湖州去，但身上没有一分钱，问蒋船主能不能免费乘坐？蒋船主见老人穿着破破烂烂，实在可怜，就答应了。船到了湖州后，老人临走时告诉蒋船主，将来修船时，他坐过的船板不要换。老人话音刚落，就不见了。蒋船主感到十分奇怪，暗暗思忖：这老人必有来历，就将他的话记住了。船每两年要维修一次，蒋船主听从了老人的话，没有更换那块船板。说来奇怪，从此蒋船主出门总是顺顺当当的。有时，太湖中明明波浪滔天，但蒋船主一出门，就变得风平浪静了。这样过了几十年，老人坐过的船板也破烂了。有一天，蒋船主要大修船只，就把它放在了村口的那棵古樟树下，谁知半夜时分，那块木板居然自燃起来，古樟被烧焦了皮，留下了满身创伤。

其二：太湖有强盗，在宋朝时期就很出名，直到金庭解放前依然很猖獗。相传有几个湖匪，看中了明月湾村口这棵古樟，想把它锯了卖钱。村里的百姓自然不同意，与其斗争，但强盗仗着手里有枪，威胁大家，并把村里新任保长的儿子绑了去，扬言拿钱来赎，否则撕票。可怜保长新任，也没什么钱。村人吴震在上海经商，闻知此事，为了保树保孩子，他慷慨资助 200 大洋，但盗贼非要 400 大洋不可。没办法，黄保长只得凑齐了大洋，赎回了儿子，保住了古樟。古樟见证了明月湾人与湖匪作斗争的事件，但也留下了永远难以愈合的锯痕。

石板街下显水龙 清朝时，明月湾金家坞里常常发大水，冲毁村里的房屋。村里大族金氏、黄氏、吴氏、邓氏、秦氏，凑在一起商量如何才能消除山洪隐患。最后，他们一致决定开掘渠道，从金家坞起引水至湖里。于是，他们重新设计了居住的房屋格局，形成一个棋盘状下水渠道。

计议妥当，全村人人动员起来。第一天破土，第二天就挖了 50 厘米深。但到了第三天早晨一看，沟里竟然充满了水，他们只好戽干了再挖。第四天，过了一个晚上，沟中又充满了水。这是怎么回事？沟里没有水源，又时值秋旱，怎么会有如此多的水呢？大家感到迷惑了。吴氏提议请风水先生看看，大家同意，便到外地请了一位颇通风水的老先生，老先生在村里村外走了一圈，神秘地说："这是一条水龙的脉象。如果开掘了此道，明月湾里从此就出不了皇帝。如果不筑，也许有真龙天子诞生。你们自己定吧。"

几大族连夜召开紧急会议，一起商议怎么办。有人坚持继续开挖，认为不挖房屋便会被冲塌，大家的生命和财产都会不保；有人反对，认为出个皇帝，那这个村就变成皇家村了，该有多好！金氏当时最有实力，最后轮到他表态。他说："出皇帝远着呢，出了皇帝或许大家要受苦也说不定，就像明朝时候开国皇帝朱元璋出生在安徽凤阳，结果呢，凤阳花鼓不是这么唱的吗：'说凤阳，道凤阳，凤阳是个好地方，自从出了朱皇帝，十年倒有九年荒！'所以呀，还是让大家住在这里不会受洪水之苦最要紧。"大家见他说的有理，就一致同意按原计划开挖。说也奇怪，再挖时未出现漫水现象。之前反复充水的原因，也就成了个谜。最终，水沟挖成，上铺石板，一条很有特色的街道也就产生了。

画眉潭前西施泪 明月湾的石牌山腰里有一小潭，长 80 厘米、宽 60 厘米，水清澈如镜，饮之清凉。相传，这就是西施昔年留下的"画眉潭"。春秋时，吴王和西施游玩消夏湾，来到明月湾，看到这里风景如画，环境清幽，就为西施在山上建了一个行宫。每日清早，西施在宫女的护送下到潭前画眉、施粉，夜晚还会在此赏月纳凉。吴王有时不与西施同住，住在太湖瓦山的逍遥宫里。石牌山与瓦山隔湖对望。有人常常看见西施站在山顶处，望着太湖发呆流泪。如今，画眉潭旁的那些梳妆台早已遗失，但潭还在。那故事依然流传着，迷人心扉。

石公石婆的传说 西山石公山景区明月坡湖畔昔年有两尊石灰岩太湖石，状如一对恩爱的夫妇，四目相对，似乎在相互倾诉着什么。这对太湖石被人们称为"石公石婆"。

相传，这石公就是洞庭君，这石婆就是太湖碧波仙子。那么，他们怎么会变成一对太湖石的呢？原来，洞庭君是龙王的第九个儿子，他被龙王派来掌管太湖水域，封为太湖洞庭君，住在西山岛上的林屋洞内。太湖虽然没有海洋水域面积大，但也十分辽阔，浩浩荡荡。湖中有位女神，生了个美丽的女儿，人称碧波仙子。碧波仙子长得十分美丽，被太湖中一个妖怪——夏妖相中了，天天纠缠着要娶她为妻。夏妖虽然长得难看，却功夫了得。其为人歹毒，又常常残害百姓，人们对他恨之入骨，但又无可奈何。这样的一个害人精，湖神岂能把碧波仙子嫁给他呢？夏妖得不到碧波仙子，起了杀心。于是向太湖喷出了浓浓烈火，把太湖水烧得滚烫，想把湖水烧干，把碧波仙子烧死。湖神与夏妖搏斗，但被他打得遍体鳞伤，碧波仙子被追杀，无处藏身，最后躲进了一口深井里。夏妖找不到碧波仙子，继续疯狂地喷火，把太湖水烧得湖底朝天。洞庭君奉命来到太湖，但见湖底干裂，焦土一片。他大吃一惊，心想怎么会这样呢？正在疑惑不解的时候，忽然传来微弱的女子呼救声。洞庭君俯身细听，声音是从一口井内传出来的。他急忙跳了下去，把碧波仙子救了上来。碧波仙子真美啊，一双丹凤眼，眼珠像一对蓝石珠宝，闪闪发光。身材高挑娇艳，头发乌黑闪亮。样子虽然有点狼狈，但依然不失为绝世的美颜。洞庭君从未见过这样的美女，一时惊呆了。碧波仙子见救她的是一位英俊潇洒的青年，红晕霎时涌上了脸颊，却显得越发美丽了。两人足足对视了几十秒，爱情的种子悄然种下。打破沉默后，洞庭君询问碧波仙子是怎么回事，碧波仙子哭着倾诉了她的遭遇。说得洞庭君怒火中烧，他决定为民除害，为碧波仙子报仇。于是，一场空前的太湖大战在湖面上打响。最后，经过七天七夜的激烈搏杀，洞庭君与湖神母女联手，终于将夏妖除掉。镇压夏妖的地方，如今就叫镇夏。

洞庭君杀死夏妖后，湖水恢复了原样，碧波荡漾。碧波仙子快乐地哼着小调“碧空万里水荡漾，杀死夏妖喜洋洋。万物生长有水源，造福百姓人颂扬”，洞庭君与碧波仙子在此相亲相爱，他们决定正式结为夫妻。要结婚得禀报父母并获得他们的认可与祝福。龙王来到林屋洞，听说洞庭君想结婚，却坚决不同意。他认为碧波仙子虽然漂亮且

石公石婆（1950年）

能歌善舞，但门第较差。她仅仅是太湖神女的女儿，出身低微，配不上他的儿子，而且龙王已经答应南海海神女儿的求婚，正准备去下聘礼。洞庭君一听父王的决定，苦苦哀求，希望父亲能改变主意。他明确告诉老龙王非碧波仙子不娶。龙王大怒，他说："自古婚姻都是父母之命，媒妁之言，哪有自己谈婚论嫁的。"说完便生气地走了，并留下一句话："给你 7 天的时间考虑。如果不答应，便撤了你洞庭君的职位，贬为庶民，终身囚禁。"洞庭君见父亲走了，急忙追了出去，追呀追，一直追到了明月坡。但龙王还是坚决不同意，怒气冲冲地甩手而去。洞庭君立在湖边，望着父亲远去的背影，心里不是滋味，但他已经暗暗下定决心，此生若娶不到碧波仙子，就终身不娶，宁愿化为石头。正在他呆呆地望着湖面的时候，碧波仙子悄然来到了他的身边，她已经知道龙王的来意。她的母亲湖神也已经知道了这件事，心里也很不痛快，一再劝说女儿放弃。但碧波仙子也表示非洞庭君不嫁。他们站在明月坡的湖边，相互诉说衷肠，表达着对彼此的深情爱意。他们向天发誓：海枯石烂，永结同心。宁化为石，也要终身厮守。说完，他们的身体竟渐渐僵硬起来，慢慢地化为了一对太湖石。

黄氏宗祠（2006年）

大事纪略

金庭，从新石器时代的荒芜中走来，历经春秋时代的烽火岁月、明代抗倭和抗日战争的洗礼，及至新中国成立和改革开放后的迅速发展，成为一座现代化新城镇。岁月漫漫，沧海桑田，其间发生的大事不胜枚举。数千年来，金庭人无以累计的心血，成就了青山绿水、茶果遍野、大道通达和村庄新貌。以下所辑事件都是对金庭社会、经济、文化产生过较大影响的大事要事，也是对前文的一份补述。

北宋元祐八年（1093）设太湖角头巡检司

两宋时期，湖匪猖獗，危害民众。北宋元祐八年（1093），经奏请圣旨，敕由长兴县吕山头巡检，迁至今金庭镇角头山，令苏、常、湖三州各于公库中支付供给。并将吕山头廨宇兵器，悉迁角头，管辖士兵144名。明嘉靖三十五年（1556），因倭寇成患，在角头设太湖营游击衙署，负责太湖地区的安全。角头巡检司直至清末才被撤销。

太平军占领西山、东山，设东珊县

清咸丰十年（1860）三月，太平军由泗安进袭杭州，攻长兴，夺溧阳，破高淳，击溃清军江南大营，又相继攻下常州、无锡，直抵苏州。清军望风而逃。忠王李秀成进驻苏州。同年十一月，太平天国侍王李世贤率水军从溧阳入太湖，攻克湖防重地角头寨，占领西山。咸丰十一年（1861）二月初一黎明，太平军乘雾从角头出发，战船直驶东山前山。太平军占领东西山后，将东西山合组设立东珊县，隶属太平天国苏福省苏州郡。清同治二年（1863），太平军撤离西山。

抗日战争时期包山寺保护苏州图书馆藏书

民国时期，江苏省立图书馆内藏书 10 万余册，其中不少善本、宋元明清历代古籍，素为海内外学术界所称誉。对此，苏州城区青阳地租界的日本人早有谋夺之心。1937 年，卢沟桥事变，抗日战争全面爆发，局势紧张。8 月 3 日，该馆馆长蒋吟秋召集馆务会议，决定将古籍善本及重要文卷装箱转移秘藏到安全地区。9 月 4 日，25 箱图书及 6 箱文卷由馆员陈子清、夏文光等运至西山，藏于包山寺满月阁，并砌复壁隐障。9 月 28 日，又将最后一批 9 箱图书及目录卡片运至包山寺。藏书由包山寺住持闻达上人负责。闻达上人精于文墨诗画，对保存书籍富有经验，定期将复壁中的书籍通风、晾晒。

抗日战争胜利后，蒋吟秋奉命回到苏州接收苏州图书馆。1946 年 4 月 11 日开始，将西山久藏多年的珍贵图书、文献陆续分批运回苏州。闻达上人等因护书有功，受到了江苏省国民政府、教育厅的嘉奖。吴江金鹤望曾撰《完书记》一文详述其事。

1943 年横山岛打响太湖正面袭击日伪第一枪

1943 年 8 月 6 日，太湖县武工队队长薛永辉率游击队在横山岛活动。西山岛上的七八个日伪军到堂里村恐吓老百姓后又驾船来到横山。游击哨兵发现后报警，薛永辉闻讯，率兵出击。其中一队占领有利地形，另一队追赶逃跑的日伪军。战斗中日伪军登船撤逃，游击队战士奋勇跳入湖中，对日伪军穷追猛打。活捉了汉奸翻译，击毙了日军一小队队长。逃跑的伪军向驻扎在木渎据点的日军求救，日军驾汽艇至横山岛围剿。至夜，游击队利用夜幕和芦苇，向日军发起突然袭击，日军溃不成军，横山岛打响了太湖正面袭击日伪军的第一枪。

中国内湖第一长桥——太湖大桥建设始末

太湖大桥东起苏州太湖国家旅游度假区渔洋山，经长沙岛、叶山岛至金庭大庭山，由 3 座桥组成，全长 4308 米，桥面宽 12 米，有 181 孔。工程由中共吴县县委、县政府组织实施，总投资 1.15 亿元。

1992 年 10 月 27 日，中共吴县县委、县政府在太湖大桥一号桥北端胥口墅里村渔洋山麓，举行太湖大桥开工典礼。上午 11 时，大桥第一根钻孔灌注桩顺利完成。10 月 29 日，中共西山镇镇委、镇政府在一号桥大庭山工地举行太湖大桥开工典礼，西山有两万多名群众自发参加。10 月 30 日上午 9：30，三号桥第一根灌注桩开钻。11 月 28 日，二

西山人民庆祝太湖大桥通车（1994 年）

太湖大桥（2018年）

号桥正式开工。1994年6月30日晚，大庭山至叶山岛太湖大桥三号桥率先合龙。7月9日，三号桥正式贯通。8月8日，一号桥合龙，9月11日贯通。10月6日，二号桥合龙。

1994年10月25日，太湖大桥正式通车，10月27日下午，西山镇镇委、镇政府在东河新区信用社大楼前举行西山人民热烈庆祝太湖大桥胜利通车大会，在外工作的西山籍领导、捐款者代表、西山历届党政领导、新闻界人士等和3万多名群众共庆盛典，8辆彩车由遥控航模飞机跟随，从东河出发路经镇夏、堂里、东河至叶山。

2013年3月，太湖大桥复线正式开工，总投资7亿元。路线全长7440米，含扩建桥梁3座，总长4307米，扩建道路总长3133米。其中，一号桥全长1701米，二号桥全长1665米，三号桥全长941米，桥面宽12.8米。道路等级为公路一级。两桥间距离约半米，并设置慢行系统。老桥单向出岛，复桥单向进岛。2016年12月20日，进出金庭太湖大桥完成交通转换，太湖大桥复线建成通车。2017年9月30日上午7时，太湖大桥复线正式投入使用。太湖大桥的建成通车结束了金庭进出不便的历史；太湖大桥复线的建成，使进出金庭的拥堵状况得到彻底缓解。

2000 年环太湖世界特技飞行大赛

2000 年 10 月 3 日下午，“穿越 2000　挑战无限”环太湖世界特技飞行大奖赛在吴县度假区拉开帷幕。来自英国、法国、捷克、匈牙利、立陶宛、俄罗斯、德国等 9 个国家的 12 架飞机、19 名运动员，以及我国国内 16 架飞机、17 名运动员，在度假区、金庭、东山太湖水域上空表演“空中芭蕾”。此外，还举行了全国热气球飞行大赛。

10 月 6 日下午 3 时 30 分至 3 时 45 分，中国特技飞行员四批次成功穿越中国内湖第一大桥——太湖大桥一号桥中心桥洞。

飞行大赛（2000 年）

陈艳青两获奥运举重冠军

陈艳青是金庭堂里村陈巷人。2004 年 8 月 16 日，第 28 届奥运会在希腊雅典举行，陈艳青以抓举 107.5 公斤、挺举 130 公斤、总成绩 237.5 公斤的成绩获女子举重 58 公斤级金牌。2008 年 4 月，全国锦标赛暨奥运选拔赛，陈艳青以 245 公斤总成绩夺冠。8 月 11 日，北京奥运会女子举重 58 公斤级决赛，陈艳青成功卫冕金牌，并以抓举 106 公斤、挺举 138 公斤、总成绩为 244 公斤的成绩打破挺举、总成绩奥运会纪录。

2008 年 8 月，苏州市吴中区向全区发出“关于向陈艳青同志学习的决定”。2008 年 9 月 14 日，金庭镇“为家乡奥运冠军陈艳青喝彩”活动在绿光农场隆重举行。40 多家新闻媒体记者、中外游客以及群众近万人参加活动。

2004 年陈艳青在奥运会上

2007 年西山镇更名为金庭镇

1998 年 5 月，西山镇设立国家现代农业示范园区，区、政体制并存管理。2007 年 6 月 28 日，经江苏省和苏州市人民政府批准，西山镇更名为金庭镇。2013 年 10 月，西山国家现代农业示范园区与金庭镇实行“区政合一”管理。

2007 年 6 月 28 日，西山镇更名为金庭镇

2015年年底金庭镇环岛公路建成通车

1968年11月，西山岛开始修建环山公路，总投资42万元。环山公路基宽为6米，路面宽4.5米，碎石路面，建桥梁13座，总长28千米。1969年10月1日，环山公路正式通车，开通客运班车。2012年3月，修建金庭镇环岛公路，2015年年底竣工通车，总投资9.1亿元。公路起于太湖大桥三号桥与庭山路交界处，止于元山村西林屋路，沿现有旅游公路依山傍水而行，沥青铺面，全长41.55千米、16米宽，其中绮里坞隧道横穿绮里坞景区，全长500米、深12米。

金庭环岛公路（2018年）

主要参考文献

陆广微撰:《吴地记》，江苏古籍出版社，1986 年。

范成大撰:《吴郡志》，江苏古籍出版社，1986 年。

金友理纂:《太湖备考》，清乾隆十五年（1750）。

王维德编撰:《林屋民风》，清康熙五十二年（1713）。

刘郎著:《秋泊江南》，中国摄影出版社，2001 年。

苏州市吴中区西山镇志编纂委员会编:《西山镇志》，苏州大学出版社，2001 年。

中国地质学会徐霞客研究分会、江阴市人民政府编:《徐霞客研究》，地质出版社，2011 年。

蔡昇辑，王鏊修，陈其弟校注:《震泽编》，古吴轩出版社，2014 年。

陆凤良著:《名人遗迹　吴地寻踪》，广陵书社，2014 年。

编后记

金庭是一个古老的岛屿镇，已有5000多年的历史。其湖岛风光，清幽偏僻，土地肥沃，物产丰富，为历代望族、文人、隐士所青睐。金庭人崇文重教，渊源深厚，为江苏省历史文化名镇。

历届镇党委、政府高度重视文化建设。1994年，西山镇政府启动《西山镇志》编写工作，并于2001年6月正式出版。时隔20年，在中国名镇志文化工程启动中，在市区方志办领导关心下，2017年7月，经金庭镇党委研究，决定正式启动这一文化工程。

为确保其顺利落实，镇党委、政府成立以镇党委书记为顾问，党委副书记、镇长为副主任的名镇志编纂委员会，聘请西山乡土文化爱好者，组建编写小组，并下发《关于成立金庭镇名镇志编纂委员会的通知》告知全镇各单位。

2017年7月7日，镇党委、政府召开首次编志会议，向参会人员明确编志意义、任务和责任。2017年7月14日，编写组人员赴东山镇取经学习。在《西山镇志》基础上以及市、区专家指导下，编写人员努力把金庭镇有影响、有力度的东西写全、写深、写透、写精。根据名镇志体系要求，努力挖掘亮点和特色。2017年7月27日、8月27日，我镇邀请市区方志办领导、专家对编写组人员进行业务培训指导，并初步审定编志纲目。

《中国名镇志丛书·金庭镇志》(以下简称《金庭镇志》) 2017年8月正式启动编写。编写人员加班加点，走访收集资料，埋头撰稿，不辞辛劳。

2018年4月27日，区方志办领导对我镇部分初稿提出修改意见，并及时调整个别章节。2018年11月，编写组完成初稿编写，并再次得到上级方志办领导、专家的关心与指导。2019年2月28日，镇党委、政府再次召开镇志编写协调会，明确落实资料提供任务，为完善名镇志的编写提供更有力的保障。2019年5月5日、9月30日，市、区方志办领导两次对志稿提出调整修改意见，并通过市级评审。2019 年 11 月，区方志办再次提出修正意见。2019 年 12 月，正式形成终审稿。2020 年 1 月 17 日，《金庭镇志》申报中国名镇志终审会在金庭镇召开，会上得到了 3 位省级终审专家杜仁彬、虞建宣、徐秋明的斧正指导，并通过了省级终审。编写人员根据专家建议再次进行修正。2020 年 2 月，市、区方志办对修改稿件进一步提出意见，3 月，《金庭镇志》定稿样送中国地方志指导小组办公室专家验收。2020 年 10 月，中国地方志指导小组办公室专家提出了修正意见。

《金庭镇志》共十一章，四年多来，七易其稿。在《西山镇志》基础上，进一步突出了《生态绿岛》《古村落群》《第九洞天》《洞庭碧螺春》等特色篇目，彰显了金庭厚重的文化底蕴。

《金庭镇志》的编纂出版，得到了中国地方志指导小组办公室、江苏省志办、苏州市志办、吴中区志办和镇党委、政府的高度重视，也得到了金庭镇市镇各单位、村（社区）、社会各界人士的大力支持。在此，谨致以最诚挚的感谢！

由于时间仓促，又限于水平和经验的不足，错误、缺点在所难免，敬请专家学者和广大读者予以批评指正。

编　者

2021 年 12 月

太湖夕照（2016 年）

中国名镇志丛书

《周庄镇志》
《第一关镇志》
《钱清镇志》
《冶源镇志》
《甪直镇志》
《同里镇志》
《三阳镇志》
《枫泾镇志》
《李庄镇志》
《天穆镇志》
《虎门镇志》
《小榄镇志》
《北庭镇志》
《青木川镇志》
《永宁镇志》
《沙家浜镇志》
《虞山镇志》
《泽国镇志》
《南翔镇志》
《千灯镇志》
《东山镇志》
《巴城镇志》
《阳澄湖镇志》
《松口镇志》
《震泽镇志》
《黎里镇志》
《浏河镇志》
《锦丰镇志》
《寨市苗族侗族乡志》
《汤池镇志》（安徽）
《湾头镇志》
《中心店镇志》
《乌镇志》
《保安镇志》
《德凤镇志》
《瑷珲镇志》
《王家坪镇志》
《穆云畲族乡志》
《北京街道志》
《王村镇志》
《八一镇志》
《双林镇志》
《棘洪滩街道志》
《凤凰镇志》
《烟店镇志》
《光福镇志》
《梅李镇志》
《高家堡镇志》
《杨岭镇志》
《金港镇志》

《云梯畲族乡志》
《马口镇志》
《杨舍镇志》
《杨店镇志》
《河图镇志》
《浔中镇志》
《孤山镇志》
《汤池镇志》（湖北）
《伍洛镇志》
《汤家汇镇志》
《陇城镇志》
《塘桥镇志》
《兴隆华侨旅游经济区志》
《胜坨镇志》
《来凤街道志》
《木渎镇志》
《锦溪镇志》
《黄龙溪镇志》
《店塔镇志》
《镇湖街道志》
《北七家镇志》
《瓜洲镇志》
《安仁镇志》
《浦口镇志》
《唐崖镇志》
《和顺镇志》
《老城镇志》
《里耶镇志》
《芙蓉镇志》
《博鳌镇志》
《唯亭街道志》
《重安镇志》
《烔炀镇志》
《张谷英镇志》
《鸦滩镇志》
《玉皇庙镇志》
《木洞镇志》
《采育镇志》
《下司镇志》
《德平镇志》
《龙池镇志》
《浦市镇志》
《黄楼街道志》
《冉庄镇志》
《金庭镇志》
《石牌镇志》
《元和街道志》
《古现街道志》
《光塔街道志》
《邵伯镇志》
《石杨镇志》
《杨柳青镇志》
《天桥街道志》
《柘皋镇志》
《西沱镇志》
《咸水沽镇志》
《茶阳镇志》
《崖城镇志》